13997
H

CATALOGUE
DES
CHEVALIERS,
COMMANDEURS ET OFFICIERS

DE L'ORDRE DU SAINT ESPRIT.

Peint par François Boucher. Gravé par Jan. Care.

La France gémit des troubles qui la divisent. La Fidélité la console, & lui présente des sujets zélés. L'un d'eux tient une grenade, simbole de l'union. Le ciel s'ouvre; le Saint Esprit paroist. Des Genies semblent inspirer l'idée d'en instituer un Ordre. L'Ange tutelaire de la France foudroye les ennemis de l'Etat & de la Religion, tandis que la Paix & l'Abondance annoncent des temps plus heureux.

CATALOGUE
DES
CHEVALIERS,
COMMANDEURS ET OFFICIERS
DE L'ORDRE
DU
SAINT ESPRIT,

Avec leurs Noms & Qualités, depuis l'Inſtitution juſqu'à préſent.

DE L'IMPRIMERIE
De CHRISTOPHE-JEAN-FRANÇOIS BALLARD, ſeul Imprimeur du Roi
pour la Muſique, & Noteur de la Chapelle de Sa Majeſté.

M. DCC. LX.

CATALOGUE
DES CHEVALIERS
DU SAINT ESPRIT.

AVANT-PROPOS.

COMME on ne se propose que de faire un Catalogue, on a cru ne devoir y inserer que les Qualitez des Chevaliers-Commandeurs : la Partie Généalogique regarde le Généalogiste, & c'est à l'Historiographe à rapporter les Faits historiques.

On remarquera seulement, avant que d'entrer dans le détail des Promotions, qu'on les a datées du jour des Receptions, une Nomination n'ayant son effet entier, que lorsque le Chevalier nommé a été reçu ou admis; il l'est ordinairement le jour de la Fête de l'Ordre, qui suit celui du Chapitre dans lequel il a été nommé, à moins qu'il ne plaise au Roi d'en tenir un extraordinaire pour l'admission des Preuves d'un Chevalier nommé qui seroit retenu pour le Service de Sa Majesté, soit à l'Armée, soit dans les Pays Etrangers, & à qui Elle veut envoyer la permission de porter les marques de l'Ordre, sans toutefois le dispenser d'être reçu, lorsqu'il est de retour à la Cour.

AVANT-PROPOS.

Ceux que l'on trouvera dans ce Catalogue, qualifiez Chevaliers de l'Ordre du Roi, particulierement sous les Regnes de Henri III, & de Henri IV, sont ceux qui étoient déja Chevaliers de l'Ordre de S. Michel, lorsqu'ils ont été admis dans celui du S. Esprit : depuis ce tems-là il a toujours été d'usage de faire Chevaliers de S. Michel ceux qui ne l'étoient pas, avant que de les recevoir Chevaliers du S. Esprit ; ce qui les fait qualifier Chevaliers-Commandeurs des Ordres du Roi ; c'est pourquoi ils portent d'un côté de leur Croix l'Image de S. Michel, & de l'autre celle du S. Esprit.

Les Cardinaux & Prélats ne sont Commandeurs que de l'Ordre du S. Esprit, dont la seule Image est représentée sur chacun des deux côtez de leur Croix.

La qualité de Commandeur est donnée aux uns & aux autres à cause des Commandes qu'ils devoient avoir, & comme elles n'ont pas encore été créées, on leur donne, en attendant, à chacun mil écus par an sur le revenu du Marc d'Or.

Le Catalogue, qui a été donné en 1733, montre de l'incertitude sur le jour de la Reception des Cardinaux de Bourbon, de Guise & de Birague, & avance même qu'il n'y a point de preuves du jour de leur Reception : ce Catalogue a été tiré du neuvieme Tome de l'Histoire Généalogique & Chronologique du Pere Anselme, qui ne s'accorde point avec le Théâtre d'Honneur de Favin, ni avec l'Histoire de Guillaume Marcel : ces deux Historiens, qui vivoient avant le Pere Anselme, ne balancent point à placer ces trois Cardinaux à la Promotion de 1578 ; & leur témoignage paroît d'autant plus certain, que non

AVANT-PROPOS.

feulement il n'eſt pas vraiſemblable, mais encore qu'il ſeroit indécent & contraire à la Dignité de l'Ordre, qu'aucun Commandeur ou Chevalier prétendit le Droit d'aſſiſter à aucune Reception, décoré des marques de l'Ordre, ſans avoir été reçu : ceux même à qui le Roi a permis de porter les marques de l'Ordre, les quittent au moment de leur Réception. De plus la Mignature qui eſt à la tête du Livre des Evangiles, ſur lequel les Chevaliers prêtent leur Serment, nous repréſente ces trois Cardinaux aſſiſtans, avec la Croix & le Cordon Bleu pendu au col, à la Reception de Ludovic de Gonzagues, Duc de Nevers, qui fut le Premier reçu Chevalier : Nous les voyons de même dans les Tapiſſeries du Garde-Meuble faites du tems de Henri III. Si le Pere Anſelme avoit eu l'attention ou la facilité de conſulter les Archives de l'Ordre, il y auroit vû que les Cardinaux de Bourbon, d'Eſt, de Guiſe & de Birague étoient déſignez, dès le mois de Novembre 1578, pour être reçus Commandeurs à la premiere Promotion ; le ſeul Cardinal d'Eſt ne s'y trouva point ; c'eſt pourquoi on l'a placé à la fin du Regne de Henri III, au nomb e des Chevaliers-Commandeurs nommez & non reçus pendant ledit Regne.

Il y a des preuves, dit encore le Pere Anſelme, que les Prélats ne furent reçus qu'à la Promotion du 31 Décembre 1579 : cet Ecrivain ſe trompe certainement à l'égard de Jacques Amiot, Evêque d'Auxerre, puiſqu'en ſa qualité de Grand Aumônier de France, il étoit, par les Statuts, Commandeur né de l'Ordre du S. Eſprit ; c'eſt par cette raiſon qu'on l'a placé à la premiere Promotion, à la ſuite des Cardinaux.

AVANT-PROPOS.

Par les recherches qu'on a été obligé de faire pour rendre ce Catalogue-ci moins imparfait que le précédent, on a trouvé que le Pere Anselme a négligé de citer beaucoup de Nominations de Chevaliers, qui ont été faites dans les intervales des Promotions : Plusieurs de ces Chevaliers nommez n'ont pas été reçus, soit par cause de mort, soit par d'autres circonstances ; mais les Preuves de la plûpart existantes au dépôt, il est intéressant pour leurs Descendans que le Public soit instruit de ces Nominations, & de la date des tems où les Rois les en ont honorez. On en a fait un article séparé à la fin de chaque Regne, afin que les Personnes à qui cela peut être utile, puissent les trouver plus aisément : on voudroit avoir pu recueillir leurs Armoiries, & si les Personnes intéressées veulent les envoyer à l'Huissier des Ordres, on les placera sur une Planche à la suite de la Liste.

Il a été impossible de citer les jours du décès de plusieurs Chevaliers, surtout sous les Regnes de Henri III, de Henri IV, & même de Louis XIII ; on n'a trouvé de ressource que dans les Gazettes dont la collection n'a commencé qu'en 1631 ; & quoiqu'on en ait feuilleté avec soin plus de six mille, qui ont paru pendant le cours de cent vingt-huit ans, on ne peut pas se flatter que quelques dates n'ayent échappé.

Les Grands Officiers Commandeurs devroient être placez au tems de leur Nomination sous chaque Regne, comme le sont les Chevaliers ; mais on a cru devoir en faire un article séparé, & suivre en cela la Methode du Pere Anselme, qui vraisemblablement a été permise à cause de la plus grande facilité qu'elle donne d'y recourir.

HENRI

LISTE DES COMMANDEURS

LISTE
DES COMMANDEURS ET CHEVALIERS
DE L'ORDRE
DU SAINT ESPRIT,

Nommés par les Rois HENRI III, HENRI IV, LOUIS XIII, LOUIS XIV, *&* LOUIS XV.

Sous le Regne de **HENRI III.**

COMMANDEURS, 10.   CHEVALIERS,   107

COMMANDEUR & CHEVALIERS non-reçus.
COMMANDEUR, 1.   CHEVALIERS,   25

Sous le Regne de **HENRI IV.**

COMMANDEURS, 3.   CHEVALIERS,   61

COMMANDEUR & CHEVALIERS non-reçus.
COMMANDEUR, 1.   CHEVALIERS,   16

ET CHEVALIERS DE L'ORDRE DU S. ESPRIT.

Sous le Regne de LOUIS XIII.

COMMANDEURS, 12.　　　CHEVALIERS, 107

Chevaliers non-reçus.

　　　　　　　　　　CHEVALIERS, 36

Sous le Regne de LOUIS XIV.

COMMANDEURS, 15.　　　CHEVALIERS, 85

Chevaliers non-reçus.

　　　　　　　　　　CHEVALIERS, 51

Sous le Regne de LOUIS XV.

COMMANDEURS, 23.　　　CHEVALIERS, 176

Commandeur & Chevaliers non-reçus.

COMMANDEUR, 1.　　　CHEVALIERS, 17

LISTE
DES OFFICIERS
DE L'ORDRE
DU SAINT ESPRIT,

Depuis l'Institution de cet Ordre, jusqu'à present.

CHANCELIERS ET GARDES DES SCEAUX, *Commandeurs des Ordres du Roi,*	19
PRÉVOTS, MAISTRES DES CÉRÉMONIES, *& Commandeurs des Ordres du Roi.*	21
GRANDS TRÉSORIERS, *Commandeurs des Ordres du Roi.*	27
SÉCRÉTAIRES, *Commandeurs des Ordres du Roi.*	19
INTENDANTS *des Ordres du Roi.*	12
GÉNÉALOGISTES *des Ordres du Roi.*	8
HÉRAULTS ROIS D'ARMES *des Ordres du Roi.*	11
HUISSIERS *des Ordres du Roi.*	12

LISTE DES OFFICIERS DU MARC D'OR.

EDIT du Roi Louis XIII, portant création des Receveurs Généraux du Marc d'Or & du Cinquiéme des Dons attribués à l'Ordre du S. Esprit, du mois d'Août 1628.   Pag. 505

RECEVEURS GÉNÉRAUX du Marc d'Or   3

EDIT du Roi portant doublement du Marc d'Or, cédé à perpétuité à l'Ordre du S. Esprit, avec faculté d'établir des Tréforiers, Contrôleurs & autres Officiers, & suppression des Receveurs, du mois de Décembre 1656.   Pag. 512

EDIT portant Aliénation de la Moitié du Marc d'Or à faculté de Rachapt par l'Ordre, création de deux Tréforiers & de deux Contrôleurs Généraux.   Pag. 518

TRÉSORIERS GÉNÉRAUX du Marc d'Or.   12

CONTROLEURS GÉNÉRAUX du Marc d'Or.   18

H ENRI III, Roi de France & de Pologne, Premier Chef & Souverain Grand-Maître de l'Ordre du Saint Esprit, fut revêtu du Grand Manteau de l'Ordre, & prêta le Serment entre les mains de Jacques Amiot, Evêque d'Auxerre, Grand-Aumônier de France, qui lui mit le Grand Collier

A

de l'Ordre au Col le 31 Décembre 1578. Mort le 2 Août 1589.

Après que le Roi eut prêté le Serment de Chef & Souverain Grand-Maître, Sa Majesté le fit prêter aux Officiers de l'Ordre qui firent leurs premieres fonctions à cette premiere Promotion.

PREMIERE PROMOTION

Faite dans l'Eglise des Grands Augustins le 31 Décembre 1578.

CARDINAUX ET PRELATS.

I.

CHARLES DE BOURBON, Cardinal, Archevêque de Rouen, Légat d'Avignon. Mort à Fontenay-le-Comte le 9 Mai 1590.

A ij

II.

L OUIS DE LORRAINE, Cardinal de Guife, Archevêque, Duc de Reims, Premier Pair de France, Légat né du S. Siége, Abbé de S. Denis, de Fefcamp & de Cluny. Tué au Château de Blois le 24 Décembre 1588.

III.

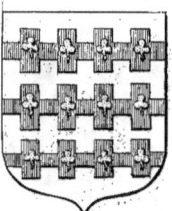

R ENÉ DE BIRAGUE, Cardinal, Chancelier de France, Evêque de Lavaur, Abbé de Flavigny, de Longpont, de Saint-Pierre-le-Vif de Sens, Prieur de Souvigny. Mort à Paris le 24 Novembre 1583.

IV.

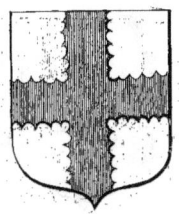

PHILIPPES DE LÉNONCOURT, Evêque d'Auxerre & de Châlons, Pair de France, Abbé de Mouſtier-en-Argonne, Mouſtier-Saint-Jean en Bourgogne, de Rebetz & de Barbeaux, Prieur de la Charité-ſur-Loire, &c. Conſeiller d'État, depuis Cardinal, & nommé à l'Archevêché de Reims. Mort le 13 Décembre 1591.

V.

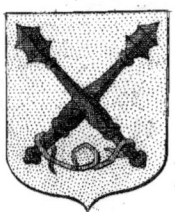

PIERRE DE GONDY, Evêque de Paris, Conſeiller d'État, Chancelier d'Elizabeth d'Autriche, Reine de France, depuis Cardinal. Mort le 27 Février 1616.

VI.

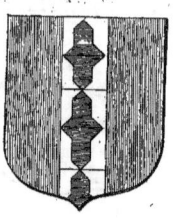

CHARLES D'ESCARS, Evêque & Duc de Langres, Pair de France, Conseiller d'État. Mort en 1614.

VII.

RENÉ DE DAILLON DU LUDE, Abbé de Chasteliers, de Chaux & de la Boissiere, Conseiller d'État, nommé à l'Evêché de Luçon, ensuite à celui de Bayeux. Mort le 8 Mars 1601.

VIII.

JACQUES AMIOT, Evêque d'Auxerre, Conseiller d'État, Grand Aumônier de France, & en cette qualité Commandeur de l'Ordre du Saint Esprit. Mort le 6 Février 1593.

CHEVALIERS.

I.

LUDOVIC DE GONZAGUES, Duc de Nevers & de Rethelois, Pair de France, Prince de Mantouë, Chevalier de l'Ordre du Roi, Capitaine de Cent Hommes d'Armes de ses Ordonnances, Gouverneur & Lieutenant Général des Provinces de Champagne & Brie. Mort à Nesle le 23 Octobre 1595.

II.

PHILIPPES - EMMANUEL DE LORRAINE, Duc de Mercœur & de Penthièvre, Pair de France, Marquis de Nomeny, Prince du S. Empire, Chevalier de l'Ordre du Roi, Capitaine de Cent Hommes d'Armes de fes Ordonnances, Gouverneur de Bretagne. Mort à Nuremberg le 19 Février 1602.

III.

JACQUES, Comte de Cruffol, Duc d'Uzès, Pair de France, Seigneur de Levis, d'Affier, de Florenfac, &c. Chevalier de l'Ordre du Roi, Confeiller au Confeil d'État & Privé, Capitaine de Cent Hommes d'Armes des Ordonnances. Mort au mois de Septembre 1584.

IV.

CHARLES DE LORRAINE, Duc d'Aumale, Pair & Grand-Veneur de France, Conseiller du Roi en son Conseil d'État & Privé, Capitaine de Cent Hommes d'Armes des Ordonnances. Mort à Bruxelles en 1631.

V.

HONORAT DE SAVOYE, Marquis de Villars, Comte de Tende & de Sommerive, Chevalier de l'Ordre du Roi, Conseiller en son Conseil Privé, Maréchal & Amiral de France, Gouverneur de Provence. Mort à Paris en l'année 1580.

B

VI.

ARTUS DE COSSÉ, Seigneur de Gonnor, Comte de Secondigny, Maréchal & Grand-Pannetier de France, Chevalier de l'Ordre du Roi, Capitaine de Cinquante Hommes d'Armes, Gouverneur de Guyenne, de Picardie, de Bearn, de Metz, d'Orleanois, de Touraine, Pays Chartrain & Blaifois, Sénéchal d'Agenois, Surintendant des Finances. Mort le 15 Janvier 1580.

VII.

FRANÇOIS GOUFFIER, Seigneur de Crevecœur & de Bonnivet, Chevalier de l'Ordre du Roi, Conseiller au Confeil d'État & Privé, Lieutenant Général au Gouvernement de Picardie, Capitaine de Cinquante Hommes d'Armes. Mort le 24 Avril 1594.

VIII.

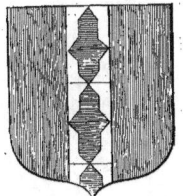

FRANÇOIS, Comte d'Efcars, Chevalier de l'Ordre du Roi, Capitaine de Cinquante Hommes d'Armes des Ordonnances, Confeiller au Confeil d'État & Privé, Lieutenant Général au Gouvernement de Guyenne, Gouverneur de la Ville de Bourdeaux. Mort en ....

IX.

CHARLES DE HALLWIN, Seigneur de Piennes, Marquis de Meignelais, Chevalier de l'Ordre du Roi, Capitaine de Cent Hommes d'Armes des Ordonnances, Confeiller au Confeil d'État & Privé, Gouverneur & Lieutenant Général de la Ville de Metz & Pays Meffin, depuis Duc de Hallwin, Pair de France. Mort en ....

X.

CHARLES DE LA ROCHEFOUCAULT, Seigneur de Barbezieux, de Linieres, de Melleran, de Preuilly, &c. Chevalier de l'Ordre du Roi, Capitaine de Cinquante Hommes d'Armes, Conseiller au Conseil d'État & Privé, Lieutenant Général au Gouvernement de Champagne & Brie, Grand Sénéchal de Guyenne. Mort en l'année 1583.

XI.

JEAN D'ESCARS, Seigneur, puis Comte de la Vauguyon, Prince de Carency, Chevalier de l'Ordre du Roi, Conseiller au Conseil d'État & Privé, Capitaine de Cinquante Hommes d'Armes des Ordonnances, Maréchal & Sénéchal du Bourbonnois. Mort le 21 Septembre 1595.

DE L'ORDRE DU S. ESPRIT.

XII.

CHRISTOPHE JUVENEL DES URSINS, Seigneur de la Chapelle-Gautier & de Doüe, Marquis de Traifnel, Chevalier de l'Ordre du Roi, Conseiller d'État, Capitaine de Cent Hommes d'Armes, Lieutenant Général au Gouvernement de Paris & de l'Ifle de France. Mort en 1588.

XIII.

FRANÇOIS LE ROY, Seigneur de Chavigny, Comte de Clinchamp, Chevalier de l'Ordre du Roi, Confeiller d'État, Capitaine de Cinquante Lances & des Cent Gentilshommes de la Maifon du Roi, Lieutenant Général au Gouvernement des Provinces d'Anjou, de Touraine & du Maine. Mort le 18 Février 1606.

XIV.

SCIPION DE FIESQUE, Comte de Lavagne & de Caleſtan, Seigneur de Breſſuire & de Leuroux, Chevalier de l'Ordre du Roi, Conſeiller d'État, Chevalier d'Honneur des Reines Elizabeth d'Autriche & Louiſe de Lorraine. Mort à Moulins en 1598, & enterré à Saint Euſtache à Paris.

XV.

ANTOINE, Sire de Pons, Comte de Marennes, Chevalier de l'Ordre du Roi, Capitaine de la Seconde Compagnie des Cent Gentilshommes de ſa Maiſon, Conſeiller d'État, Lieutenant pour le Roi au Gouvernement de Xaintonge. Mort l'an 1580.

XVI.

JACQUES DE HUMIERES ET DE MONCHY, Marquis d'Ancre, Chevalier de l'Ordre du Roi, Conseiller d'État, Capitaine de Cinquante Hommes d'Armes des Ordonnances, Gouverneur de Peronne, Montdidier & Roye, Lieutenant Général au Gouvernement de Picardie. Mort l'an 1579.

XVII.

JEAN D'AUMONT, Comte de Chateauroux, Baron d'Estrabonne, de Chappes, &c. Maréchal de de France, Chevalier de l'Ordre du Roi, Conseiller d'État, Capitaine de Cent Hommes d'Armes, Gouverneur de Dauphiné & de Bretagne. Mort le 19 Août 1595.

XX.

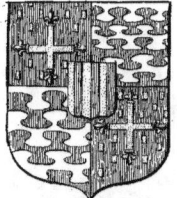

RENÉ DE VILLEQUIER, dit *le Jeune & le Gros*, Baron de Clervaux, d'Aubigny & d'Eury, Chevalier de l'Ordre du Roi, Premier Gentilhomme de fa Chambre, Confeiller d'État, Capitaine de Cent Hommes d'Armes de fes Ordonnances, Gouverneur de Paris & de l'Ifle de France. Mort en ....

XXI.

JEAN BLOSSET, Seigneur & Baron de Torcy, du Pleffis-Paté, &c. Chevalier de l'Ordre du Roi, Confeiller d'État, Capitaine de Cinquante Hommes d'Armes des Ordonnances, Lieutenant-Général au Geuvernement de Paris & de l'Ifle de France. Mort le 26 Novembre 1587.

XXII.

CLAUDE DE VILLEQUIER, dit *l'Aîné*, Seigneur & Baron de Villequier, Vicomte de la Guierche en Touraine, Capitaine de Cinquante Hommes d'Armes. Mort en....

XXIII.

ANTOINE D'ESTRÉES, Marquis de Cœuvres, Premier Baron & Sénéchal du Boulonnois, Vicomte de Soiffons, Chevalier de l'Ordre du Roi, Confeiller d'État, Grand-Maître de l'Artillerie de France, Gouverneur de la Ferre, de Paris & de l'Ifle de France, Capitaine de Cinquante Hommes d'Armes. Mort en....

XXIV.

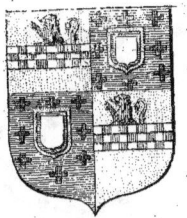

CHARLES-ROBERT DE LA MARCK, Comte de Braine & de Maulevrier, Baron de Pontarcy, Vicomte de Huiſſay, Seigneur de Rignac, Coilonges & Villomer, Duc de Bouillon, Prince de Sedan, Chevalier de l'Ordre du Roi, Capitaine des Cent Suiſſes de la Garde. Mort en l'année 1622.

XXV.

FRANÇOIS DE BALSAC, Seigneur d'Entragues, de Marcouſſis & du Bois Malherbes, Chevalier de l'Ordre du Roi, Conſeiller d'État, Gouverneur d'Orleans, Capitaine de Cinquante Hommes d'Armes. Mort en ....

XXVI.

PHILBERT, Seigneur de la Guiche & de Chaumont, Chevalier de l'Ordre du Roi, Conseiller d'État, Grand-Maître de l'Artillerie de France, Gouverneur du Bourbonnois. Mort à Lyon l'an 1607.

XXVII.

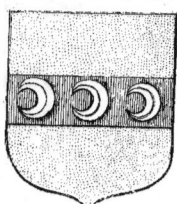

PHILIPPES STROZZI, Seigneur d'Espernay, Chevalier de l'Ordre du Roi, Conseiller d'État, Colonel-Général de l'Infanterie Françoise. Mort le 26 Juillet 1582.

DE L'ORDRE DU S. ESPRIT.

SECONDE PROMOTION
Faite dans l'Eglise des Grands Augustins le 31 Décembre 1579.

CHEVALIERS.

I.

FRANÇOIS DE BOURBON, Prince de Conty, Souverain de Château-Regnaut, Seigneur de Bonnestable & de Lucé, Chevalier de l'Ordre du Roi, Gouverneur d'Auvergne, de Paris & du Dauphiné. Mort le 3 Août 1614.

II.

FRANÇOIS DE BOURBON, Prince Dauphin d'Auvergne, Duc de Saint-Fargeau, puis de Montpensier, Pair de France, Souverain de Dombes, Chevalier de l'Ordre du Roi, Capitaine de Cent Hommes d'Armes. Mort le 4 Juin 1592.

III.

HENRI DE LORRAINE, Duc de Guife, Pair & Grand-Maître de France, Prince de Joinville, Chevalier de l'Ordre du Roi, Gouverneur de Champagne & Brie, Capitaine de Cent Hommes d'Armes, dit *le Balafré*. Mort à Blois le 23 Décembre 1588.

IV.

LOUIS DE SAINT-GELAIS, dit de Lefignem, Baron de la Motte-Sainte-Heraye, Seigneur de Lanffac & de Preffy-fur-Oyfe, Chevalier de l'Ordre du Roi, Confeiller d'État, Chevalier d'Honneur de la Reine Catherine Mere du Roi, & Sur-Intendant de fa Maifon. Mort au mois d'Octobre 1589.

V.

JEAN D'EBRARD, Baron de Saint-Sulpice, Chevalier de l'Ordre du Roi, Conseiller d'État, Capitaine de Cinquante Hommes d'Armes. Mort le 5 Novembre 1581.

VI.

JACQUES GOYON, Seigneur de Matignon, Comte de Thorigny, Chevalier de l'Ordre du Roi, Conseiller d'État, Maréchal de France, Capitaine de Cent Hommes d'Armes, Gouverneur de Guyenne. Mort le 27 Juillet 1594.

VII.

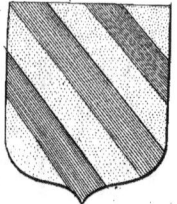

BERTRAND DE SALIGNAC, Seigneur de la Motte-Fenelon, Vicomte de Saint-Julien, Baron de Loubert, Chevalier de l'Ordre du Roi, Conseiller d'État, Capitaine de Cinquante Hommes d'Armes, Ambassadeur en Angleterre & en Espagne. Mort en 1599.

TROISIÉME

TROISIÉME PROMOTION

Faite dans l'Eglise de S. Sauveur de Blois le 31 Décembre 1580.

CHEVALIERS.

I.

FRANÇOIS DE LUXEMBOURG, Duc de Piney, Pair de France, Prince de Tingry, Comte de Rouffy & de Ligny, Baron de Ponthierry, Chevalier de l'Ordre du Roi, Conseiller d'État, Capitaine de Cinquante Hommes d'Armes, Ambassadeur extraordinaire à Rome. Mort le 30 Septembre 1613.

II.

CHARLES DE BIRAGUE, Conseiller d'État, Capitaine de Cinquante Hommes d'Armes. Mort en ....

III.

JEAN DE LEAUMONT, Seigneur de Puygaillard, Baron de Brou & de Moré, Capitaine de Cinquante Hommes d'Armes, qualifié dans plusieurs titres Grand-Maréchal des Camps & Armées du Roi, Conseiller au Conseil d'État & Privé, Lieutenant pour Sa Majesté en son Armée de Picardie, & depuis Gouverneur d'Anjou. Mort en ....

IV.

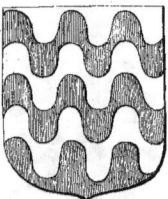

RENÉ DE ROCHECHOUART, Baron de Mortemart, Seigneur de Lussac, Chevalier de l'Ordre du Roi, Conseiller d'État, Capitaine de Cinquante Hommes d'Armes. Mort en 1587.

V.

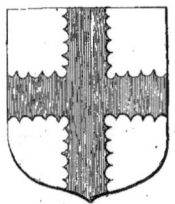

Henri de Lénoncourt, Seigneur de Lénoncourt & de Coupevray, Chevalier de l'Ordre du Roi, Conseiller en son Conseil Privé, Capitaine de Cinquante Hommes d'Armes des Ordonnances, Maréchal des Camps & Armées. Mort le 31 Décembre 1584.

VI.

Nicolas d'Angennes, Seigneur de Rambouillet, Vidame du Mans, Chevalier de l'Ordre du Roi, Conseiller d'État, Capitaine des Gardes du Corps du Roi Charles IX, Gouverneur de Metz & du Pays Messin, Ambassadeur en Allemagne & à Rome. Mort en ....

28 CATALOGUE DES CHEVALIERS

QUATRIEME PROMOTION

Faite dans l'Eglife des Grands Auguftins le 31 Décembre 1581.

CHEVALIERS.

I.

CHARLES DE LORRAINE, premier du Nom, Duc d'Elbœuf, Pair, Grand-Ecuyer & Grand-Veneur de France, Chevalier de l'Ordre du Roi, Capitaine de Cent Hommes d'Armes des Ordonnances. Mort en 1605.

II.

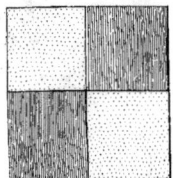

ARMAND DE GONTAUT, Seigneur & Baron de Biron, Chevalier de l'Ordre du Roi, Confeiller d'État, Maréchal de France, Capitaine de Cent Hommes d'Armes. Mort d'un coup de canon le 26 Juillet 1592.

III.

Guy DE DAILLON, Comte du Lude & de Pontgibaut, Baron d'Illiers, du Chesne-Doré & de Magné, Chevalier de l'Ordre du Roi, Conseiller d'État, Gouverneur de Poitou & Sénéchal d'Anjou, Capitaine de Cent Hommes d'Armes. Mort le 11 Juillet 1585.

IV.

François DE LA BAUME, Comte de Suze, Chevalier de l'Ordre du Roi, Capitaine de Cinquante Hommes d'Armes, Conseiller d'État, Gouverneur & Lieutenant-Général pour le Roi en Provence. Mort en 1587.

V.

ANTOINE DE LEVIS, Comte de Quelus, Chevalier de l'Ordre du Roi, Conseiller d'État, Capitaine de Cinquante Hommes d'Armes, Gouverneur & Sénéchal de Rouergue. Mort le 6 Avril 1586.

VI.

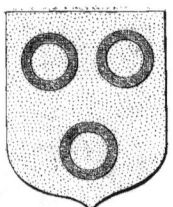

JEAN DE THEVALLE, Seigneur dudit Lieu, d'Aviré & de Bouillé, Comte de Creance, Chevalier de l'Ordre du Roi, Conseiller d'État, Lieutenant-Général au Gouvernement de Metz & Pays Messin, Capitaine de Cinquante Hommes d'Armes. Mort en ....

VII.

L OUIS D'ANGENNES, Baron de Meſlé, Seigneur de Maintenon, Chevalier de l'Ordre du Roi, Conſeiller d'État, Capitaine de Cinquante Hommes d'Armes, Grand-Maréchal des Logis de la Maiſon du Roi & Ambaſſadeur en Eſpagne. Mort en ....

CINQUIEME PROMOTION

Faite dans l'Eglife des Grands Auguftins le 31 Décembre 1582.

CHEVALIERS.

I.

CHARLES DE LORRAINE, Duc de Mayenne, Pair, Amiral & Grand-Chambellan de France, Chevalier de l'Ordre du Roi, Gouverneur de Bourgogne. Mort le 3 Octobre 1611.

II.

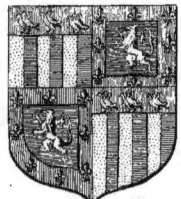

ANNE, Duc de Joyeufe, Pair & Amiral de France, Chevalier de l'Ordre du Roi, Premier Gentilhomme de fa Chambre. Tué à la Bataille de Coutras le 20 Octobre 1587.

III.

III.

JEAN-LOUIS DE NOGARET DE LA VALETTE, Duc d'Epernon, Pair, Amiral & Colonel Général de l'Infanterie de France, Chevalier de l'Ordre du Roi, Gouverneur de Metz, d'Angoumois & Xaintonge. Mort le 13 Janvier 1642.

IV.

TANNEGUY LE VENEUR, premier du Nom, Comte de Tillieres, Seigneur de Carrouges, Chevalier de l'Ordre du Roi, Conseiller d'Etat, & Lieutenant Général au Gouvernement de Normandie. Mort en 1592.

V.

JEAN DE MOUY, Seigneur de la Meilleraye, Chevalier de l'Ordre du Roi, Conseiller d'État, Vice-Amiral de France, & Lieutenant Général au Gouvernement de Normandie, Capitaine de Cent Hommes d'Armes. Mort en . . . .

VI.

PHILIPPE DE VOLVIRE, Marquis de Ruffec, Seigneur de S. Brice, Vicomte du Bois de la Roche, Chevalier de l'Ordre du Roi, Conseiller d'État, Capitaine de Cent Hommes d'Armes, Gouverneur d'Angoumois. Mort le 6 Janvier 1585.

VII.

FRANÇOIS DE MANDELOT, Seigneur de Paſſy, de Lerné & de Vireaux, Vicomte de Châlons, Chevalier de l'Ordre du Roi, Conſeiller d'État, Gouverneur du Lyonnois, Forez & Beaujolois, Capitaine de Cent Hommes d'Armes. Mort à Lyon le 24 Novembre 1588.

VIII.

TRISTAN DE ROSTAING, Baron de Brou & de la Guerche, Seigneur de Vaux, de Thieux & de Noiſy-le-Sec, Chevalier de l'Ordre du Roi, Conſeiller d'État, Capitaine de Cinquante Hommes d'Armes, Grand-Maître des Eaux & Foreſts de France. Mort le 7 Mars 1591.

IX.

JEAN-JACQUES DE SUSANNE, Comte de Cerny, Chevalier de l'Ordre du Roi, Conseiller d'État, Capitaine de Cinquante Hommes d'Armes. Mort en ....

DE L'ORDRE DU S. ESPRIT. 37
SIXIEME PROMOTION
Faite dans l'Eglise des Grands Augustins le 31 Décembre 1583.

PRELAT.
I.

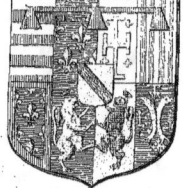

CHARLES DE LORRAINE, Cardinal de Vaude-mont, Evêque & Comte de Toul, fut fait Commandeur de l'Ordre du Saint Esprit, après le décès du Cardinal de Birague, & mourut le 30 Octobre 1587.

CHEVALIERS.
I.

HONORAT DE BUEIL, Seigneur de Fontaines, Chevalier de l'Ordre du Roi, Conseiller d'État, Vice-Amiral & Lieutenant Général pour le Roi en Bretagne. Mort à S. Malo le 14 Mars 1590.

II.

RENÉ DE ROCHEFORT, Baron de Frollois, de la Croisette, &c. Chevalier de l'Ordre du Roi, Conseiller d'État, Lieutenant Général au Gouvernement des Duché de Lodunois, Comté & Pays Blesois & Baillage d'Amboise, Capitaine de Cinquante Hommes d'Armes. Mort en ....

III.

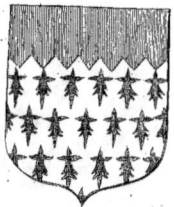

JEAN DE VIVONNE, Marquis de Pisany, Seigneur de S. Goüard, Chevalier de l'Ordre du Roi, Conseiller d'Etat, Sénéchal de Xaintonge, Ambassadeur à Rome & en Espagne. Mort en 1599.

DE L'ORDRE DU S. ESPRIT.

IV.

LOUIS CHASTEIGNER, Seigneur d'Abain & de la Rochepofay, Baron de Preüilly, Chevalier de l'Ordre du Roi, Confeiller d'État, Capitaine de Cinquante Hommes d'Armes, Gouverneur & Lieutenant Général de la Haute & Baffe Marche. Mort le 29 Septembre 1595.

V.

BERNARD DE NOGARET, Seigneur de la Vallette, Chevalier de l'Ordre du Roi, Confeiller d'État, Gouverneur & Lieutenant Général au delà des Monts, Capitaine de Cent Hommes d'Armes, depuis Amiral de France. Mort en 1592.

VI.

HENRI DE JOYEUSE, Comte du Bouchage, Chevalier de l'Ordre du Roi, Conseiller d'État, Maître de la Garderobe, Capitaine de Cinquante Hommes d'Armes, depuis Duc de Joyeuse, Pair & Maréchal de France. Mort Capucin en 1608.

VII.

NICOLAS DE GRIMONVILLE, Seigneur de Larchant, d'Auteüil & de la Boulaye, Chevalier de l'Ordre du Roi, Conseiller d'État, Capitaine des Cent Archers de la Garde. Mort le 8 Mars 1592.

VIII.

VIII.

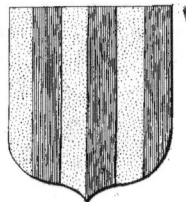

LOUIS D'AMBOISE, Comte d'Aubijoux, Baron de Chateauneuf, de Bonnefont, de Cazaubon, de Sauveterre & de Croüillet, Chevalier de l'Ordre du Roi, Conseiller d'État, Capitaine de Cinquante Hommes d'Armes. Mort en 1585.

IX.

FRANÇOIS DE VALETTE, dit *de la Valette*, Seigneur de Cornusson & de Parisot en Guyenne, Chevalier de l'Ordre du Roi, Conseiller d'État, Gouverneur & Sénéchal de Toulouse, Capitaine de Cinquante Hommes d'Armes. Mort le 16 Février 1586.

X.

FRANÇOIS de CAZILLAC, Baron de Ceffac, Seigneur de Millars, Chevalier de l'Ordre du Roi, Confeiller d'État, Chambellan ordinaire de Sa Majefté. Mort en ....

XI.

JOACHIM DE DINTEVILLE, Seigneur de Dinteville & de Fougerolles, Baron d'Emery, de S. Bris, de Spoy, de Marville & de Grignon, Chevalier de l'Ordre du Roi, Confeiller d'État, Lieutenant Général au Gouvernement de Champagne & Brie, Capitaine de Cinquante Hommes d'Armes. Mort en 1607.

DE L'ORDRE DU S. ESPRIT.

XII.

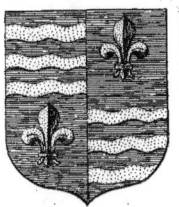

JOACHIM DE CHATEAUVIEUX, Seigneur de Verjon, Chevalier de l'Ordre du Roi, Capitaine des Cent Archers de sa Garde Ecossoise, Capitaine de Cinquante Hommes d'Armes de ses Ordonnances, Conseiller au Conseil d'État & Privé, Comte de Confolant, Chevalier d'Honneur de la Reine Marie de Médicis, Capitaine de la Bastille de Paris, & Bailly de Bresse & de Bugey. Mort à Paris le 13 Janvier 1615.

XIII.

CHARLES DE BALSAC, Seigneur de Clermont d'Entragues, Chevalier de l'Ordre du Roi, Conseiller d'État, Capitaine des Cent Archers de la Garde du Corps de Sa Majesté. Tué à la Bataille d'Ivry en 1590.

F ij

XIV.

CHARLES DU PLESSIS, Seigneur de Liancourt, Chevalier de l'Ordre du Roi, Conseiller d'État, Gentilhomme ordinaire de sa Chambre, Premier Ecuyer de sa Petite Écurie, depuis Marquis de Guercheville, Comte de Beaumont-sur-Oyse, Gouverneur de Paris. Mort le 20 Octobre 1620.

XV.

FRANÇOIS DE CHABANNES, Marquis de Curton, Comte de Rochefort, Vicomte de la Roche-Maffelin, Chevalier de l'Ordre du Roi, Conseiller d'État, Lieutenant Général en Auvergne, Capitaine de Cinquante Hommes d'Armes. Mort en 1604.

XVI.

ROBERT DE COMBAULT, Seigneur d'Arcies, Chevalier de l'Ordre du Roi, Conseiller d'État, Premier Maître d'Hôtel de Sa Majesté. Mort en 1601.

XVII.

FRANÇOIS, Seigneur de Sennetaire ou S. Nectaire & de la Ferté-Nabert, Chevalier de l'Ordre du Roi, Conseiller d'État, Capitaine de Cinquante Hommes d'armes. Mort en 1596.

SEPTIEME PROMOTION

Faite dans l'Eglife des Grands Auguftins le 31 Décembre 1584.

CHEVALIERS.

I.

JEAN DE S. LARRY, Seigneur & Baron de Termes, Chevalier de l'Ordre du Roi, Confeiller d'État, Capitaine de Cinquante Hommes d'Armes, Maréchal de Camp, Gouverneur de Metz. Mort en 1586.

II.

JEAN DE VIENNE, Seigneur & Baron de Ruffey, Chevalier de l'Ordre du Roi, Confeiller d'État, Gouverneur du Bourbonnois, Capitaine de Cinquante Hommes d'Armes. Mort fans Enfans le ....

III.

Louis DE CASTELLANNE, dit Adhemar de Monteil, Comte de Grignan, Baron d'Entrecafteaux, Chevalier de l'Ordre du Roi, Conseiller d'État, Capitaine de Cinquante Hommes d'Armes. Mort en ...

CATALOGUE DES CHEVALIERS

HUITIEME PROMOTION

Faite dans l'Eglise des Grands Augustins le 31 Décembre 1585.

CHEVALIERS.

I.

CHARLES DE BOURBON, Comte de Soissons & de Dreux, Pair & Grand-Maître de France. Mort en 1612.

II.

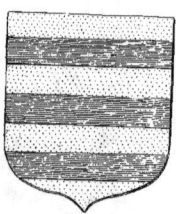

JEAN DE VASSÉ, dit *Grognet*, Seigneur de Vassé & de Classé, Baron de la Roche-Mabille, Conseiller d'État, Capitaine de Cinquante Hommes d'Armes. Mort en ....

III.

III.

ADRIEN TIERCELIN, Seigneur de Broſſes & de Sarcus, Conſeiller d'Etat, Capitaine de Cinquante Hommes d'Armes, Gouverneur de Doullens & de Mouzon, puis Lieutenant Général en Champagne. Mort à Mouzon en 1593.

IV.

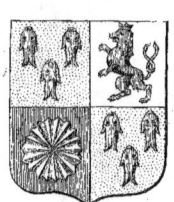

FRANÇOIS CHABOT, Marquis de Mirebeau, Comte de Charny, Seigneur de Brion, Conſeiller d'État, Capitaine de Cinquante Hommes d'Armes. Mort le ....

V.

GILLES DE SOUVRÉ, Marquis de Courtenvaux, Maréchal de France, Gouverneur de Touraine, depuis Gouverneur du Roi Louis XIII. Mort en 1626.

VI.

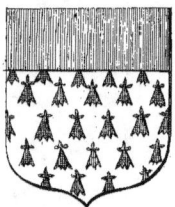

FRANÇOIS D'O, Seigneur d'O, de Fresnes & de Maillebois, Maître de la Garderobe du Roi, Premier Gentilhomme de sa Chambre, Sur-Intendant des Finances, Gouverneur de Paris & de l'Isle de France. Mort à Paris au mois d'Octobre 1594.

VII.

CLAUDE DE LA CHATRE, Seigneur & Baron de la Maisonfort, Gouverneur de Berry & de la Ville d'Orleans, depuis Maréchal de France. Mort le 18 Décembre 1614.

VIII.

GIRAUD DE MAULEON, Seigneur de Gourdan, Conseiller d'État, Capitaine de Cinquante Hommes d'Armes, Gouverneur de Calais. Mort le 14 Septembre 1593.

IX.

JACQUES DE LOUBENS, Seigneur de Loubens & de Verdalle, Conseiller d'État, Capitaine de Cinquante Hommes d'Armes. Mort en ....

X.

LOUIS DE BERTON, Seigneur de Crillon, dit *le Brave*, Baron de Varies & de S. Jean de Vassous, Mestre de Camp du Regiment des Gardes. Mort en 1615.

XI.

JEAN D'ANGENNES, Seigneur de Poigny & de Boiforcan, Conseiller d'État, Capitaine de Cinquante Hommes d'Armes, Ambassadeur en Savoye & à Vienne. Mort en 1593.

XII.

FRANÇOIS DE LA JUGIE DU PUY-DUVAL, Seigneur & Baron de Rieux, Gouverneur de Narbonne, Maréchal de Camp, Lieutenant Général en Auvergne, Capitaine de Cinquante Hommes d'Armes. Mort en ....

XIII.

François-Louis d'Agout et de Montauban, Comte de Sault, Seigneur de Vefe, de la Tour d'Aigues, de Montlor, de Grimaud, &c. Mort en ....

XIV.

Guillaume de Saulx, Seigneur & Vicomte de Tavannes, Lieutenant Général au Gouvernement de Bourgogne. Mort en ....

XV.

MERI DE BARBEZIERES, Seigneur de la Roche-Chemeraut & du Bois-le-Vicomte, Grand-Maréchal des Logis de la Maison du Roi. Mort le 5 Mai 1609.

XVI.

FRANÇOIS DU PLESSIS, III du Nom, Seigneur de Richelieu, Conseiller d'État, Grand Prévôt de France. Mort à Gonesse le 10 Juillet 1590.

XVII.

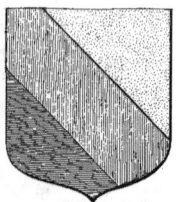

GABRIEL NOMPAR DE CAUMONT, Comte de Lauzun, Vicomte de Montbahus, Baron de Puy-Guillem, de Vertueil & de la Crouillie, Seigneur de Tumbebeuf, Chevalier de l'Ordre du Roi, Conseiller d'État, Capitaine de Cinquante Hommes d'Armes. Mort en ....

XVIII.

HECTOR DE PARDAILLAN, Seigneur de Montespan & de Gondrin, Conseiller d'Etat, Capitaine de Cinquante Hommes d'Armes, & des Gardes du Corps du Roi. Mort en ....

XIX.

DE L'ORDRE DU S. ESPRIT. 57

XIX.

L OUIS DE CHAMPAGNE, Comte de la Suze au Maine, Baron de Frouaffin, & de la Chapelle-Rainſoüin, Conſeiller d'État, Capitaine de Cinquante Hommes d'Armes. Mort à la Bataille de Coutras en 1587.

XX.

R ENÉ DE BOUILLÉ, Comte de Créance, Seigneur de Bouillé, Conſeiller d'État, Capitaine de Cent Hommes d'Armes, Gouverneur de Perigueux. Mort en ....

H

XXI.

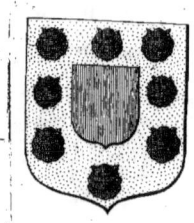

L OUIS DU BOIS, Seigneur des Arpentis, Maître de la Garderobe du Roi, Gouverneur de Touraine. Mort en ....

XXII.

JEAN D'O, Seigneur de Manou & de Courteilles, Capitaine de Cent Archers de la Garde du Corps du Roi. Mort en 1596.

XXIII.

HENRY DE SILLY, Comte de la Rocheguyon, Damoiseau de Commercy, Baron d'Aquigny & de Crevecœur, Conseiller d'État, Capitaine de Cent Hommes d'Armes. Mort en 1586.

XXIV.

ANTOINE DE BAUFREMONT, dit *de Vienne*, Marquis d'Arc en Barrois, Seigneur de Listenois. Mort en ....

XXV.

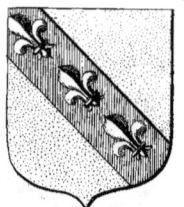

JEAN DU CHASTELET, Seigneur de Thon, Souverain de Vauvillars, Marquis de Trichasteau, Maréchal de Lorraine, Gouverneur de Langres, Sur-Intendant des Places de Bassigny. Mort en ....

XXVI

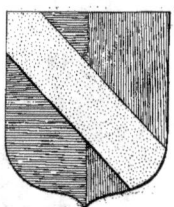

FRANÇOIS D'ESCOUBLEAU, Seigneur de Sourdis, puis Marquis d'Alluye, Conseiller d'État, Capitaine de Cinquante Hommes d'Armes, Gouverneur de Chartres, & Premier Ecuyer de la Grande Écurie du Roi. Mort en 1602.

XXVII.

CHARLES D'ONGNIES, Comte de Chaulnes, Seigneur de la Hargerie, Conseiller d'État, Capitaine de Cinquante Hommes d'Armes. Mort en....

XXVIII.

DAVID BOUCHARD, Vicomte d'Aubeterre, Baron de Pauleon, Conseiller d'État, Capitaine de Cinquante Hommes d'Armes, Gouverneur du Perigord. Mort à Aubeterre le 10 Août 1593 d'un coup de mousquet qu'il avoit reçu au Siége de l'Isle en Perigord.

NEUVIÉME PROMOTION

Faite dans l'Eglife des Grands Auguftins le 31 Décembre 1586.

CHEVALIERS.

I.

GEORGES, Baron de Villequier, Vicomte de la Guierche, Confeiller d'État, Capitaine de Cinquante Hommes d'Armes. Mort en ....

II.

JACQUES DE MOUY, Seigneur de Pierrecourt, Confeiller d'État, Capitaine de Cinquante Hommes d'Armes. Mort en ....

III.

CHARLES DE VIVONNE, II du Nom, Seigneur de la Chasteigneraye, Conseiller d'État, Capitaine de Cinquante Hommes d'Armes, Sénéchal de Xaintonge. Mort en....

IV.

JACQUES LE VENEUR, Comte de Tillieres, Seigneur de Carouges, Conseiller d'État, Capitaine de Cinquante Hommes d'Armes, Lieutenant Général de la Haute Normandie, & Gouverneur du Vieil Palais de Rouen. Mort en 1596.

DIXIEME PROMOTION

Du 31 Décembre 1587.

PRELAT.

I.

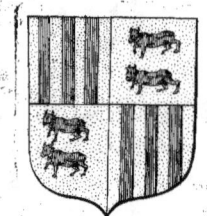

FRANÇOIS DE FOIX-CANDALE, Captal de Buch, Baron de Castelnau, Seigneur de Puypaulin, Evêque d'Aire. Mort le 5 Février 1594.

CHEVALIERS

CHEVALIERS
ET COMMANDEURS
DES ORDRES DU ROI,
NOMMÉS
SOUS LE REGNE DE HENRI III,
ET QUI N'ONT PAS ÉTÉ REÇUS.

Les preuves de leur Nomination se trouvent, les unes dans les Archives même de l'Ordre, & les autres dans les Généalogies des Grands Officiers de la Couronne, rapportées par le Pere Anselme, ou dans des Mémoires particuliers des Familles dont le Pere Bouges & le Pere Soucelier, Augustins du Grand Couvent, ont eu communication.

Année 1578.

CARDINAL.

LOUIS, Cardinal d'Est, nommé Commandeur de l'Ordre du S. Esprit le 31 Décembre. Mort le 30 Décembre 1586.

CHEVALIERS.

FRANÇOIS DE FRANCE, Duc d'Alençon. Mort le 10 Juin 1584.

LOUIS DE BOURBON, II du Nom, Duc de Montpenſier. Mort le 28 Septembre 1582.

JACQUES DE SAVOYE, Duc de Nemours, Chevalier de l'Ordre du Roi, Comte de Genevois, Marquis de Saint-Sorlin, Gouverneur de Lyonnois, Foretz & Beaujollois. Mort à Annecy le 15 Juin 1585.

FRANÇOIS, Duc de Montmorency, Pair, Maréchal & Grand-Maître de France. Mort à Eſcoüen le 6 Mai 1579.

LÉONOR CHABOT, Comte de Charny & de Buzençois, Seigneur de Pagny, Grand Ecuyer de France, Chevalier de l'Ordre du Roi, & Lieutenant Général au Gouvernement de Bourgogne. Mort au mois d'Août 1597.

GUILLAUME, II du Nom, Vicomte de Joyeuſe, Seigneur de S. Didier, &c. Chevalier de l'Ordre du Roi, Lieutenant Général au Gouvernement de Languedoc, puis Maréchal de France. Mort au mois de Janvier 1592.

DE L'ORDRE DU S. ESPRIT. 67

LAURENT DE MAUGIRON, Comte de Mouleans, Baron d'Ampuis, Chevalier de l'Ordre du Roi, Lieutenant Général du Dauphiné.

RENÉ DE TOURNEMINE, IV du Nom, Baron de la Hunaudays. Mort à Vitré en 1591.

GASPARD DE MONTMORIN, Seigneur de S. Herem, nommé en 1578, n'eut des Commissaires pour ses Preuves qu'en 1584. Mort le 13 Juillet 1593.

JEAN DE LOSSES, Chevalier de l'Ordre du Roi, Gouverneur de la Ville & Citadelle de Verdun.

CLAUDE MOTIER DE LA FAYETTE, Seigneur de Hautefeuille & de Nades.

GILBERT LE LEVIS, III du Nom, Comte de Ventadour, Chevalier de l'Ordre du Roi, Gentilhomme de sa Chambre en 1555, Gouverneur du Limosin en 1571, & ensuite de Lyonnois, Foretz & Beaujollois, Duc en 1578, Pair de France en 1589. Mort à Lavour en 1591.

Année 1580.

CHARLES DE VENDOSME DE RUBEMPRÉ, Gouverneur de Rue.

JEAN DE PONTEVÉS, Baron de Cottignac, Chevalier de l'Ordre du Roi, Comte de Carcez, Lieutenant pour le Roi en Provence, puis Grand Sénéchal & Amiral de cette même Province. Mort en son Château de Carcez le 20 Avril 1582.

JEAN DE RIEUX, Marquis d'Afferac. Tué à Paris en 1595.

Année 1582.

CHARLES DE BELLEVILLE, Comte de Cofnac, Lieutenant Général en Xaintonge. Mort en 1585.

Année 1584.

JEAN-LOUIS DE LA ROCHEFOUCAULT, Comte de Randan, Chevalier de l'Ordre du Roi, Gouverneur d'Auvergne, & Capitaine de Cent Hommes d'Armes des Ordonnances. Mort le 10 Mars 1590.

CHARLES DE MOY OU MOUY, Seigneur de la Meilleraye, Gentilhomme de la Chambre du Roi, & qualifié Vice-Amiral de France dans les Mémoires de la Chambre des Comptes de l'année 1556.

DE L'ORDRE DU S. ESPRIT. 69

Année 1585.

MICHEL DE CASTELNAU, Seigneur de Mauvissiere, Baron de Jonville & de Concressaut, Chevalier de l'Ordre du Roi, Capitaine de Cinquante Hommes d'Armes, Gouverneur de S. Dizier. Mort en 1592.

HECTOR RENAUD DE DURFORT, Comte de Launac en Agenois, Baron de Bajaumont, nommé le 1 Janvier, eut pour Commissaires MM. de Biron & de la Mothe-Fenelon. Mort le 26 Octobre 1612.

FRANÇOIS DE BRAILLY, Seigneur de Mainvilliers, Chevalier de l'Ordre du Roi, nommé à celui du Saint Esprit le 17 Mars. Tué à la Bataille de Senlis en 1589.

Année 1587.

CHRISTOPHE, Baron de Bassompierre, Seigneur d'Harouel & de Baudricourt en Lorraine. Mort à Nancy au mois d'Avril 1596.

Année 1588.

FRANÇOIS, Duc de Joyeufe, Archevêque de Narbonne en 1582, Cardinal en 1583, nommé Commandeur le 3 Décembre 1588 à la place du Cardinal d'Eft. Mort à Avignon le 23 Août 1615.

PHILIPPES D'ANGENNES, Seigneur du Fargis, Gouverneur du Maine & du Perche, Gentilhomme de la Chambre du Roi en 1575. Tué au Siége de Laval en 1590.

RENÉ DU BELLAY, Prince d'Yvetot, Chevalier de l'Ordre du Roi.

ARTUS DE MAILLÉ, Seigneur de Brezé & de Milly, Chevalier de l'Ordre du Roi, Capitaine d'une Compagnie des Gardes du Corps en 1557, depuis Gouverneur d'Anjou. Mort en 1592.

REGNE DE HENRI IV,

ROI DE FRANCE ET DE NAVARRE,

Second Chef & Souverain Grand-Maître de l'Ordre du S. Esprit.

PREMIERE

PREMIERE PROMOTION

*Faite dans l'Eglise de Mantes le 31 Décembre 1591;
le Maréchal de Biron le Pere présida comme plus
ancien Chevalier en l'absence du Roi.*

PRÉLAT.
I.

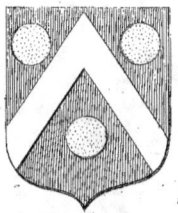

RENAUD DE BEAUNE, Archevêque de Bourges, Grand-Aumônier de France, depuis Archevêque de Sens. Mort en 1606.

K

CHEVALIER.

I.

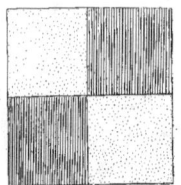

CHARLES DE GONTAUT, Baron de Biron, Maréchal Général des Camps & Armées du Roi, depuis Duc & Pair, Amiral & Maréchal de France. Mort le 31 Juillet 1602.

RECEPTION DU ROI

Faite dans l'Eglise Cathedrale de Chartres le 28 Février 1594.

ENRI, IV du Nom, Roi de France & de Navarre, reçût le Collier de l'Ordre du Saint Esprit des mains de Nicolas de Thou, Evêque de Chartres, après avoir fait le Serment de Chef & Souverain Grand-Maître de l'Ordre, le lendemain de son Sacre Lundi 28 Février 1594. Il mourut en 1610.

76 CATALOGUE DES CHEVALIERS

SECONDE PROMOTION

Faite dans l'Eglise des Grands Augustins le 7 Décembre 1595.

PRELATS.

I.

PHILIPPE DU BEC, successivement Evêque de Vannes & de Nantes, Maître de la Chapelle du Roi, Archevêque & Duc de Reims. Mort en l'année 1605.

II.

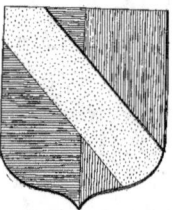

HENRI D'ESCOUBLEAU, Evêque de Maillezais. Mort en 1615.

DE L'ORDRE DU S. ESPRIT. 77

CHEVALIERS.

I.

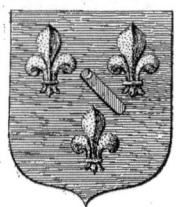

HENRI DE BOURBON, Duc de Montpenfier, Pair de France & Gouverneur de Normandie. Mort en 1608.

II.

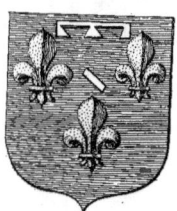

HENRI D'ORLEANS, I du Nom, Duc de Longueville. Mort le 29 Avril 1595.

78 CATALOGUE DES CHEVALIERS

III.

FRANÇOIS D'ORLEANS, Comte de S. Paul, depuis Duc de Fronsac. Mort en 1631.

IV.

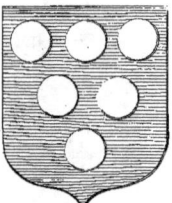

ANTOINE DE BRICHANTEAU, Marquis de Nangis, Colonel du Regiment des Gardes Françoises & Amiral de France. Mort en 1617.

DE L'ORDRE DU S. ESPRIT. 79

V.

JEAN DE BEAUMANOIR, III du Nom, Marquis de Lavardin, depuis Maréchal de France. Mort en 1614.

VI.

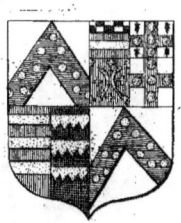

FRANÇOIS D'ESPINAY, Seigneur de Saint-Luc, Lieutenant Général en Bretagne, depuis Grand-Maître de l'Artillerie de France, & Gouverneur de Broüage. Tué au Siége d'Amiens en 1597.

VII.

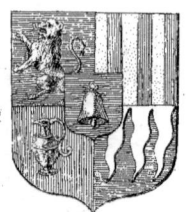

ROGER DE S. LARRY ET DE BELLEGARDE, Marquis de Verfoy, Seigneur & Baron de Termes, Duc de Bellegarde, Pair & Grand Ecuyer de France, Premier Gentilhomme de la Chambre du Roi. Mort en 1646.

VIII.

HENRI D'ALBRET, I du Nom, Comte de Marennes, Baron de Mioffens & de Coaraze. Mort en....

IX.

IX.

ANTOINE, Seigneur de Roquelaure, Maréchal de France, & Lieutenant Général au Gouvernement de Guyenne. Mort en 1625.

X.

CHARLES SIRE DE HUMIERES, Marquis d'Ancre, Lieutenant Général en Picardie. Tué à la reprise de Ham en 1595.

XI.

GUILLAUME DE HAUTEMER, Seigneur de Fervaques, Comte de Grancey, & Baron de Mauny, Maréchal de France. Mort en 1613.

XII.

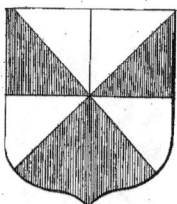

FRANÇOIS DE CUGNAC, Seigneur de Dampierre, Conseiller d'État, Capitaine de Cinquante Hommes d'Armes, Lieutenant Général au Gouvernement d'Orleannois, & Maréchal des Camps & Armées du Roi. Mort le 5 Novembre 1615.

XIII.

ANTOINE DE SILLI, Comte de la Rochepot, Damoiseau de Commerci, Baron de Montmirail, Gouverneur d'Anjou. Mort en ....

XIV.

ODET DE MATIGNON, Comte de Thorigni, Lieutenant Général en Normandie. Mort le 7 Août 1595.

XV.

FRANÇOIS DE LA GRANGE, Seigneur de Montigny & de Sery, Baron des Aix en Berry, Maréchal de France. Mort en 1617.

XVI.

CHARLES DE BALSAC, Seigneur & Baron de Dunes, Comte de Graville, Lieutenant Général au Gouvernement d'Orleans, Gouverneur de S. Dizier, Capitaine de Cinquante Hommes d'Armes. Mort à Touloufe en 1599.

XVII.

CHARLES DE COSSÉ, II du Nom, Comte, puis Duc de Briſſac, Pair & Maréchal de France. Mort en 1621.

XVIII.

PIERRE DE MORNAY, Seigneur de Buhi, de S. Clerc, de la Chaux, &c. Maréchal de Camp & Lieutenant Général de l'Iſle de France. Mort en 1598.

XIX.

FRANÇOIS DE LA MAGDELEINE, Marquis de Ragny, Gouverneur du Nivernois, Lieutenant de Roi des Pays de Bresse & de Charollois, Maréchal de Camp, & Capitaine de Cinquante Hommes d'Armes. Mort vers l'année 1626.

XX.

CLAUDE DE L'ISLE, Seigneur de Marivaut, Gouverneur de Laon, & Lieutenant Général en l'Isle de France. Mort le 17 Mai 1598.

DE L'ORDRE DU S. ESPRIT. 87

XXI.

CHARLES DE CHOISEUL, Marquis de Praflin, Maréchal de France. Mort en 1626.

XXII.

HUMBERT DE MARCILLY, Seigneur de Cipierre, Bailly de Semur en Auxois, Maréchal des Camps & Armées du Roi. Mort en . . . .

XXIII.

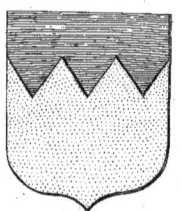

GILBERT, Seigneur de Chazeron, de Château-Guyon, de la Roche-d'Agoux, de Montfaucon, de Murat, &c. Sénéchal & Gouverneur du Lionnois, Conseiller d'État, Maréchal des Camps & Armées du Roi, Capitaine de Cinquante Hommes d'Armes. Mort en ....

XXIV.

RENÉ VIAU, Seigneur de Chanlivaut, & de l'Étang, Capitaine de Cinquante Hommes d'Armes, Gouverneur d'Auxerre. Mort en ....

XXV.

XXV.

CLAUDE GRUEL, Seigneur de la Frette, de la Ventrouffe & du Feüillet, Gouverneur de Chartres, Capitaine de Cinquante Hommes d'Armes. Mort en 1615.

XXVI.

GEORGES BABOU, Seigneur de la Bourdaifiere, Comte de Sagonne, Capitaine de Cinquante Hommes d'Armes, & des Cent Gentilshommes de la Maifon du Roi, Confeiller d'État. Mort en ....

TROISIEME PROMOTION
Faite à Roüen dans l'Eglise de S. Ouen le 5 Janvier 1597.

CHEVALIERS.

I.

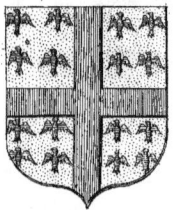

HENRI, I du Nom, Duc de Montmorency, Pair & Maréchal Connetable de France. Mort le 2 Avril 1614.

II.

HERCULES DE ROHAN, Duc de Montbazon, Pair, Grand Veneur de France, Comte de Rochefort, Gouverneur de Paris & Isle de France. Mort le 16 Octobre 1654.

DE L'ORDRE DU S. ESPRIT. 91

III.

CHARLES DE MONTMORENCY, Baron, puis Duc de Damville, Amiral de France. Mort en 1612.

IV.

ALPHONSE D'ORNANO, Colonel Général des Corses, Maréchal de France. Mort le 21 Janvier 1610.

M ij

V.

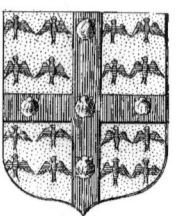

URBAIN DE LAVAL, Seigneur de Bois-Dauphin, Marquis de Sablé, Maréchal de France. Mort le 27 Mars 1629.

VI.

CHARLES DE LUXEMBOURG, II du Nom, Comte de Brienne & de Roussy, Gouverneur de Mets & du Pays Messin. Mort en 1610.

VII.

GILBERT DE LA TREMOILLE, Marquis de Royan, Comte d'Olonne, &c. Capitaine des Cent Gentilshommes de la Maifon du Roi, & Sénéchal du Poitou. Mort le 25 Juillet 1603.

VIII.

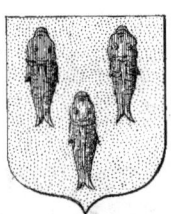

JACQUES CHABOT, Marquis de Mirebeau, Comte de Charny, Confeiller d'État, Meftre de Camp du Regiment de Champagne, Lieutenant Général en Bourgogne. Mort le 29 Mars 1630.

IX.

JEAN, IV du Nom, Sire de Bueil, Comte de San-cerre & de Marans, Grand Échanson de France. Mort en 1638.

X.

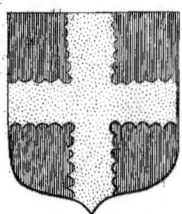

GUILLAUME DE GADAGNE, Seigneur de Botheon, Baron de Verdun, &c. Lieutenant Général en Lionnois, Forez & Beaujollois. Mort en ....

DE L'ORDRE DU S. ESPRIT. 95

XI.

L OUIS DE L'HOPITAL, Marquis de Vitry, Capitaine des Gardes du Corps du Roi, & de Cinquante Hommes d'Armes, Gouverneur de Meaux & de Fontainebleau. Mort à Londres en 1611.

XII.

P ONS DE LAUZIERES-THEMINES-CARDAIL-LAC, Marquis de Themines, Sénéchal & Gouverneur du Quercy, Maréchal de France. Mort en 1627.

XIII.

LOUIS D'OGNIES, Comte de Chaulnes, Gouverneur de Montdidier, Peronne & Roye. Mort en ....

XIV.

EDME DE MALAIN, Baron de Lux, Conseiller d'Etat, Capitaine de Cinquante Hommes d'Armes, Lieutenant Général en Bourgogne. Tué dans une rencontre à Paris le 5 Janvier 1613.

XV.

XV.

ANTOINE D'AUMONT, Comte de Châteauroux, Marquis de Nolay, Baron de Boulignon & d'Eſtrabonne, Conſeiller au Conſeil d'État, Capitaine de Cinquante Hommes d'Armes, Gouverneur de Bologne & Bolonnois. Mort à Paris le 13 Avril 1635.

XVI.

LOUIS DE LA CHASTRE, Baron de la Maiſonfort, Gouverneur de Berry, & depuis Maréchal de France. Mort en 1630.

XVII.

JEAN DE DURFORT, Seigneur de Born, Lieutenant Général de l'Artillerie de France. Mort en ....

XVIII.

LOUIS DE BUEIL, Seigneur de Racan, Conseiller d'État, Capitaine de Cinquante Hommes d'Armes, Gouverneur du Croizit, Maréchal des Camps & Armées du Roi. Mort en ....

XIX.

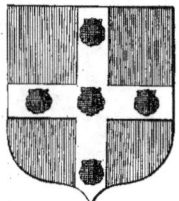

CLAUDE DE HARVILLE, Seigneur de Paloiseau, Baron de Nainville, Conseiller d'État, Capitaine de Cinquante Hommes d'Armes, Gouverneur de Compiegne & de Calais. Mort le 21 Janvier 1636.

XX.

EUSTACHE DE CONFLANS, Vicomte d'Ouchy, &c, Gouverneur de S. Quentin, Lieutenant Général des Armées du Roi. Mort le 19 Juin 1628.

XXI.

Louis DE GRIMONVILLE, Seigneur de Larchand, Conseiller d'État, Gouverneur d'Evreux, Capitaine de Cinquante Hommes d'Armes. Mort en ....

XXII.

Charles DE NEUFVILLE, Baron, puis Marquis d'Alincourt & de Villeroy, Comte de Bury, Grand Maréchal des Logis de la Maison du Roi, Gouverneur de Lyon, du Lyonnois, Forez & Beaujolois. Mort en 1642.

DE L'ORDRE DU S. ESPRIT.

QUATRIEME PROMOTION

Faite à Paris dans l'Eglise des Augustins le 2 Janvier 1599.

CHEVALIERS.

I.

ANNE DE LEVIS, Duc de Ventadour, Pair de France, Gouverneur du Limosin, Lieutenant Général au Gouvernement de Languedoc. Mort le 3 Décembre 1622.

II.

JACQUES MITTE, Comte de Miolans, Seigneur de Chevrieres, Baron de S. Chaumont, Conseiller d'État, Capitaine de Cinquante Hommes d'Armes, Lieutenant Général au Gouvernement du Lyonnois. Mort en ....

III.

JEAN-FRANÇOIS DE FAUDOAS, *dit d'Averton*, Seigneur en partie de Serillac, Comte de Belin, Gouverneur de Ham, de Paris & de Calais, & depuis de la Personne de Henri de Bourbon, Prince de Condé, Premier Prince du Sang. Mort en....

IV.

BERTRAND DE BAYLENS, Baron de Poyanne, Capitaine de Cinquante Hommes d'Armes, Gouverneur de la Ville & Château d'Acqs, & Sénéchal des Landes de Bordeaux. Mort en....

V.

RENÉ DE RIEUX, Seigneur de Sourdeac, Marquis d'Oixant, Gouverneur de Brest, Lieutenant de Roi au Gouvernement de Bretagne. Mort le 4 Décembre 1628.

VI.

BRANDELIS DE CHAMPAGNE, Marquis de Villaines, Conseiller d'État, Capitaine de Cinquante Hommes d'Armes des Ordonnances. Mort en ....

VII.

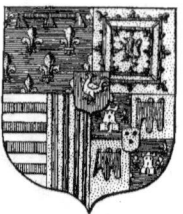

JACQUES DE L'HOPITAL, Comte, puis Marquis de Choify, Chevalier d'Honneur de la Reine Margueritte, Duchesse de Valois, Capitaine de Cinquante Hommes d'Armes, Gouverneur & Sénéchal d'Auvergne. Mort en....

VIII.

ROBERT DE LA VIEUVILLE, Baron de Rugle & d'Arseilliers, Vicomte de Farbus, Marquis de la Vieuville, Grand Fauconnier de France, Gouverneur de Mézieres & Linchamp. Mort en....

IX.

IX.

CHARLES SIRE DE MATIGNON, Comte de Thorigny, Lieutenant Général en Basse Normandie. Mort le 9 Juin 1648.

X.

FRANÇOIS JUVENEL DES URSINS, II du Nom, Marquis de Trainel, Seigneur de la Chapelle & de Doüe, Capitaine de Cent Hommes d'Armes, Colonel des Reistres François, Maréchal des Camps & Armées du Roi, Ambassadeur en Angleterre. Mort le 9 Octobre 1650.

CINQUIÉME PROMOTION

Faite en 1606.

PRÉLAT.

I.

JACQUES DAVY, Cardinal du Perron, Evêque d'Évreux, puis Archevêque de Sens, fait Grand Aumonier de France par le décès de Renaud de Beaune, & en cette qualité Commandeur de l'Ordre du Saint Esprit. Mort en 1618.

DE L'ORDRE DU S. ESPRIT.

SIXIEME PROMOTION

Faite à Rome le 12 Mars 1608.

CHEVALIERS.

I.

ALEXANDRE CONTI-SFORCE, Duc de Segni, Prince de Valmonton, Marquis de Profeno & d'Onnano, Comte de Santa-Fior. Mort le 25 Août 1631.

II.

JEAN ANTOINE URSIN, Duc de Santo-Gemini, Prince de Scandriglia, Comte d'Erçole. Mort en....

CHEVALIERS
ET COMMANDEURS
DES ORDRES DU ROI,
NOMMÉS
SOUS LE REGNE DE HENRI IV,
ET QUI SONT MORTS SANS AVOIR ÉTÉ REÇUS.

CARDINAL.

I.

CHARLES, III du Nom, Cardinal de Bourbon, Archevêque de Rouen, Abbé de S. Germain des Prez. Mort le 30 Juillet 1594.

CHEVALIERS.

I.

ANNE D'ANGLURE, Marquis de Givry, Comte de Tancarville, Lieutenant pour le Roi en Brie, Colonel de la Cavalerie Legere de France. Nommé en 1595, mort peu de tems après.

II.

MICHEL D'ESTOURMEL, Seigneur de Guyencourt, de Herville, Gouverneur de Perrone, Montdidier & Roye, nommé en 1595, & fit ses Preuves.

III.

JEAN DE MONTLUC, Seigneur de Balagny, Maréchal de France, Prince de Cambray. Mort au mois de Juin 1603.

IV.

GASPARD DE SCHOMBERG, Gentilhomme Allemand, Colonel des Reiftres, Gouverneur de la Haute & Baffe-Marche, Comte de Nanteüil. Mort le 17 Mars 1599.

V.

JEAN DE LEVIS, VII du Nom, Seigneur de Mirepoix, Vicomte de Mont-Segur, Maréchal de la Foy, Sénéchal de Carcaffonne, Chevalier de l'Ordre du Roi, Gentilhomme de fa Chambre. Nommé en 1595. Mort le 31 Août 1603.

VI.

JEAN, Marquis de Coetquen, Comte de Combourg, Vicomte d'Ufel & de Rougé, Capitaine de Cinquante Hommes d'Armes, Gouverneur de S. Malo. Nommé en 1595. Mort en 1602.

VII.

ROBERT DE HARLAY, Baron de Montglat, Grand-Louvetier de France. Nommé en 1595. Mort vers 1615.

VIII.

FRANÇOIS DE SENICOURT, Seigneur de Saiffeval, Gouverneur de Ham. Nommé en 1595. Mort la même année.

IX.

SEBASTIEN, Marquis de Rofmadec, Baron de Molac, Commandant l'Infanterie Royale en Bretagne, defigné Maréchal de France. Nommé en 1599. Mort le 14 Septembre 1613.

X.

HENRY, Seigneur de Noailles, Capitaine de Cinquante Hommes d'Armes, Lieutenant Général au haut pays d'Auvergne. Nommé en 1604. Mort en 1622.

XI.

NICOLAS DE HARLAY, Seigneur de Sancy, Colonel Général des Suiſſes, Lieutenant Général en Bourgogne. Nommé en 1604. Mort le 17 Octobre 1622.

XII.

FRANÇOIS DE L'ISLE, Seigneur de Marivaux & de Traiſnel, Gouverneur des Ville & Citadelle d'Amiens. Nommé en 1604. Mort en 1611.

XIII.

JEAN PAUL D'ESPARBÉS, Seigneur de Luſſan, Gouverneur de Blaye, Capitaine de la Premiere Compagnie des Gardes du Corps. Nommé en 1604. Mort le 18 Novembre 1616.

XIV.

BERNARD DE BEON DU MASSES, Lieutenant Général au Gouvernement de Xaintonges, la Rochelle & Pays d'Aunis. Nommé en 1604.

XV.

JEAN DE GONTAULT, Baron de Salagnac, Chevalier de l'Ordre du Roi, Conseiller d'État, Capitaine de Cinquante Hommes d'Armes, Maréchal des Camps & Armées du Roi, Lieutenant Général du haut & bas Limosin. Nommé en 1604. Mort en 1606 dans son Ambassade de Constantinople.

XVI.

JEROSME DE GONDI, II du Nom, Baron de Codun, Ambassadeur à Venise & à Rome.

REGNE DE LOUIS XIII,

ROI DE FRANCE ET DE NAVARRE,

*Troisiéme Chef & Souverain Grand-Maître
de l'Ordre du S. Esprit.*

E Prince ayant été Sacré & Couronné à Reims le Dimanche 17 Octobre 1610, reçût le Collier de l'Ordre du Saint Esprit de la main de François, Cardinal & Duc de Joyeuse, après avoir prêté le Serment de Chef & Souverain Grand-Maître de l'Ordre. Mort le 14 Mai 1643.

*P ij

PREMIERE PROMOTION
Du même jour.

CHEVALIER.
I.

HENRI DE BOURBON, II du Nom, Prince de Condé, Premier Prince du Sang, Premier Pair & Grand-Maître de France, Duc d'Enghien, de Montmorency & de Châteauroux, Gouverneur de Bourgogne. Mort le 26 Décembre 1646.

DE L'ORDRE DU S. ESPRIT. 117
SECONDE PROMOTION
Faite en Septembre 1618.
CARDINAL.
I.

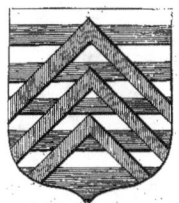

FRANÇOIS DE LA ROCHEFOUCAULT, Cardinal, Evêque de Senlis, Grand-Aumonier de France, & en cette qualité Commandeur de l'Ordre du S. Esprit. Mort en 1645.

CATALOGUE DES CHEVALIERS
TROISIEME PROMOTION
Faite dans l'Eglife des Grands Auguftins le 31 Décembre 1619.
PRELATS.
I.

HENRI DE GONDY, Cardinal de Retz, Evêque de Paris, & Maître de l'Oratoire du Roi. Mort le 13 Août 1622.

II.

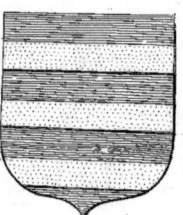

BERTRAND DECHAUX, Evêque de Bayonne, puis Archevêque de Tours, Premier Aumônier du Roi. Mort le 21 Mai 1643.

III.

CHRISTOPHE DE L'ÉTANG, Evêque de Car-cassonne, & Maître de la Chapelle du Roi. Mort le 12 Août 1621.

IV.

GABRIEL DE L'AUBESPINE, Evêque d'Or-leans. Mort le 15 Août 1630.

120 CATALOGUE DES CHEVALIERS

V.

ARTUS D'ESPINAY DE S. LUC, Conseiller d'État, Evêque de Marseille, Abbé de Redon.

CHEVALIERS.
I.

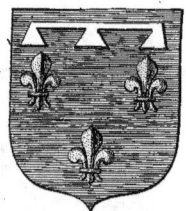

GASTON-JEAN-BAPTISTE DE FRANCE, Duc d'Orleans, de Chartres, de Valois & d'Alençon, avoit reçû la Croix & le Cordon Bleu des mains du Roi son Pere, dès sa naissance. Mort à Blois le 2 Février 1660.

II.

LOUIS DE BOURBON, Comte de Soiſſons, Pair & Grand Maître de France, Gouverneur de Dauphiné. Tué à la Bataille de la Marfée, près Sedan, le 6 Juillet 1641.

III.

CHARLES DE LORRAINE, Duc de Guiſe, Pair de France, Prince de Joinville, Comte d'Eu, Gouverneur de Provence. Mort le 30 Septembre 1640.

IV.

HENRI DE LORRAINE, Duc de Mayenne & d'Aiguillon, Pair & Grand Chambellan de France, Gouverneur de Guyenne. Tué au Siége de Montauban en 1621.

V.

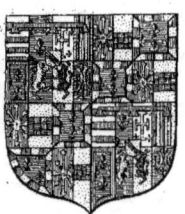

CLAUDE DE LORRAINE, qualifié Prince de Joinville, Duc de Chevreuse, Pair de France, Gouverneur de la Haute & Basse Marche, depuis Grand Chambellan. Mort à Paris en 1657.

VI.

CESAR, Duc de Vendôme, de Beaufort, d'Eſtampes & de Penthiévre, Prince de Martigues, Gouverneur de Bretagne, Pair de France, depuis Grand Maître, Chef & Surintendant Général de la Navigation & Commerce de France. Mort le 22 Octobre 1665.

VII.

CHARLES DE VALOIS, Duc d'Angoulefme, Pair de France, Comte d'Auvergne, &c. Colonel Général de la Cavalerie Legere de France. Mort en 1657.

VIII.

CHARLES DE LORRAINE, II du Nom, Duc d'Elbeuf, Pair de France, Gouverneur de Picardie. Mort le 5 Novembre 1657.

IX.

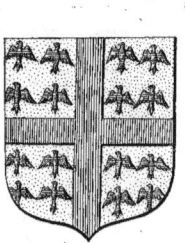

HENRI, II du Nom, Duc de Montmorency, Pair & Amiral de France, Gouverneur du Languedoc, depuis Maréchal de France. Mort à Toulouse en 1632.

DE L'ORDRE DU S. ESPRIT. 125

X.

EMMANUEL DE CRUSSOL, Duc d'Uzès, Pair de France, Chevalier d'Honneur de la Reine Anne d'Autriche. Mort à Florenſac le 19 Juillet 1657.

XI.

HENRI DE GONDI, Duc de Retz & de Beau-preau, Pair de France, Marquis de Belle-Iſle. Mort à Princé le 12 Août 1659.

XII.

CHARLES D'ALBERT, Duc de Luynes, Pair & Grand Fauconnier de France, Gouverneur de Picardie, depuis Connétable de France. Mort en 1621.

XIII.

LOUIS DE ROHAN, Comte de Rochefort, Gouverneur des Ville & Château de Nantes, depuis Prince de Guemené, Duc de Montbazon, Pair & Grand Veneur de France. Mort en 1667.

XIV.

JOACHIM DE BELLENGREVILLE, Seigneur de Neuville-Gambetz, de Bomicourt, &c. Conseiller d'État, Gouverneur d'Ardes, & des Ville & Château de Meulant, Prévôt de l'Hôtel du Roi & Grande Prévôté de France. Mort le 15 Mars 1621.

XV.

MARTIN, Seigneur du Bellay, Prince d'Yvetot, Marquis de Thouarcè, &c. Conseil d'État, Lieutenant Général en Normandie, puis en Anjou, Capitaine de Cinquante Hommes d'Armes des Ordonnances, & Maréchal des Camps & Armées du Roi. Mort le 5 Janvier 1637.

XVI.

CHARLES SIRE DE CREQUY, Prince de Poix, Comte de Sault, depuis Duc de Lefdignieres, Pair & Maréchal de France. Tué d'un coup de Canon en Italie en 1638.

XVII.

GILBERT FILHET, Seigneur de la Curée & de la Roche-Turpin, Conseiller d'État, Capitaine de Cinquante Hommes d'Armes, Maréchal des Camps & Armées du Roi. Mort à Paris le 3 Septembre 1633.

XVIII.

XVIII.

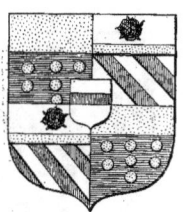

PHILIPPE DE BETHUNE, Baron, puis Comte de Selles & de Charoſt, Bailly de Mantes & de Meulant, Ambaſſadeur en Italie, en Allemagne & en Angleterre. Mort en 1649.

XIX.

CHARLES DE COLIGNY, Marquis d'Andelot, Conſeiller d'État, Maréchal des Camps & Armées du Roi, Capitaine de Cinquante Hommes d'Armes, Lieutenant Général au Gouvernement de Champagne. Mort le 27 Janvier 1632.

XX.

JEAN-FRANÇOIS DE LA GUICHE, Seigneur de Saint-Geran, Comte de la Paliffe, Gouverneur du Bourbonnois, depuis Maréchal de France. Mort le 2 Décembre 1632.

XXI.

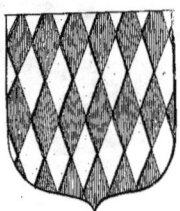

RENÉ DU BEC, Marquis de Vardes & de la Boffe, Confeiller d'État, Capitaine de Cinquante Hommes d'Armes, Gouverneur de la Capelle & du Pays de Thiérache. Mort en .....

XXII.

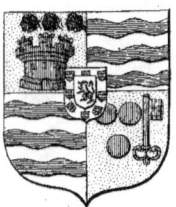

ANTOINE-ARNAUD DE PARDAILLAN, Seigneur de Gondrin & d'Antin, Marquis de Montefpan, Capitaine des Gardes du Corps du Roi, Premier Maréchal de fes Camps & Armées, & Lieutenant Général au Gouvernement de Guyenne. Mort en ....

XXIII.

HENRI DE SCHOMBERG, Comte de Nanteüil, Sur-Intendant des Finances, Gouverneur de la Haute & Baffe Marche & Pays de Limofin, Maréchal de France. Mort fubitement en 1632.

XXIV.

FRANÇOIS DE BASSOMPIERRE, Colonel Général des Suiſſes, puis Maréchal de France. Mort ſubitement en 1646.

XXV.

HENRI DE BOURDEILLE, Vicomte de Bourdeille, Marquis d'Archiac, Conſeiller d'État, Capitaine de Cent Hommes d'Armes, Sénéchal & Gouverneur du Périgord. Mort le 14 Mars 1641.

XXVI.

JEAN-BAPTISTE D'ORNANO, Comte de Montlor, Colonel Général des Corses, Lieutenant Général au Gouvernement de Normandie, Maréchal de France, Gouverneur de Gaston, Frere unique du Roi. Mort le 22 Septembre 1626.

XXVII.

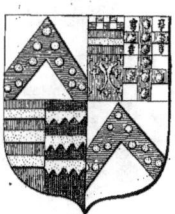

TIMOLEON D'ESPINAY, Seigneur de Saint-Luc, Comte d'Estelan, Gouverneur de Brouage, Lieutenant Général en Guyenne, & depuis Maréchal de France. Mort le 12 Septembre 1644.

XXVIII.

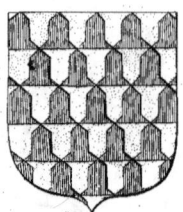

HENRI DE BAUFREMONT, Marquis de Senecey, Lieutenant pour le Roi au Comté de Mâcon, Gouverneur des Ville & Château d'Auxonne, Bailly & Capitaine de Châlons-sur-Saone. Mort à Lyon de la bleffure qu'il avoit reçue en 1622 à Royan.

XXIX.

RENÉ POTIER, Comte, puis Duc de Trefmes, Pair de France, Capitaine des Gardes du Corps du Roi, Lieutenant Général au Gouvernement de Champagne, & Gouverneur de Châlons. Mort à Paris le premier Février 1670.

DE L'ORDRE DU S. ESPRIT. 135

XXX.

PHILIPPE-EMMANUEL DE GONDY, Comte de Joigny, Général des Galères, puis Prêtre de l'Oratoire. Mort le 29 Juin 1662.

XXXI.

CHARLES D'ANGENNES, Marquis de Rambouillet, Vidame du Mans, Seigneur d'Arquenay, &c. ci-devant Maître de la Garderobe du Roi, Capitaine des Cent Gentilhommes de sa Maison, Ambassadeur extraordinaire en Espagne. Mort à Paris le 26 Février 1652.

XXXII.

LOUIS DE CREVANT, Vicomte de Brigueil, Marquis d'Humieres, Conseiller d'État, Capitaine des Cent Gentilhommes de la Maison du Roi, Gouverneur de Compiegne & de Ham. Mort en Touraine le 2 Novembre 1648, & enterré à Loches.

XXXIII.

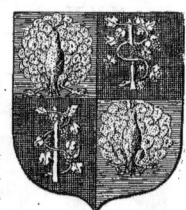

BERTRAND DE VIGNOLLES, dit *de la Hire*, Marquis de Vignolles, Seigneur de Casaubon & Preschat, Capitaine des Gardes de Henri IV, n'étant encore que Roi de Navarre, Conseiller d'État, Lieutenant Général pour le Roi en la Province de Champagne, Capitaine de Cent Hommes d'Armes de ses Ordonnances, Premier Maréchal de ses Camps & Armées, Gouverneur d'Epinay & de Sainte-Menehould. Mort à Péronne le 5 Octobre 1636.

XXXIV.

XXXIV.

ANTOINE DE GRAMONT, Souverain de Bidache, Comte de Guiche & de Louvignieres, Viceroi de Navarre & de Bearn, Gouverneur de Bayonne, & depuis Duc de Gramont. Mort au mois d'Août 1644.

XXXV.

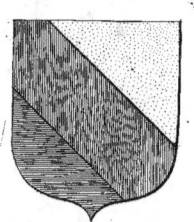

FRANÇOIS NOMPAR DE CAUMONT, Comte de Lausun, Conseiller d'État, Capitaine de Cinquante Hommes d'Armes. Mort en.....

S

138 CATALOGUE DES CHEVALIERS

XXXVI.

MELCHIOR MITTE, Comte de Miolans, Marquis de Saint-Chaumont & de Montpezal, Seigneur de Chevrieres, Miniftre d'État, Lieutenant Général des Armées du Roi, & au Gouvernement de Provence, Ambaffadeur Extraordinaire à Rome. Mort à Paris le 10 Septembre 1650.

XXXVII.

LÉONOR DE LA MAGDELEINE, Marquis de Ragny, Confeiller d'État, Capitaine de Cinquante Hommes d'Armes, Lieutenant pour le Roi au Comté de Charolois, Pays de Breffe, Bugey & Geix. Mort le 22 Juillet 1628.

DE L'ORDRE DU S. ESPRIT. 139

XXXVIII.

HONORÉ D'ALBERT, Duc de Chaulnes, Pair & Maréchal de France, Seigneur de Péquigny, Vidame d'Amiens, Gouverneur de Picardie. Mort en 1649.

XXXIX.

JEAN DE VARIGNIEZ, Seigneur de Blainville, Conseiller d'État, Enseigne des Gendarmes de la Garde du Roi, Maître de sa Garderobe, Lieutenant au Gouvernement du Baillage de Caën, Ambassadeur en Angleterre. Mort à Issy le 26 Février 1628.

S ij

XL.

LÉON D'ALBERT, Seigneur de Brantes, Capitaine-Lieutenant de la Compagnie des Chevaux-Légers de la Garde du Roi, Gouverneur de Blaye, depuis Duc de Luxembourg, Pair de France. Mort le 25 Novembre 1630.

XLI.

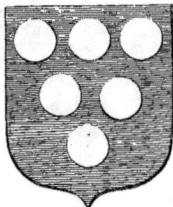

NICOLAS DE BRICHANTEAU, Marquis de Nangis, Conseiller d'État, Capitaine de Cinquante Hommes d'Armes. Mort en.....

XLII.

CHARLES DE VIVONNE, III. du Nom, Baron de la Châteigneraye & d'Amville, Conseiller d'Etat, Capitaine de Cent Hommes d'Armes, Gouverneur de Partenay. Mort en.....

XLIII.

ANDRÉ DE COCHEFILET, Comte de Vauvineux, Baron de Vaucelas, Conseiller d'État, Capitaine de Cinquante Hommes d'Armes, Ambassadeur en Espagne & en Savoie. Mort en......

XLIV.

GASPARD DAUVET, Seigneur Desmarets, Conseiller d'État, Capitaine de Cinquante Hommes d'Armes, Gouverneur de Beauvais & Lieutenant Général de Beauvoisis, Ambassadeur en Angleterre. Mort en 1632.

XLV.

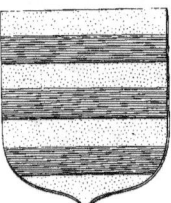

LANCELOT, Seigneur de Vassé, Baron de la Roche-Mabille, Seigneur d'Esgvilly, de Classé-la-Chapelle, &c. Conseiller d'État, Capitaine de Cinquante Hommes d'Armes. Mort en.....

XLVI.

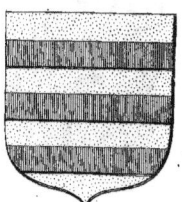

CHARLES, Sire de Rambures, Conseiller d'État, Capitaine de Cinquante Hommes d'Armes, Maréchal de Camp, Gouverneur des Ville & Château de Doullens. Mort à Paris le 13 Janvier 1633.

XLVII.

ANTOINE DE BUADE, Seigneur de Frontenac, Baron de Palluau, Conseiller d'État, Capitaine des Châteaux de Saint-Germain-en-Laye, & Premier Maître-d'Hôtel du Roi. Mort en.....

XLVIII.

NICOLAS DE L'HOPITAL, Marquis, puis Duc de Vitry, Comte de Châteauvillain, Seigneur de Coubert, Gouverneur de Meaux, Lieutenant Général au Gouvernement de Brie, Capitaine des Gardes du Corps du Roi, Maréchal de France. Mort le 28 Septembre 1644.

XLIX.

JEAN DE SOUVRÉ, Marquis de Courtenvaux, Conseiller d'État, Premier Gentilhomme de la Chambre du Roi, & Gouverneur de Touraine. Mort le 9 Novembre 1656.

L.

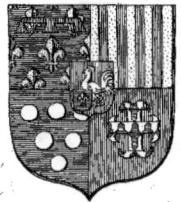

François de l'Hopital, Seigneur du Hallier, Comte de Rosnay, Capitaine des Gardes du Corps du Roi, Gouverneur de Paris, depuis Maréchal de France, Ministre d'État. Mort en 1660.

LI.

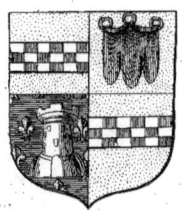

Louis de la Marck, Marquis de Mauny, Conseiller d'État, Premier Écuyer de la Reine Anne d'Autriche. Mort en 1626.

LII.

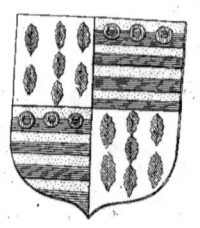

CHARLES, Marquis, puis Duc de la Vieuville, Capitaine des Gardes du Corps du Roi, Lieutenant Général en Champagne, Sur-Intendant des Finances, & Grand Fauconnier de France. Mort en 1653.

LIII.

LOUIS D'ALOGNY, Marquis de Rochefort, Baron de Craon, Bailli de Berry, Chambellan de Henri II, Prince de Condé, & Lieutenant de sa Compagnie de Chevaux-Légers. Mort le 2 Septembre 1657.

DE L'ORDRE DU S. ESPRIT. 147

LIV.

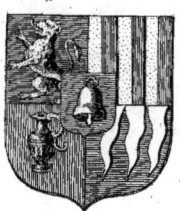

CÉSAR-AUGUSTE DE SAINT-LARY, Baron de Termes, Grand Écuyer de France. Mort le 22 Juillet 1621.

LV.

ALEXANDRE DE ROHAN, Marquis de Marigny, Capitaine de Cent Hommes d'Armes. Mort en ....

LVI.

FRANÇOIS DE SILLY, Damoiseau de Commercy, Comte, puis Duc de la Rocheguyon, Marquis de Guercheville, Grand Louvetier de France. Mort le 19 Janvier 1628.

LVII.

ANTOINE HERCULE DE BUDOS, Marquis de Portes, Lieutenaut Général en Gevaudan & Pays des Cévennes, Vice-Amiral de France. Tué au Siége de Privas en 1629.

LVIII.

FRANÇOIS, V du Nom, Comte, puis Duc de la Rochefoucault, Pair de France, Prince de Marsillac, Baron de Verthetüil, &c. Gouverneur de Poitiers, & Lieutenant Général en Poitou. Mort le 8 Février 1650.

LIX.

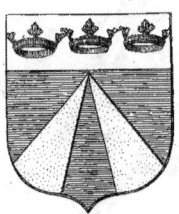

JACQUES D'ESTAMPES, Seigneur de Valençay, d'Haplincourt, &c. Grand Maréchal des Logis de la Maison du Roi, & Lieutenant Colonel de la Cavalerie Légere de France, Gouverneur de Montpellier & de Calais. Mort à Bologne le 21 Novembre 1639.

LX.

HENRI D'ALBRET, Baron de Moiffens, Meftre de Camp de mille Hommes de Pied, entretenus pour le Service du Roi au Pays de Bigorre. Mort en....

DE L'ORDRE DU S. ESPRIT.   151

QUATRIEME PROMOTION

Faite à Grenoble dans l'Églife Cathédrale le 26 Juillet 1622.

CHEVALIER.

I.

FRANÇOIS DE BONNE, Duc de Lefdiguieres, Pair & Connétable de France, Gouverneur du Dauphiné. Mort le 28 Septembre 1626.

CINQUIÈME PROMOTION

Faite dans la Chapelle de l'Hôtel de Sommerset à Londres en Angleterre le 28 Juin 1625.

CHEVALIER.

I.

ANTOINE COEFFIER, dit *Ruzé*, Marquis d'Effiat & de Longjumeau, Baron de Massy & de Beaulieu, Gouverneur du Bourbonnois, Haute & Basse Auvergne, Sur-Intendant des Finances, depuis Maréchal de France. Mort en 1632.

SIXIÈME

SIXIEME PROMOTION

Faite le 24 Mars 1632.

PRÉLAT.

I.

ALFONSE-LOUIS DU PLESSIS-RICHELIEU, Cardinal, Archevêque de Lyon, Grand Aumônier de France, sur la démission du Cardinal de la Rochefoucault, & en cette qualité Commandeur de l'Ordre du Saint Esprit, prêta Serment ledit jour, & mourut le 23 Mars 1653.

V

CATALOGUE DES CHEVALIERS
SEPTIEME PROMOTION
Faite à Fontainebleau le 14 Mai 1633.
PRELATS.
I.

ARMAND-JEAN DU PLESSIS, Cardinal, Duc de Richelieu, Pair de France, Grand-Maître, Chef & Sur-Intendant Général de la Navigation & du Commerce de France, Gouverneur de Bretagne. Mort à Paris le 24 Décembre 1642.

II.

LOUIS DE NOGARET, Cardinal de la Valette, Archevêque de Touloufe. Mort le 28 Septembre 1639.

III.

CLAUDE DE REBÉ, Archevêque de Narbonne, Baron d'Arcque, Préfident né aux États de Languedoc. Mort le 16 Mars 1659.

IV.

JEAN-FRANÇOIS DE GONDY, Premier Archevêque de Paris, Maître de la Chapelle du Roi. Mort à Paris le 21 Mars 1654.

156 CATALOGUE DES CHEVALIERS

V.

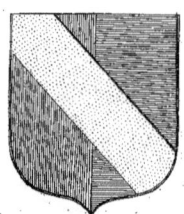

Henri d'Escoubleau Sourdis, Archevêque de Bordeaux, Primat d'Aquitaine. Mort le 18 Juin 1645.

CHEVALIERS.

I.

Henri d'Orleans, II du Nom, Duc de Longueville & d'Eftouteville, Prince de Neuf-Châtel, Gouverneur de Normandie. Mort à Roüen en 1663.

II.

HENRI DE LORRAINE, Comte de Harcourt, Grand Ecuyer de France, Gouverneur d'Anjou. Mort le 25 Juillet 1666.

III.

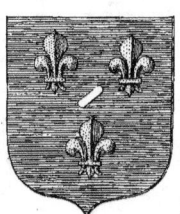

LOUIS DE VALOIS, Comte d'Alets, Colonel Général de la Cavalerie Legere de France, depuis Duc d'Angoulême & Gouverneur de Provence. Mort le 13 Novembre 1653.

IV.

HENRI, Sire de la Tremoïlle, Duc de Thouars, Pair de France, Prince de Tarente & de Talmond, Comte de Laval, &c. Mort le 21 Janvier 1674.

V.

CHARLES DE LEVIS, Duc de Ventadour, Pair de France, Lieutenant Général au Gouvernement de Languedoc, Gouverneur du Limosin. Mort le 18 Mai 1649.

VI.

Henri de Nogaret de la Valette, dit *de Foix*, Duc de Candale, Pair de France. Mort en 1648.

VII.

Charles de Schomberg, Duc de Halwin, Pair de France, Colonel Général des Reiftres, Maréchal des Troupes Allemandes, Gouverneur du Languedoc, Maréchal de France. Mort en 1656.

VIII.

François DE COSSÉ, Duc de Briſſac, Pair & Grand Pannetier de France. Mort en 1651.

IX.

Bernard DE NOGARET, DE LA VALETTE ET DE FOIX, Duc de la Valette & d'Eſpernon, Colonel Général de l'Infanterie Françoiſe, Gouverneur de Metz. Mort en 1661.

DE L'ORDRE DU S. ESPRIT. 161

X.

CHARLES-HENRI, Comte de Clermont & de Tonnerre, Marquis de Crufy, Baron d'Ancy-le-Franc, Premier Baron & Connétable héréditaire de Dauphiné, Conseiller au Conseil d'État & Privé, Capitaine de Cent Hommes d'Armes. Mort à Ancy-le-Franc au mois d'Octobre 1640.

XI.

FRANÇOIS-ANNIBAL D'ESTRÉES, Marquis de Cœuvres, Premier Baron de Boulenois, Maréchal de France, & depuis Gouverneur de l'Isle de France, & Duc & Pair. Mort le 5 Mai 1670.

XII.

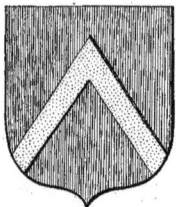

JEAN DE NETTANCOURT, Comte de Vaubecourt, Baron d'Orne & de Choiseul, Conseiller d'État, Maréchal des Camps & Armées du Roi, Capitaine de Cent Hommes d'Armes, Lieutenant Général au Gouvernement des Ville & Château de Verdun, Gouverneur de Châlons en Champagne. Mort le 4 Octobre 1642.

XIII.

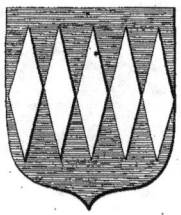

HENRI DE SAINT-NECTAIRE ou SENNETERRE, I du Nom, Marquis de la Ferté-Nabert, Ambassadeur en Angleterre & à Rome, Ministre d'Etat. Mort à Paris le 4 Janvier 1662.

XIV.

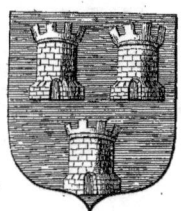

PHILBERT, Vicomte de Pompadour, &c. Lieutenant Général pour le Roi en Limoſin. Mort au mois de Novembre 1634.

XV.

RENÉ AUX EPAULES, dit *de Laval*, Marquis de Néelle, Maréchal de Camp, Gouverneur de la Fere. Mort le 29 Mai 1650.

XVI.

GUILLAUME DE SIMIANE, Marquis de Gordes, Capitaine des Gardes du Corps du Roi, Gouverneur du Pont-Saint-Esprit. Mort au mois de Septembre 1642.

XVII.

CHARLES, Comte de Lannoy, Seigneur de la Boiffiere, Conseiller d'État, Premier Maître d'Hôtel du Roi, Gouverneur de Montreüil. Mort en 1649.

DE L'ORDRE DU S. ESPRIT. 165

XVIII.

FRANÇOIS DE NAGU, Marquis de Varennes, Baron de Merzé, Maréchal de Camp des Armées du Roi, Gouverneur d'Aiguemortes. Mort en 1637.

XIX.

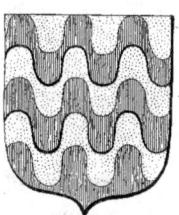

URBAIN DE MAILLÉ, Marquis de Brezé, Maréchal de France, Gouverneur de Calais & de Saumur. Mort le 13 Janvier 1650.

XX.

JEAN DE GALLARD DE BEARN, Comte de Braſſac, Conſeiller d'Etat, Capitaine de Cent Hommes d'Armes, Gouverneur de Nancy & de la Lorraine, puis de Xaintonge & de l'Angoumois, Miniſtre d'Etat, Sur-Intendant de la Maiſon de la Reine, & Ambaſſadeur à Rome. Mort à Paris le 14 Mars 1645.

XXI.

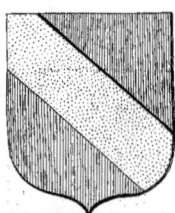

FRANÇOIS, Seigneur de Noailles, Comte d'Ayen, Conſeiller d'Etat, Capitaine de Cent Hommes d'Armes des Ordonnances, Maréchal des Camps & Armées du Roi, Gouverneur d'Auvergne, de Rouſſillon & de Perpignan, Ambaſſadeur à Rome. Mort à Paris le 15 Décembre 1645.

XXII.

BERNARD DE BAYLENS, Seigneur & Baron de Poyanne, Conseiller d'Etat, Lieutenant Général au Pays de Bearn, Gouverneur de Navarreins & d'Acqs. Mort en .....

XXIII.

GABRIEL DE LA VALLÉE-FOSSEZ, Marquis d'Everly, Conseiller d'Etat, Maréchal de Camp, Gouverneur de Lorraine & des Villes & Citadelles de Montpellier & de Verdun. Mort à Paris le 10 Juillet 1636.

XXIV.

CHARLES DE LIVRON, Marquis de Bourbonne, Chevalier de l'Ordre du Roi, Maréchal de Camp, Lieutenant Général au Gouvernement de Champagne, Gouverneur de Coiffy & de Montigny, Capitaine de Cinquante Hommes d'Armes. Mort en .....

XXV.

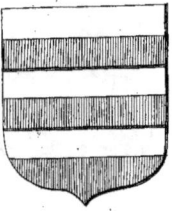

GASPARD-ARMAND, Vicomte de Polignac, Marquis de Chalançon, Seigneur de Randon, Capitaine de Cent Hommes d'Armes, Gouverneur de la Ville du Puy-en-Veslay. Mort en .....

XXVI.

DE L'ORDRE DU S. ESPRIT.

XXVI.

LOUIS, Vicomte, puis Duc d'Arpajon, Marquis de Severac, Lieutenant Général au Gouvernement de Languedoc, Lieutenant Général des Armées du Roi, & Ambassadeur Extraordinaire en Pologne. Mort à Severac au mois d'Avril 1679.

XXVII.

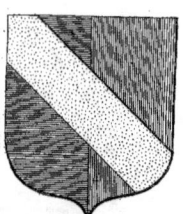

CHARLES D'ESCOUBLEAU, Marquis de Sourdis & d'Alluye, Mestre de Camp de la Cavalerie Legere de France, Maréchal de Camp des Armées du Roi, depuis Gouverneur d'Orleans, de l'Orleannois, Pays Chartrain & Blaisois, Conseiller d'État d'Épée. Mort à Paris le 21 Décembre 1666.

XXVIII.

FRANÇOIS DE BLANCHEFORT DE BONNE, de Crequy, d'Agouſt, de Veſc, de Montlaur & de Montauban, Comte de Sault, depuis Duc de Leſdiguieres, Pair de France, Conſeiller du Roi en ſes Conſeils, Premier Gentilhomme de ſa Chambre, Gouverneur du Dauphiné. Mort le premier Janvier 1677.

XXIX.

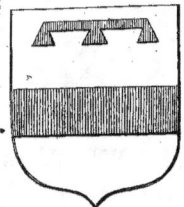

FRANÇOIS DE BETHUNE, Comte, puis Duc d'Orval, Premier Ecuyer de la Reine Anne d'Autriche. Mort à Paris le 7 Juillet 1678.

XXX.

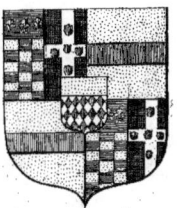

CLAUDE DE ROUVROY, DE SAINT-SIMON, Chevalier Seigneur de Vaulx, Duc de Saint-Simon, Pair & Grand Louvetier de France, Premier Ecuyer de la Petite Ecurie du Roi, Gouverneur des Villes, Châteaux & Comté de Blaye, de Senlis, de Meulens & de Saint-Germain-en-Laye. Mort à Paris le 3 Mai 1693.

XXXI.

CHARLES DU CAMBOUT, Baron de Pont-Chasteau & de la Roche-Bernard, Marquis de Coiflin, Gouverneur de Brest, & Lieutenant Général pour le Roi en Basse Bretagne. Mort en 1648.

Y ij

XXXII.

FRANÇOIS DE VIGNEROT, Marquis du Pont-de Courlay, Gouverneur de la Ville & Citadelle du Havre de Grace & Pays de Caux, & depuis Général des Galeres de France. Mort le 26 Janvier 1646.

XXXIII.

CHARLES DE LA PORTE, Marquis, puis Duc de la Meilleraye, Pair, Maréchal & Grand Maître de l'Artillerie de France, Lieutenant Général en Bretagne, Gouverneur de Brest & de Nantes. Mort le 8 Février 1664.

XXXIV.

GABRIEL DE ROCHECHOUARD, Marquis, puis Duc de Mortemart, Pair de France, Premier Gentilhomme de la Chambre du Roi, Gouverneur de Paris. Mort le 26 Décembre 1675.

XXXV.

ANTOINE D'AUMONT ET DE ROCHEBARON, Comte de Berzé, Baron de Chappes, Seigneur de Villequier, Capitaine des Gardes du Corps du Roi, Gouverneur de Paris & de Boulogne, depuis Duc, Pair & Maréchal de France. Mort à Paris le 11 Janvier 1669.

XXXVI.

JUST-HENRI, Comte de Tournon & de Rouffillon, Sénéchal d'Auvergne, Bailly du Vivarez, & Maréchal de Camp. Mort le 14 Mars 1643.

XXXVII.

LOUIS DE MOY ou DE MOUY, Seigneur de la Meilleraye, Capitaine de Cent Hommes d'Armes, Lieutenant Général au Gouvernement de Normandie, & Gouverneur du Vieil Palais de Roüen. Mort en 1637.

XXXVIII.

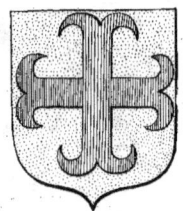

CHARLES DAMAS, Comte de Thianges, Maréchal de Camp, & Lieutenant Général des Pays de Breſſe & de Charolois. Mort le 26 Juin 1638.

XXXIX.

HECTOR DE GELAS DE VOISINS, Marquis de Leberon & d'Ambres, Vicomte de Lautrec, Baron de Saint-Bauzeux, Sénéchal de Lauraguais, Gouverneur de la Ville & Cité de Carcaſſonne, Lieutenant Général & Commandant pour le Roi en la Province de Languedoc, Maréchal de ſes Camps & Armées. Mort le 12 Février 1645.

XL.

HENRI DE BAUDEAN, Comte de Parabere, Marquis de la Motte-Saint-Heraye & Nevillan, Vicomte de Pardaillan, Seigneur de Caftelnau, d'Auzan, de Roches, &c. Confeiller d'Etat, Capitaine de Cinquante Hommes d'Armes des Ordonnances, Gouverneur & Lieutenant Général du Haut & Bas Poitou, Chaftelleraudois & Loudunois. Mort le 11 Janvier 1653.

XLI.

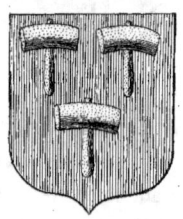

JEAN DE MONCHY, Marquis de Montçaurel, Baron de Sempy & de Rubempré, Gouverneur d'Ardres & d'Eftampes. Mort en 1638.

XLII.

XLII.

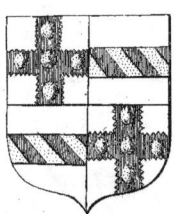

ROGER DU PLESSIS, Seigneur de Liancourt, Marquis de Guercheville, Comte de la Roche-Guyon & de Beaumont, Premier Gentilhomme de la Chambre du Roi, depuis Duc de Liancourt, Pair de France. Mort le premier Août 1674.

XLIII.

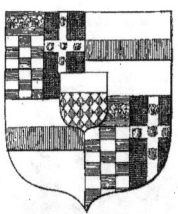

CHARLES DE ROUVROY, dit *le Marquis de Saint-Simon*, Seigneur du Plessis & du Pont-Sainte-Maixence, Colonel du Regiment de Navarre, Gouverneur & Bailly de Senlis, Lieutenant Général des Armées du Roi. Mort en son Château du Plessis le 25 Janvier 1690.

CATALOGUE DES CHEVALIERS

HUITIEME PROMOTION

Faite au Camp devant la Ville de Perpignan le 22 Mai 1642.

CHEVALIER.

I.

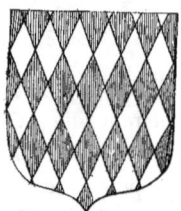

HONORÉ GRIMALDI, II du Nom, Prince de Monaco, Premier Duc de Valentinois, Pair de France. Mort le 19 Janvier 1662.

CHEVALIERS
NOMMÉS
SOUS LE REGNE DE LOUIS XIII,
MORTS SANS AVOIR ÉTÉ REÇUS.

Année 1611.

FRANÇOIS DE MONCEAUX D'AUXI, Seigneur de Villiers-Houden, Baron de Merigny, Capitaine de Cinquante Hommes d'Armes, Gouverneur de Beauvais, puis de la Citadelle de Dieppe, Vice-Amiral de Normandie. Mort en 1633.

FRANÇOIS DAMAS, Seigneur de Thianges, Lieutenant des Gendarmes du Duc de Mayenne, puis Capitaine de Cent Hommes d'Armes. Mort en 1615.

CHRISTOPHE DE HARLAY, Comte de Beaumont, Ambassadeur en Angleterre, Lieutenant Général au Gouvernement d'Orleans. Mort en 1615.

PIERRE DE HARCOURT, Marquis de Beuvron, Capitaine de Cinquante Hommes d'Armes, Gentilhomme Ordinaire de la Chambre du Roi. Mort en 1627.

Année 1612.

FRANÇOIS D'ESPARBÉS DE LUSSAN, Marquis d'Aubeterre, Maréchal de France. Mort en 1628.

ISAAC DE LA ROCHEFOUCAUD, Baron de Montendre.

Année 1613.

ARMAND LÉON DE DURFORT, Seigneur de Born, &c. Lieutenant Général de l'Artillerie de France.

Année 1614.

ANTOINE D'AUTHUN, Seigneur de la Baume, Baron de Charnis, Conseiller d'État, Capitaine de Cinquante Hommes d'Armes, Sénéchal de la Ville de Lyon.

CHARLES, Comte d'Escars, Conseiller au Conseil d'État & Privé, Capitaine de Cinquante Hommes d'Armes, Baron d'Aixe, Seigneur de Julliac, la Roche-l'Abeille, &c.

Année 1615.

LOUIS DE MONTBRON, Chevalier Seigneur de Fontaines & de Chalandray, Gentilhomme Ordinaire de la Chambre du Roi.

CÉZAR DE DIZIMIEU, Conseiller d'État, Capitaine de Cinquante Hommes d'Armes, Capitaine & Gouverneur des Ville & Château de Vienne, Tour de Sainte Colombe, & Pays de Vienne.

ETIENNE DE BONNE, Seigneur d'Auriac, Vicomte de Tallard, Capitaine de Cinquante Hommes d'Armes, Maréchal des Camps & Armées du Roi.

Année 1616.

LÉÔN DE DURFORT, Seigneur de Born.

LOUIS DE GOUFFIER, Duc de Roüannois.

Année 1618.

EMMANUEL DE SAVOYE, Baron de Pressigny, Seigneur du Fou, &c. Conseiller au Conseil d'État & Privé, Capitaine de Cinquante Hommes d'Armes, Sénéchal & Gouverneur du Pays & Duché de Châtellerault.

HENRI DES PREZ, Seigneur de Montpezat, Vicomte d'Aste, Baron des Angles, &c. Conseiller au Conseil d'État & Privé, Capitaine de Cinquante Hommes d'Armes, Gouverneur des Villes & Châteaux de Muret & Grenade.

CHARLES DE BALZAC, Evêque & Comte de Noyon, Pair de France. Nommé Commandeur de l'Ordre du Saint Esprit.

CLAUDE DE JOYEUSE, Comte de Grand-Pré, Conseiller d'État Capitaine d'une Compagnie d'Ordonnance, Gouverneur des Ville, Château & Souveraineté de Mouzon.

Année 1619.

ALEXANDRE DE VIEUXPONT, Marquis de Coémur, Baron de Neufbourg & de Combon, Conseiller d'État, Capitaine d'une Compagnie d'Ordonnance, Gentilhomme Ordinaire de la Chambre du Roi, & Vice-Amiral de Bretagne.

ANDRÉ D'ORAISON, Marquis d'Oraison, Capitaine de Cinquante Hommes d'Armes.

JACQUES DE CASTILLE, Baron de Castelnau, Capitaine de Cinquante Hommes d'Armes, Conseiller au Conseil d'État & Privé, Lieutenant pour le Roi en Marsan, Tursan, Gabardan & Bas Albret.

CLAUDE FRANÇOIS DE LA BAUME, Comte de Mont-Revel.

HENRI DE BALZAC, Seigneur de Clermont-d'Entragues, Conseiller d'Etat, Gentilhomme Ordinaire de la Chambre du Roi.

EDME DE ROCHEFORT, Seigneur de Pluvaut, Marquis de la Boullaye, Bailly d'Autunois, Capitaine & Gouverneur de Macon & Maconnois, Lieutenant Général en Nivernois.

Année 1621.

JACQUES DU BLÉ, Marquis d'Uxelles, Seigneur de Cormatin, Conseiller d'État, Capitaine d'une Compagnie d'Ordonnance, Gouverneur des Ville & Citadelle de Chalons-sur-Saone, Lieutenant Général au Baillage de ladite Ville. Mort en 1629.

Année 1625.

FRANÇOIS DE SAVARY, Seigneur de Bréves, Marquis de Maulevrier, Baron de Sémur & Artais, Conseiller au Conseil d'État & Privé, Gentilhomme Ordinaire de la Chambre du Roi, Premier Ecuyer de la Reine, Mere de Sa Majesté.

FRANÇOIS DE L'AUBESPINE, Seigneur & Baron d'Hauterive, Conseiller d'État, Mestre de Camp d'un Régiment François, entretenu pour le Service du Roi en Hollande.

Année 1626.

ADRIEN DE MONTLUC MONTESQUIOU, Comte de Carmaing, Prince de Chabannois, Gouverneur & Lieutenant Général au Pays de Foix.

Année 1629.

CÉSAR DE BALZAC D'ENTRAGUES, Seigneur de Gié.

JEAN LOUIS DE ROCHECHOUARD, Seigneur de Chandenier.

LOUIS DE MARILLAC, Comte de Beaumont-le Roger, Maréchal de France, Lieutenant Général des Evêchez de Metz, Toul & Verdun. Mort le 10 Mai 1632.

Année 1633.

EMMANUEL PHILBERT DE LA BERAUDIERE, Seigneur de l'Isle-Roüet, Conseiller d'Etat, Capitaine de Cinquante Hommes d'Armes des Ordonnances, Gouverneur des Ville & Château de Conquarneau.

JEAN DE SAINT-BONNET, Seigneur de Thoiras, Gouverneur de la Rochelle & Pays d'Aunis, Maréchal de France. Tué devant Fontanette en Milanois le 14 Juin 1636.

CHARLES DE LÉVIS, Comte de Charlus & Saignes, Baron de Granges & Poligny, Seigneur de Champeroux, Coulenire, Quercy, &c. Conseiller au Conseil d'État & Privé, & Capitaine des Gardes du Corps du Roi.

ENTIO, Marquis de Bentivoglio.

GEORGES DE BRANCAS, Duc de Villars, Pair de France, Seigneur de la Ferté-Bernard.

REGNE

REGNE DE LOUIS XIV,

ROI DE FRANCE ET DE NAVARRE,

Quatriéme Chef & Souverain Grand-Maître
de l'Ordre du S. Efprit.

PREMIERE PROMOTION
Faite en 1653.

PRÉLAT.
I.

ANTOINE BARBERIN, Cardinal, Evêque de Paleſtrine, Archevêque, Duc de Reims, Premier Pair de France, fut fait Grand Aumônier, & en cette qualité Commandeur de l'Ordre du Saint Eſprit, dont il prêta Serment à Paris le 28 Avril 1653; & moυrut le 3 Août 1671.

RECEPTION DU ROI

Faite dans l'Eglise Cathédrale de Reims le 8 Juin 1654.

OUIS, XIV du Nom, Roi de France & de Navarre, reçut le Collier de l'Ordre du S. Esprit des mains de Simon le Gras, Evêque de Soissons, le lendemain de son Sacre 8 Juin 1654, après avoir prêté le serment de Chef & Souverain Grand-Maître de l'Ordre; il avoit reçu la Croix & le Cordon Bleu, des mains du Roi son Pere, quelques jours après sa naissance. Il mourut le 1 Septembre 1715.

188 CATALOGUE DES CHEVALIERS

SECONDE PROMOTION

Faite à Reims le même jour 8 Juin 1654.

CHEVALIER.

I.

PHILIPPE DE FRANCE, Duc d'Anjou, depuis Duc d'Orleans, de Valois, de Chartres, de Nemours & de Montpenfier, avoit reçu la Croix & le Cordon Bleu à fa naiffance en 1640; il mourut à Saint-Cloud le 9 Juin 1701.

DE L'ORDRE DU S. ESPRIT.

TROISIÉME PROMOTION
Faite à Paris dans l'Eglife des Auguftins le 31 Décembre 1661.

PRELATS.

I.

CAMILLE DE NEUFVILLE-DE VILLEROY, Archevêque & Comte de Lyon, Primat des Gaules, Abbé d'Aifnay, de l'Ifle-Barbe, de Foigny & de Saint Juft, Lieutenant Général pour le Roi au Gouvernement de Lyonnois, Forez & Beaujolois. Mort à Lyon le 3 Juin 1693.

II.

FRANÇOIS ADHEMAR DE MONTEIL-DE GRIGNAN, Archevêque d'Arles, Abbé d'Aiguebelle, & auparavant Evêque de S. Paul-Trois-Châteaux. Mort à Arles le 9 Mars 1689.

III.

GEORGES D'AUBUSSON-DE LAFEUILLADE, Evêque de Metz, Prince de l'Empire, Abbé de S. Loup de Troyes, & de S. Jean de Laon, Conseiller d'État Ordinaire, auparavant Evêque de Gap, Archevêque d'Embrun, & Ambassadeur pour le Roi à Venise & en Espagne. Mort à Metz le 12 Mai 1697.

IV.

FRANÇOIS DE HARLAY-DE CHANVALON, Archevêque de Paris, Duc de S. Cloud, Pair de France, Docteur & Proviseur de Sorbonne & de Navarre, & Abbé de S. Pierre de Jumieges, auparavant Archevêque de Roüen. Mort à Conflans près Paris le 6 Août 1695.

V.

LEONOR DE MATIGNON, Evêque & Comte de Lisieux, ci-devant Evêque de Coutances. Mort le 14 Février 1680.

VI.

GASPARD DE DAILLON-DU LUDE, Evêque & Seigneur d'Alby, Abbé de Chasteliers, Prieur de Châteaux en l'Hermitage, ci-devant Evêque & Comte d'Agen. Mort le 24 Août 1676.

VII.

Henri de la Motte-Houdancourt, Archevêque d'Aufch, Docteur & Provifeur de Navarre, Abbé de Soüillac, de Froimont & de Saint Martial de Limoges, auparavant Evêque de Rennes, & Grand Aumônier de la Reine Anne d'Autriche. Mort en Février 1684.

VIII.

Philibert Emmanuel de Beaumanoir-de Lavardin, Evêque du Mans, Abbé de Beaulieu. Mort à Paris le 27 Juillet 1671.

CHEVALIERS.

DE L'ORDRE DU S. ESPRIT. 193

CHEVALIERS.

I.

LOUIS, DUC DE BOURBON, II du Nom, Prince de Condé, Premier Prince du Sang, Premier Pair de France, Duc d'Enghien, de Châteauroux & de Montmorency, Grand-Maître de France, Gouverneur de Bourgogne & Bresse. Mort le 11 Décembre 1686.

II.

HENRI-JULES DE BOURBON, Duc d'Enghien, Prince de Condé, Premier Prince du Sang, Premier Pair & Grand-Maître de France, Gouverneur de Bourgogne. Mort à Paris le premier Avril 1709.

III.

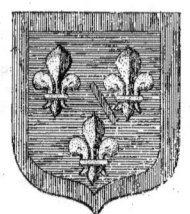

A RMAND DE BOURBON, Prince de Conty, Gouverneur de Languedoc. Mort à Pezenas en Languedoc le 21 Février 1666.

IV.

H ENRI DE BOURBON, Duc de Verneüil, Pair de France, Gouverneur de Languedoc. Mort le 28 Mai 1682.

V.

Louis, Cardinal, Duc de Vendôme, de Mercœur, d'Eſtampes & de Penthiévre, Pair de France, Gouverneur de Provence. Mort le 6 Août 1669.

VI.

François de Vendosme, Duc de Beaufort, Pair de France, Grand Maître, Chef & Sur-Intendant de la Navigation & du Commerce de France, ne reçut le Collier que le 15 Août 1662, mais le rang qu'il a ici lui fut conſervé, attendu que ſon abſence étoit cauſée pour le Service du Roi. Il fut tué au ſecours de Candie au mois de Juin 1669.

Bb ij

VII.

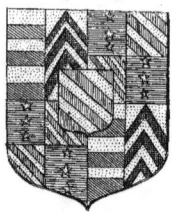

FRANÇOIS DE CRUSSOL, Duc d'Uzés, Pair de France, Prince de Soyons, Comte de Cruſſol & d'Apcher, Baron de Levis & de Florenſac, Seigneur d'Acier, &c. Mort en ſon Château d'Acier en Quercy le 14 Juillet 1680.

VIII.

LOUIS CHARLES D'ALBERT, Duc de Luynes, Pair de France, ci-devant Grand Fauconnier. Mort à Paris le 10 Octobre 1690.

IX.

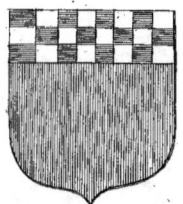

CHARLES D'ALBERT, *dit d'Ailly*, Duc de Chaulnes, Pair de France, Gouverneur de Bretagne, plufieurs fois Ambaffadeur extraordinaire à Rome, & Plenipotentiaire à Cologne. Mort à Paris le 4 Septembre 1698.

X.

FRANÇOIS, VI du Nom, Duc de la Rochefoucault, Pair de France, Prince de Marfillac, Baron de Verneüil, Gouverneur du Poitou. Mort à Paris le 17 Mars 1680.

XI.

PIERRE DE GONDY, Duc de Retz, Pair de France, Général des Galeres, Comte de Joigny. Mort le 29 Avril 1676.

XII.

ANTOINE, Duc de Gramont, Pair & Maréchal de France, Colonel du Regiment des Gardes. Mort à Bayonne le 12 Juillet 1678.

DE L'ORDRE DU S. ESPRIT. 199

XIII.

CÉSAR DE CHOISEUL, Duc de Choiseul, Pair & Maréchal de France, Comte du Plessis-Praslin. Mort le 23 Décembre 1675.

XIV.

NICOLAS DE NEUFVILLE, Duc de Villeroy, Pair & Maréchal de France, ci-devant Gouverneur de la Personne du Roi, Chef du Conseil Royal des Finances. Mort à Paris le 28 Novembre 1685.

XV.

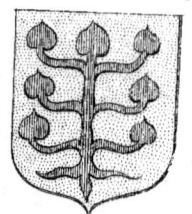

CHARLES, Duc de Crequy, Pair de France, Prince de Poix, Premier Gentilhomme de la Chambre du Roi, Gouverneur de Paris, ci-devant Ambaſſadeur extraordinaire à Rome. Mort à Paris le 13 Février 1687.

XVI.

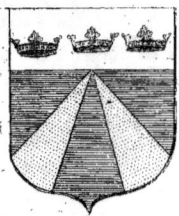

JACQUES D'ESTAMPES, Marquis de la Ferté-Imbaud, & de Mauny, Maréchal de France. Mort le 20 Mai 1668.

XVII.

XVII.

HENRI DE SAINT-NECTAIRE ou SENNE-TERRE, Duc de la Ferté, Pair & Maréchal de France, Gouverneur de Metz & du Pays Meſſin. Mort le 27 Septembre 1681.

XVIII.

PHILIPPE DE MONTAUT, Duc de Navailles, Maréchal de France, Gouverneur des Villes de la Rochelle, Broüage & Pays d'Aunis. Mort le 5 Février 1684.

XIX.

JACQUES ROUXEL, Comte de Grancey & de Médavy, Maréchal de France. Mort à Paris le 20 Novembre 1680.

XX.

GASTON-JEAN-BAPTISTE, Duc de Roquelaure, Gouverneur de Guyenne, Lieutenant Général des Armées du Roi. Mort à Paris la nuit du 10 au 11 Mars 1683.

XXI.

PHILIPPE-JULIEN MAZARINI-MANCINI, Duc de Nevers, Capitaine Lieutenant de la Premiere Compagnie des Mousquetaires de la Garde du Roi, Gouverneur de Nivernois, de la Rochelle & Pays d'Aunis. Mort à Paris le 8 Mai 1707.

XXII.

JULIEN CESARINI, Duc de Cittanova, ne reçut le Collier à Rome qu'en 1662, & y mourut le 6 Novembre 1665.

XXIII.

FRANÇOIS DE BEAUVILLIER, Comte, puis Duc de S. Aignan, Pair de France, Seigneur de la Ferté-Hubert, Premier Gentilhomme de la Chambre du Roi, Gouverneur de Touraine, & du Havre de Grace. Mort à Paris le 16 Juin 1687.

XXIV.

HENRI DE DAILLON, Comte, puis Duc du Lude, Grand-Maître de l'Artillerie de France. Mort le 30 Août 1685.

XXV.

LOUIS DE BETHUNE, Duc de Charost, dit *de Bethune*, Gouverneur de Calais, & Lieutenant Général au Gouvernement de Picardie. Mort le 20 Mars 1681.

XXVI.

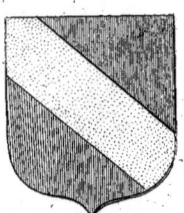

ANNE, Duc de Noailles, Pair de France, Comte d'Ayen, Marquis de Montclar, de Chambres & de Moncy, Baron de Malmort & de Carbonnieres, Capitaine de la Premiere Compagnie des Gardes du Corps du Roi, Gouverneur du Roussillon, & de la Ville & Citadelle de Perpignan. Mort le 5 Février 1678.

XXVII.

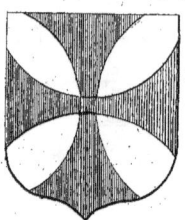

FRANÇOIS DE COMINGES, Seigneur de Guitaut, Capitaine des Gardes du Corps de la Reine Mere, Anne d'Autriche, Gouverneur de la Ville & du Château de Saumur. Mort à Paris le 12 Mars 1663.

XXVIII.

FRANÇOIS DE CLERMONT, Comte de Tonnerre & de Clermont, Vicomte de Tallard. Mort en fon Château d'Ancy-le-Franc en Bourgogne le 24 Septembre 1679.

XXIX.

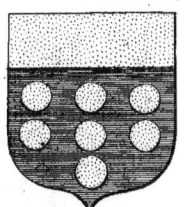

ALEXANDRE-GUILLAUME DE MELUN, Prince d'Épinoy, Marquis de Roubaix, Vicomte de Gand, Connêtable héréditaire de Flandres, Sénéchal de Hainault. Mort à Antoing le 16 Février 1679.

XXX.

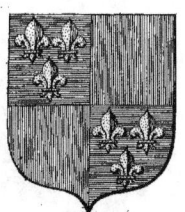

CÉSAR-PHŒBUS D'ALBRET, Souverain de Bedeilles, Sire de Pons, Prince de Mortagne, Comte de Mioffens, Capitaine Lieutenant des Gendarmes de la Garde, Maréchal de France, & Gouverneur de Guyenne. Mort le 3 Septembre 1676.

XXXI.

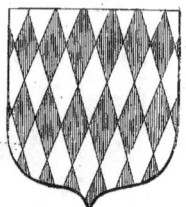

FRANÇOIS-RENÉ DU BEC, Marquis de Vardes, Comte de Moret, Gouverneur d'Aiguefmortes, & Capitaine des Cent Suiffes de la Garde ordinaire du Roi. Mort le 3 Septembre 1688.

XXXII.

CHARLES MAXIMILIEN DE BELLEFOURIERE, Marquis de Soyecourt, Grand Veneur de France, Grand Maître de la Garderobe du Roi. Mort le 12 Juillet 1679.

XXXIII.

XXXIII.

François de Paule de Clermont, Marquis de Monglat, & Comte de Cheverny, Grand Maître de la Garderobe du Roi. Mort le 7 Avril 1675.

XXXIV.

Philippe de Clerembaud, Comte de Palluau, Maréchal de France, Gouverneur & Bailly du Berry. Mort le 24 Juillet 1665.

XXXV.

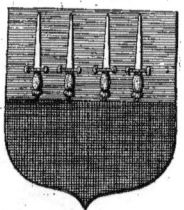

JEAN DE SCHULEMBERG, Comte de Montdejeu, Maréchal de France, Gouverneur d'Arras, puis du Berry. Mort en 1671.

XXXVI.

GASTON-JEAN-BAPTISTE DE COMINGES, dit *le Comte de Cominges*, Gouverneur de Saumur, Capitaine des Gardes du Corps de la Reine, Anne d'Autriche, Ambassadeur ordinaire & extraordinaire en Portugal, & en Angleterre. Mort à Paris le 25 Mars 1670.

XXXVII.

FRANÇOIS DE SIMIANNE ET DE PONTEVÈS, Marquis de Gordes, Comte de Carces, & Baron de Caseneuve, Chevalier d'Honneur de la Reine, Lieutenant Général & Grand Sénéchal de Provence. Mort le 23 Novembre 1680.

XXXVIII.

HENRI DE BERINGHEN, Seigneur d'Armainvilliers & de Grez, Premier Ecuyer de la Petite Écurie du Roi, Gouverneur des Citadelles de Marseille. Mort à Paris le 30 Mars 1692.

XXXIX.

JEAN DU BOUCHET, Marquis de Sourches, Comte de Mont-Saureau, Seigneur de Launay, &c. Prevôt de l'Hôtel du Roi, & Grande Prevôté de France. Mort le 1 Février 1677.

XL.

CHARLES, Comte de Froulay, Grand Maréchal des Logis de la Maison du Roi. Mort le 26 Novembre 1671.

XLI.

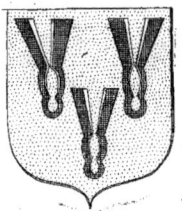

JACQUES-FRANÇOIS, Marquis de Hautefort, Comte de Montignac & de Beaufort, Vicomte de Ségur, Baron de la Flotte, Premier Ecuyer de la Reine. Mort le 3 Octobre 1680.

XLII.

FRANÇOIS GOYON DE MATIGNON, Comte de Thorigny & de Gacé, Marquis de Lonray, Lieutenant Général pour le Roi en Baffe Normandie. Mort le 19 Janvier 1675.

XLIII.

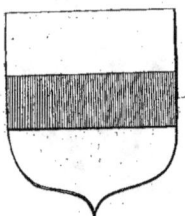

CHARLES DE SAINTE-MAURE, Duc de Montaufier, Pair de France, Marquis de Rambouillet & de Pifany, Comte de Talmond-fur-Gironde, &c. Gouverneur de Monfeigneur le Dauphin, & des Provinces de Xaintonge, Angoumois & Normandie, Lieutenant Général de la Haute & Baffe Alface. Mort à Paris le 17 Mai 1690.

XLIV.

FRANÇOIS D'ESPINAY, Marquis de Saint Luc, Comte d'Eftelan, Lieutenant Général en Guyenne. Mort en 1670.

XLV.

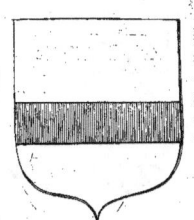

HYPOLITE DE BETHUNE, Comte de Selles, dit *le Comte de Bethune*, Marquis de Chabris, Chevalier d'Honneur de la Reine, Marie Therefe d'Autriche. Mort en fa Maifon de Selles en Berry le 24 Septembre 1665.

XLVI.

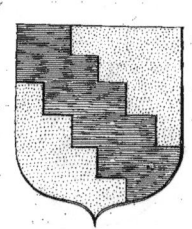

FERDINAND DE LA BAUME, Comte de Montrevel, Marquis de S. Martin & de Savigny, Lieutenant Général pour le Roi ès Pays de Breffe, Bugey, & Valromey. Mort à Paris le 20 Novembre 1678.

XLVII.

LOUIS-ARMAND, Vicomte de Polignac, Marquis de Chalançon, Baron de Châteauneuf, &c. Gouverneur de la Ville du Puy, ne reçut le Collier de l'Ordre que le 25 Mars 1662 à Pezenas en Languedoc. Mort en la Ville du Puy le 3 Septembre 1692.

XLVIII.

ANTOINE DE BROUILLY, Marquis de Piennes, Gouverneur de la Ville & Citadelle de Pignerol. Mort à Paris le 1 Novembre 1676.

XLIX.

DE L'ORDRE DU S. ESPRIT. 217

XLIX.

JEAN, Marquis de Pompadour, Vicomte de Rochechouart, Baron de Treignac & de Saint-Cyr, Lieutenant Général des Armées du Roi, & au Gouvernement du Haut & Bas Limofin. Mort en 1684.

L.

LOUIS DE CARDAILLAC ET DE LEVIS, Comte de Biculés, Marquis de Cardaillac, Lieutenant Général en Languedoc. Mort en 1666.

LI.

SCIPION DE BEAUVOIR DE GRIMOARD, Comte du Roure, Marquis de Grifac, Baron de Barjac, Conseiller d'État, Lieutenant Général en Languedoc, & Gouverneur du Pont-S. Esprit. Mort à Paris le 18 Janvier 1669.

LII.

FRANÇOIS DES MONSTIERS, Comte de Mérinville & de Rieux, Baron de la Liviniere, Lieutenant Général en Provence, ne reçut le Collier de l'Ordre que le 25 Mars 1662 à Pezenas en Languedoc, & mourut en 1672.

LIII.

Henri DE BAYLENS, Marquis de Poyanne, Sénéchal des Landes de Bordeaux, Gouverneur de Navarreins & d'Acqs, & Lieutenant Général en la Principauté de Bearn. Mort en Mars 1667.

LIV.

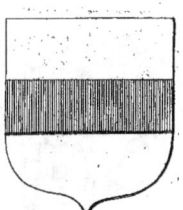

Léon DE SAINTE-MAURE, Comte de Jonfac, Marquis d'Ozillac, Lieutenant Général des Pays de Xaintonge & d'Angoumois, Pays d'Aunis, Ville & Gouvernement de la Rochelle, Gouverneur de Coignac. Mort le 22 Juin 1671.

LV.

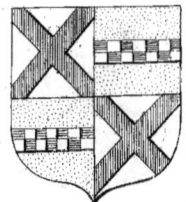

JACQUES STUER, Comte de la Vauguyon, Marquis de Saint Maigrin, & Grand Sénéchal de Guyenne. Mort au Château de S. Maigrin en Xaintonge le 18 Août 1671.

LVI.

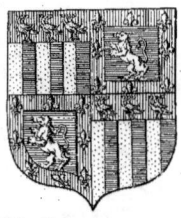

CHARLES-FRANÇOIS DE JOYEUSE, Comte de Grandpré, Lieutenant Général des Armées du Roi, Gouverneur de Mouzon & de Beaumont. Mort à Paris le 8 Mars 1680.

LVII.

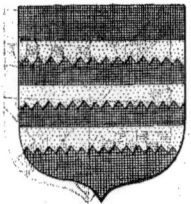

THIMOLEON DE COSSÉ, Comte de Château-giron, Gouverneur de la Citadelle de Mezieres, Grand Pannetier de France. Mort dans son Château de Dormeil le 15 Janvier 1677.

LVIII.

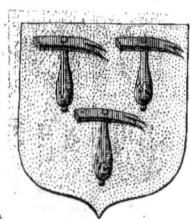

CHARLES MARTEL, Comte de Cléré, Capitaine des Gardes Françoises du Corps de Monsieur, Frere unique du Roi. Mort à Paris le 25 Avril 1669.

LIX.

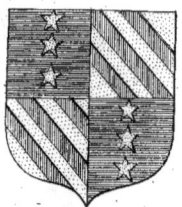

JEAN-PAUL DE GOURDON DE GENOUILLAC, Comte de Vaillac, Lieutenant Général des Armées du Roi, Premier Ecuyer & Capitaine des Gardes Françoifes du Corps de Monfieur, Duc d'Orleans. Mort à Paris le 18 Janvier 1681.

LX.

NICOLAS JOACHIM ROUAUT, Marquis de Gamaches, Gouverneur de S. Valery & de Rue. Mort en Octobre 1689.

LXI.

GODEFROY, Comte d'Eſtrades, Maréchal de France, Gouverneur de Dunkerque, Maire perpetuel de Bordeaux, Viceroi d'Amérique, Gouverneur de la Perſonne de M. le Duc de Chartres, depuis Duc d'Orleans. Mort à Paris le 26 Février 1686.

LXII.

RENÉ-GASPARD DE LA CROIX, Marquis de Caſtries, Baron de Gourdieges, Gouverneur de la Ville & Citadelle de Montpellier, Lieutenant Général au Gouvernement de Languedoc. Mort le 21 Août 1674.

LXIII.

GUILLAUME DE PECHPEIROU ET DE COMINGES, Comte de Guitaud, Chambellan & Premier Gentilhomme de la Chambre de M. le Prince de Condé, Capitaine Lieutenant de sa Compagnie de Chevaux-Legers, Gouverneur des Isles de Sainte-Marguerite, & de Saint-Honorat de Lerins. Mort le 27 Décembre 1685.

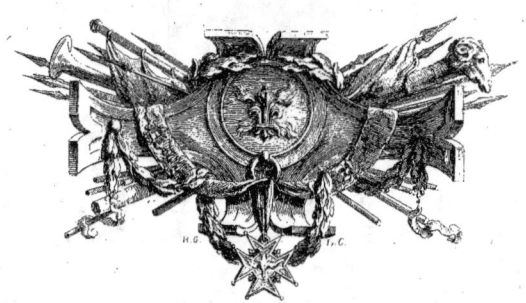

QUATRIÉME.

DE L'ORDRE DU S. ESPRIT. 225

QUATRIEME PROMOTION

Faite à Paris dans la Chapelle du Louvre le 4 Novembre 1663.

CHEVALIER.

I.

CHRESTIEN - LOUIS, Duc de Meckelbourg-Swerin. Mort à la Haye en Hollande le 21 Juin 1692.

Ff

CINQUIEME PROMOTION

Du 12 Décembre 1671.

PRELAT.

I.

EMMANUEL-THEODOSE DE LA TOUR DE BOUILLON, Cardinal, Evêque d'Oftie, Grand Aumônier de France, après la mort du Cardinal Antoine Barberin. Sa Charge fut donnée en 1700, au Cardinal de Coiflin. Il mourut à Rome le 2 Mars 1715, étant alors Doyen du Sacré Collége.

SIXIEME PROMOTION

Faite à Rome le 29 Septembre 1675.

CHEVALIERS.

I.

FLAVIO URSINI, Duc de Bracciæne & de Sainte-Gemini, Comte de Languillare & de Galere, Marquis de Roquance & de la Penne, Prince de Vicouare, & de Netola, Prince du Soglio. Le Roi étant brouillé avec le Pape Innocent XI. M. de Lavardin, Ambaſſadeur Extraordinaire à Rome, lui envoya demander de la part de Sa Majeſté le Collier de l'Ordre du S. Eſprit au mois d'Août 1688. Il mourut à Rome en 1698.

Ff ij

II.

LOUIS CONTY-SFORCE, Duc de Segny & d'Onnagno, Comte de Santafiore, Marquis de Proçenne, Comte de Torchiare & de Villeneuve. Mort en 1685.

III.

PHILIPPE COLONNE, Prince de Sonine, Marquis de Patrique, Comte de Circanne. Mort le 2 Avril 1686.

DE L'ORDRE DU S. ESPRIT.

SEPTIEME PROMOTION

Faite dans la Chapelle de S. Germain en Laye le 22 Décembre 1675.

CHEVALIER

I.

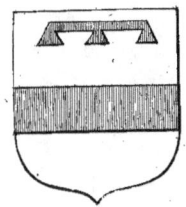

FRANÇOIS DE BETHUNE, Marquis de Chabris, Ambaſſadeur Extraordinaire en Pologne, confera au Roi de Pologne les Ordres de S. Michel & du S. Eſprit, en vertu de ſes Pouvoirs en 1676, & mourut en Suéde où il étoit Ambaſſadeur Extraordinaire le 4 Octobre 1692.

HUITIEME PROMOTION

Faite à Zolkien en Pologne le 30 Novembre 1676.

CHEVALIER.

I.

JEAN SOBIESKI, Roi de Pologne, III du Nom, Grand Duc de Lithuanie. Mort à Varfovie le 17 Juin 1696.

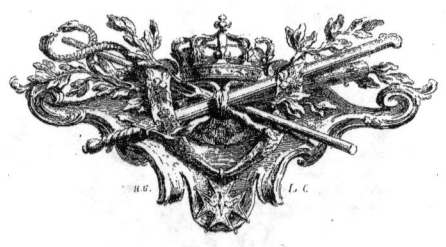

DE L'ORDRE DU S. ESPRIT. 231

NEUVIÉME PROMOTION

Faite dans la Chapelle du Château de Saint Germain en Laye
le 1 Janvier 1682.

CHEVALIER.

I.

LOUIS DAUPHIN, Fils unique du Roi & Présomptif Heritier de la Couronne, né le premier Novembre 1661, reçut en même tems la Croix & le Cordon Bleu, fuivant les prérogatives des Enfans de France, mais fans qu'ils ayent entrée, ni voix déliberative dans les Chapitres, qu'après avoir prêté Serment, & été reçus Chevaliers. Il mourut Doyen des Chevaliers du S. Efprit dans fon Château de Meudon le 14 Avril 1711.

DIXIEME PROMOTION
Faite dans la Chapelle du Château de Verfailles le 2 Juin 1686.

CHEVALIERS.

I.

PHILIPPES D'ORLEANS, Duc d'Orleans, de Chartres, de Nemours, de Montpenfier, &c. Chevalier de la Toifon d'Or, depuis Regent du Royaume, né le 2 Août 1674, mourut le 2 Décembre 1723.

II.

LOUIS DUC DE BOURBON, Prince du Sang, Pair, & Grand Maître de France, Gouverneur de Bourgogne & de Breffe, mourut fubitement à Paris le 4 Mars 1710.

III.

III.

FRANÇOIS-LOUIS DE BOURBON, Prince de Conty. Mort à Paris le 22 Février 1709.

IV.

LOUIS-AUGUSTE DE BOURBON, Duc du Maine & d'Aumale, Comte d'Eu, Pair de France, Souverain de Dombes, Grand Maître de l'Artillerie de France, Colonel Général des Suisses & Grisons, Gouverneur du Languedoc. Mort le 14 Mai 1736.

ONZIEME PROMOTION

Faite dans la Chapelle du Château de Versailles le 31 Décembre 1688.

Plusieurs Commandeurs & Chevaliers étant absens pour le Service du Roi, ne purent se trouver pour être reçus pendant les trois jours que dura la Cérémonie, & ne furent reçus que dans le cours de l'Année & des Années suivantes; mais on leur envoya la Croix & le Cordon Bleu, & leur rang d'ancienneté leur fut conservé du 31 Décembre 1688 dans le même ordre qu'il va être rapporté.

CARDINAUX ET PRÉLATS.

I.

CÉSAR D'ESTRÉS, Cardinal du Titre de la Trinité-du-Mont, Evêque d'Albano, ci-devant Evêque & Duc de Laon, Pair de France, Abbé de Longpont, de S. Germain-des-Prez, du Mont S. Eloy, de S. Oyen-du-Jour, dit S. Claude, de S. Nicolas-aux-Bois, d'Anchin & de Staffarde en Piémont. Mort à Paris le 19 Décembre 1714.

II.

PIERRE BONZI, Cardinal du Titre de S. Onufre, Archevêque de Narbonne, Abbé de S. Sauveur de Lodéve, &c. ci-devant Evêque de Beziers, Archevêque de Toulouse, Grand Aumônier de la Reine, Ambassadeur à Venise, en Pologne & en Espagne. Mort à Montpellier le 11 Juillet 1703.

III.

CHARLES-MAURICE LE TELLIER, Archevêque Duc de Reims, Premier Pair de France, Doyen des Conseillers d'État, Maître de la Chapelle du Roi, Abbé & Comte de Lagny sur Marne, de S. Remy de Reims, &c. Docteur & Proviseur de Sorbonne. Mort à Paris le 22 Février 1710.

IV.

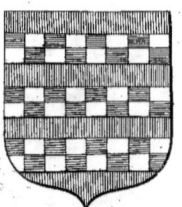

PIERRE DU CAMBOUT-DE COISLIN, Cardinal du Titre de la Trinité sur le Mont Pincio, Evêque d'Orleans, Premier Aumônier du Roi, Abbé de S. Victor de Paris, &c. Prieur d'Argenteüil & de Long-Pont, Grand Aumônier de France en 1700, au lieu du Cardinal de Bouillon. Mort à Versailles le 5 Février 1706.

CHEVALIERS.
I.

LOUIS-JOSEPH, Duc de Vendôme, de Mercœur & d'Estampes, Pair de France, Général des Galeres, Prince des Martigues, Seigneur d'Anet, Gouverneur de Provence, Généralissime en Espagne. Mort le 11 Juin 1712.

II.

LOUIS DE LORRAINE, Comte d'Armagnac, de Brionne & de Charny, Grand Ecuyer de France, Gouverneur d'Anjou, & des Ville & Château d'Angers, & du Pont de Cé, Sénéchal en Bourgogne. Mort le 13 Juin 1718.

III.

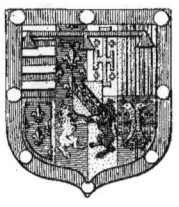

HENRI DE LORRAINE, Comte de Brionne, reçu en survivance de la Charge de Grand Ecuyer de France. Mort le 3 Avril 1712.

IV.

PHILIPPE DE LORRAINE, Abbé Commendataire de S. Benoît fur Loire, de S. Pere de Chartres, &c. Maréchal des Camps & Armées du Roi. Mort à Paris le 8 Décembre 1702.

V.

CHARLES DE LORRAINE, Comte de Marfan, Sire de Pons, Baron de Mioffens, Seigneur d'Ambleville, Prince de Mortagne, Souverain de Bedeilles. Mort le 13 Novembre 1708.

VI.

CHARLES-BELGIQUE-HOLLANDE SIRE DE LA TREMOILLE, Duc de Thoüars, Pair de France, Prince de Tarente & de Talmond, Comte de Laval & de Montfort, Baron de Vitré, &c. Premier Gentilhomme de la Chambre du Roi. Mort à Paris le 1 Juin 1709.

VII.

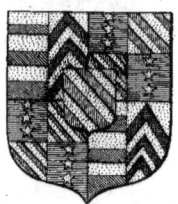

EMMANUEL DE CRUSSOL, Duc d'Uzès, Pair de France, Comte de Cruſſol, d'Apcher, &c. Gouverneur d'Angoumois & de Xaintonge. Mort à Paris le 1 Juillet 1692.

240 CATALOGUE DES CHEVALIERS

VIII.

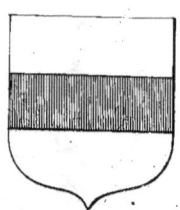

MAXIMILIEN-PIERRE-FRANÇOIS DE BE-THUNE, Duc de Sully, Pair de France, Marquis de Rosny, &c. Prince d'Enrichemont, & de Boisbelle, Gouverneur du Vexin François, & des Villes de Mante, de Meulenc, & de Pontoise. Mort dans son Château de Sully sur Loire au Mois de Juin 1694.

IX.

CHARLES-HONORÉ D'ALBERT, Duc de Luynes, de Chevreuse & de Chaulnes, Pair de France, Comte de Montfort, Marquis d'Albert, Capitaine Lieutenant des Chevaux-Legers de la Garde du Roi, Gouverneur de Guyenne. Mort à Paris le 5 Novembre 1712.   X.

X.

ARMAND-JEAN DE VIGNEROT, dit *du Plessis*, Duc de Richelieu & de Fronsac, Pair de France, Marquis du Pont de Courlay, Comte de Cosnac, ci-devant Général des Galeres, Gouverneur des Ville & Citadelle du Havre de Grace, Chevalier d'Honneur de Madame la Dauphine. Mort le 10 Mai 1715.

XI.

FRANÇOIS, DUC DE LA ROCHEFOUCAULT, Pair & Grand Veneur de France, Prince de Marsillac, Marquis de Guercheville, Comte de la Roche-Guyon, de Liancourt, &c. Grand Maître de la Garde-robe du Roi, Gouverneur du Berry. Mort à Versailles le 12 Janvier 1714.

XII.

LOUIS GRIMALDI, Duc de Valentinois, Pair de France, Prince Souverain de Monaco, Marquis de Baux. Mort le 3 Janvier 1701.

XIII.

FRANÇOIS-ANNIBAL D'ESTRÉES DE LAU-ZIERES, Duc d'Eſtrées, Pair de France, Marquis de Themines, Comte de Nanteüil, Gouverneur de l'Iſle de France, & des Villes de Soiſſons, Laon, Noyon & Villers-Cotterets. Mort le 11 Septembre 1698.

XIV.

ANTOINE-CHARLES, Duc de Gramont, Pair de France, Comte de Guiche & de Louvigni, Souverain de Bidache, Chevalier de la Toifon d'Or, Gouverneur de la Baffe Navarre, de Bearn, de la Ville & Citadelle de Bayonne & de S. Jean-de-Pied-de-Port. Mort le 25 Octobre 1720.

XV.

ARMAND-CHARLES DE LA PORTE, Duc de Mazarini-Rhetelois, de Mayenne & de la Meilleraye, Pair de France & Grand Maître de l'Artillerie, Prince de Château-Porcien, Lieutenant Général des Armées du Roi, Comte de la Fére & de Marles, Gouverneur de la Haute & Baffe Alface & de la Ville & Château de Brifac. Mort en fon Château de la Meilleraye le 9 Novembre 1713.

XVI.

FRANÇOIS DE NEUFVILLE, Duc de Villeroy, Pair & Maréchal de France, Marquis d'Alincourt, Capitaine des Gardes du Corps du Roi, Gouverneur de Lyon, Lyonnois, Forez & Beaujolois. Mort à Paris le

XVII.

PAUL DE BEAUVILLIERS, Duc de S. Aignan, Pair de France, Grand d'Espagne, Baron de la Ferté-Hubert, Premier Gentilhomme de la Chambre du Roi, Chef du Conseil Royal des Finances, Gouverneur des Enfans de France & du Havre de Grace, Capitaine & Gouverneur des Ville & Château de Loches & Beaulieu, Ministre d'État. Mort le 31 Août 1714.

XVIII.

HENRI-FRANÇOIS DE FOIX DE CANDALE, Duc de Randan, Pair de France, Marquis de Sennecey, Comte de Fleix, Captal de Buch. Mort le 22 Fevrier 1714.

XIX.

LEON POTIER, Duc de Tresmes, dit *de Gesvres*, Pair de France, Premier Gentilhomme de la Chambre du Roi, Gouverneur de Paris, de Valois, de Ponteau-de-Mer, & du Château de Monceaux. Mort le 9 Décembre 1704.

XX.

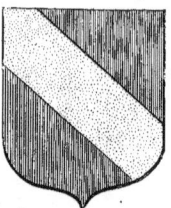

ANNE-JULES, Duc de Noailles, Pair & Maréchal de France, Premier Capitaine des Gardes du Corps du Roi, Gouverneur du Rouffillon, de Conflans & Cerdaigne, & de la Ville & Citadelle de Perpignan. Mort à Verfailles le 2 Octobre 1708.

XXI.

ARMAND, Seigneur du Cambout, Duc de Coiflin, Pair de France, Comte de Crecy, Baron de Pont-Château & de la Roche-Bernard, Lieutenant Général des Armées du Roi. Mort à Paris le 16 Septembre 1702.

XXII.

CÉSAR-AUGUSTE, Duc de Choiseul, Pair de France, Lieutenant Général des Armées du Roi, ci-devant Premier Gentilhomme de la Chambre de Monsieur, Gouverneur de Toul. Mort le 12 Avril 1705.

XXIII.

LOUIS-MARIE-VICTOR D'AUMONT DE ROCHEBARON, Duc d'Aumont, Pair de France, Marquis de Villequier, d'Isles & de Nolay, Comte de Berzé, Baron de Chapes, &c. Gouverneur du Boulonnois & de la Ville de Bologne, Premier Gentilhomme de la Chambre du Roi, ci-devant Capitaine des Gardes du Corps de Sa Majesté. Mort à Paris le 19 Mars 1704.

XXIV.

FRANÇOIS - HENRI DE MONTMORENCY, Duc de Piney-Luxembourg, Pair de France, Prince de Tingry, Comte de Ligny, de Bouteville & de Lux, Capitaine des Gardes du Corps du Roi, Gouverneur de Champagne & de Brie, puis de Normandie. Mort à Verfailles le 4 Janvier 1695.

XXV.

FRANÇOIS, Vicomte d'Aubuffon, Duc de Rouannois, Comte de la Feuillade, Maréchal de France, Colonel du Regiment des Gardes Françoifes, Viceroi de Sicile, Gouverneur du Dauphiné. Mort à Paris le 19 Septembre 1691.

XXVI.

DE L'ORDRE DU S. ESPRIT. 249
XXVI.

BERNARDIN GIGAULT, Marquis de Bellefons, Seigneur de l'Ifle Marie & de Gruchy, Maréchal de France, Premier Maître d'Hôtel du Roi, Premier Ecuyer de Madame la Dauphine. Mort à Vincennes le 4 Décembre 1694.

XXVII.

LOUIS DE CREVANT, Duc d'Humieres, Maréchal de France & Grand Maître de l'Artillerie, Capitaine des Cent Gentilhommes au Bec de Corbin, de la Maifon du Roi, Gouverneur du Bourbonnois, Gouverneur Général de Flandres, de la Ville & Citadelle de Lille, d'Armentieres & de Compiegne. Mort à Verfailles le 30 Août 1694.

XXVIII.

JACQUES-HENRI DE DURFORT, Duc de Duras, Maréchal de France, Capitaine des Gardes du Corps du Roi, Gouverneur du Comté de Bourgogne, & de la Ville & Citadelle de Besançon. Mort à Paris le 12 Octobre 1704.

XXIX.

GUY-ALFONCE DE DURFORT, Comte de Lorges, Duc de Quintin sous le nom de Lorges, Maréchal de France, Capitaine des Gardes du Corps du Roi. Mort à Paris le 22 Octobre 1702.

DE L'ORDRE DU S. ESPRIT. 251

XXX.

ARMAND DE BETHUNE, Duc de Charoſt, Pair de France, Lieutenant Général au Gouvernement de Picardie, Gouverneur des Ville & Citadelle de Calais, & du Fort Nieulay, Capitaine des Gardes du Corps du Roi. Mort le 1 Avril 1717.

XXXI.

JEAN, COMTE D'ESTRÉES, Seigneur de Tourpes, Premier Baron du Boulonnois, Maréchal & Vice-Amiral de France, Viceroi de l'Amérique, Lieutenant Général en Bretagne, Gouverneur de Nantes. Mort à Paris le 19 Mai 1707.

252   CATALOGUE DES CHEVALIERS

XXXII.

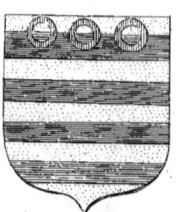

CHARLES, DUC DE LA VIEUVILLE, Chevalier d'Honneur de la Reine, Gouverneur du Poitou, & de M. le Duc de Chartres, Lieutenant Général des Armées du Roi, & au Gouvernement de Champagne. Mort le 2 Février 1689.

XXXIII.

JEAN-BAPTISTE DE CASSAGNET, Marquis de Tilladet, Capitaine Lieutenant des Cent Suiffes de la Garde du Roi, Maître de fa Garderobe, Lieutenant Général de fes Armées, Gouverneur de Cognac, &c. Mort le 22 Août 1692.

DE L'ORDRE DU S. ESPRIT.

XXXIV.

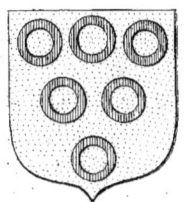

LOUIS-CAILLEBOT, Marquis de la Salle, Seigneur de Montpinçon, de Renancourt, &c. Maître de la Garderobe du Roi. Mort le 7 Décembre 1728.

XXXV.

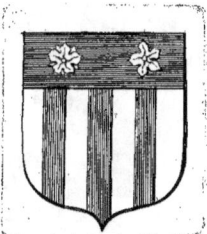

JACQUES-LOUIS DE BERINGHEN, Comte de Châteauneuf & du Plessis-Bertrand en Bretagne, Seigneur d'Armainvilliers & de Grez, Premier Ecuyer du Roi, Gouverneur de la Citadelle & du Fort de S. Jean de Marseille, Président du Conseil du dedans du Royaume, durant la Minorité du Roi, Directeur Général des Ponts & Chaussées de France. Mort le 1 Mai 1723.

XXXVI.

PHILIPPE DE COURCILLON, Marquis de Dangeau, Comte de Mefle & de Civray, Baron de Sainte-Hermine, de Saint-Amant, &c. Menin de Monfieur le Dauphin, Chevalier d'Honneur de Madame la Dauphine, Gouverneur de Touraine & de la Ville de Tours, Grand Maître des Ordres de Notre-Dame du Mont-Carmel, & de S. Lazare de Jerufalem, Confeiller d'État d'Épée. Mort le 9 Septembre 1720.

XXXVII.

PHILBERT DE GRAMONT, Comte de Gramont, Seigneur de Semeac, d'Hibos, & de Sarrouilles, Gouverneur du Pays d'Aunis & de la Rochelle. Mort à Paris le 30 Janvier 1707.

XXXVIII.

LOUIS-FRANÇOIS, Duc de Boufflers, Pair & Maréchal de France, Chevalier de la Toifon d'Or, Colonel du Régiment des Gardes Françoifes, Gouverneur Général de Flandres, & du Hainault, Gouverneur & Souverain Bailly de la Ville & Citadelle de Lille. Mort à Fontainebleau le 22 Août 1711.

XXXIX.

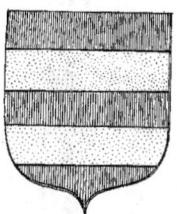

FRANÇOIS DE HARCOURT, Marquis de Beuvron & de la Meilleraye, Comte de Sezanne, Lieutenant Général de la Haute Normandie, Gouverneur du Vieux Palais de Rouen. Mort à la Meilleraye le 22 Avril 1705.

XL.

HENRI DE MORNAY, Marquis de Mont-Chevreüil, Gouverneur & Capitaine de S. Germain-en-Laye, ci-devant Gouverneur de M. le Duc du Maine & de M. le Comte de Vermandois. Mort le 2 Juin 1706.

XLI.

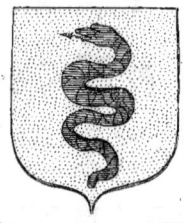

EDOUARD-FRANÇOIS COLBERT, Comte de Maulevrier, Lieutenant Général des Armées du Roi, Gouverneur des Ville & Citadelle de Tournay. Mort à Paris le 31 Juin 1693.

XLII.

XLII.

JOSEPH DE PONS ET DE GUIMERA, Baron de Montclar, Lieutenant Général des Armées du Roi, Mestre de Camp, Général de la Cavalerie Légère, Grand Bailly de Haguenau, Commandant en Alsace. Mort en Avril 1690.

XLIII.

HENRI-CHARLES DE BEAUMANOIR, Marquis de Lavardin, Lieutenant Général en Bretagne, Ambassadeur Extraordinaire à Rome. Mort à Paris le 29 Août 1701.

XLIV.

PIERRE DE VILLARS, nommé le Marquis de Villars, Baron de Mafclas, de Sarras, &c. Confeiller d'État Ordinaire, Lieutenant Général des Armées du Roi, Gouverneur de Befançon, Ambaffadeur en Efpagne, Savoye & Dannemarck, Chevalier d'Honneur de Madame la Ducheffe de Chartres. Mort à Paris le 20 Mars 1698.

XLV.

FRANÇOIS ADHEMARD DE MONTEIL, Comte de Grignan, Lieutenant Général en Provence. Mort le 30 Décembre 1714.

XLVI.

CLAUDE DE CHOISEUL, Marquis de Francieres, appellé le Comte de Choiseul, Maréchal de France, Gouverneur de Langres & de S. Omer. Mort Doyen des Maréchaux de France le 15 Mars 1711.

XLVII.

JACQUES GOYON, Sire de Matignon, Comte de Thorigny, Lieutenant Général en Baſſe Normandie, Gouverneur de Cherbourg, de Granville, de S. Lo & de l'Iſle de Chauzé, Menin de Monſieur le Dauphin. Mort le 14 Janvier 1725.

XLVIII.

JEAN-ARMAND DE JOYEUSE, nommé le Marquis de Joyeuse, Baron de S. Jean, Seigneur de Ville-sur-Tourbe, Maréchal de France, Gouverneur de Nancy, & des Villes, Citadelles, Pays & Evêchez de Metz & de Verdun. Mort à Paris le 1 Juillet 1710.

XLIX.

FRANÇOIS DE CALVO, Lieutenant Général des Armées du Roi, Gouverneur de la Ville d'Aire, Commandant à Maftreick. Mort à Deinfe le 29 Mai 1690.

L.

CHARLES D'AUBIGNÉ, nommé le Comte d'Aubigné, Seigneur de Surineau, Gouverneur de Bedfort en Alsace, d'Aiguemortes en Languedoc, de Cognac en Angoumois, & de la Province du Berry. Mort à Vichy au mois de Mai 1703.

LI.

CHARLES DE MONTSAUNIN, Comte de Monval, Châtelain de S. Brisson & d'Ilan, Lieutenant Général des Armées du Roi, Gouverneur de Charleroy & de Mont-Royal. Mort à Dunkerque le 28 Septembre 1696.

LII.

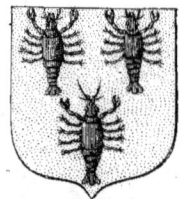

CLAUDE DE THIARD, Comte de Biffy, Baron de Pierre, de Vauvry & d'Hautume, Lieutenant Général des Armées du Roi, & des Provinces de Lorraine & Barois, Commandant en Chef dans les trois Evêchez de Metz, Toul & Verdun, Pays, Frontieres, & Rivieres de Sarre & Mozelle, Gouverneur des Ville & Château d'Auxonne. Mort à Metz le 3 Novembre 1701.

LIII.

ANTOINE COEFFIER, dit *Ruzé*, Marquis d'Effiat, de Chilly & de Longjumeau, Vicomte de Nazat, de Maffin, de Thuret, & de Copet-de-Croc, Seigneur de Vichy & de Montrichard, Premier Ecuyer de Monfieur, Duc d'Orleans, Gouverneur de Montargis. Mort le 3 Juin 1719.

LIV.

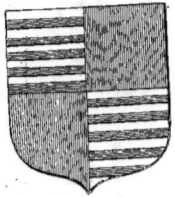

FRANÇOIS DE MONTBERON, nommé le Comte de Montberon, Capitaine-Lieutenant de la Compagnie des Mousquetaires du Roi, Lieutenant Général des Armées du Roi, & au Gouvernement de Flandres & d'Artois, succeffivement Gouverneur d'Arras & de Cambray. Mort à Cambray le 16 Mars 1708.

LV.

PHILIPPE-AUGUSTE LE HARDY, Marquis de la Trouffe, Seigneur de Crepoil, Concherel, Rademont, Vieilmoulins & Limezy, Capitaine-Lieutenant des Gendarmes Dauphins, Lieutenant Général des Armées du Roi, Gouverneur d'Ypres. Mort en Octobre 1691.

264　CATALOGUE DES CHEVALIERS

LVI.

FRANÇOIS DE MONESTAY, Marquis de Chazeron, Baron de Chars, Lieutenant des Gardes du Corps du Roi, Lieutenant Général de ses Armées, & de la Province du Roussillon, Gouverneur de Brest. Mort à Agen au mois de Décembre 1697.

LVII.

BERNARD DE LA GUICHE, Comte de Saint Geran, de la Palisse & de Jaligny, Lieutenant Général des Armées du Roi, ci-devant Envoyé en Angleterre, à Florence, & en Brandebourg, & Colonel Lieutenant du Regiment d'Anjou. Mort le 18 Mars 1696.

LVIII.

DE L'ORDRE DU S. ESPRIT.

LVIII.

FRANÇOIS D'ESCOUBLEAU, nommé le Comte de Sourdis, Seigneur de Gaujac, & d'Eftillac, Lieutenant Général des Armées du Roi, Gouverneur de la Ville d'Orleans, Orléannois & Pays Chartrain, Capitaine du Château d'Amboife. Mort à Gaujac en Guyenne le 21 Septembre 1707.

LIX.

PHILIPPE-EMMANUEL-FERDINAND-FRANÇOIS DE CROY, Comte de Solte & de Buren, Baron de Beaufort & de Condé, Lieutenant Général des Armées du Roi, Gouverneur de Peronne. Mort en 1718.

LX.

ANDRÉ DE BETHOULAT DE COSSAGNE, Seigneur de Fourmenteau, Comte de la Vauguyon, Marquis de S. Megrin, Baron de Tonneins, & autres lieux, Conseiller d'État Ordinaire, Ambassadeur en Espagne. Mort à Paris le 29 Novembre 1693.

LXI.

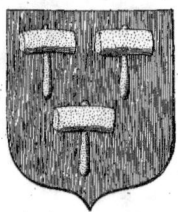

GEORGES DE MONCHY, Marquis d'Hocquincourt, Gouverneur & Bailly des Villes & Château de Peronne, Montdidier & Roye, Lieutenant Général des Armées du Roi. Mort en Décembre 1689

LXII.

OLIVIER DE SAINT-GEORGES, Marquis de Coüé-Verac, Baron de la Roche-des-Bois, & de Château-Garnier, Lieutenant Général, & Commandant pour le Roi en Poitou. Mort en Juin 1704.

LXIII.

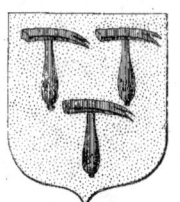

RENÉ MARTEL, Marquis d'Arcy, Ambassadeur en Savoye, Gouverneur de M. le Duc de Chartres, Conseiller d'État. Mort à Maubeuge au mois de Juin 1694.

LXIV.

ALEXIS-HENRI DE CHASTILLON, nommé le Marquis de Chaſtillon, Seigneur de Chantemerle, de la Rambaudiere, de la Creſtiniere, de Chanleville, de Novion & de Lannoy, Capitaine des Gardes du Corps de Monſieur, Duc d'Orleans, & Premier Gentilhomme de ſa Chambre. Mort en ſon Château de la Rambaudiere le 17 Mars 1737.

LXV.

NICOLAS CHALON DU BLÉ, Marquis d'Uxelles & de Cormatin, Maréchal de France, Lieutenant Général en la Province de Bourgogne, Gouverneur des Ville & Citadelle de Châlons ſur Saone, Gouverneur de la Haute & Baſſe Alſace. Mort le 10 Avril 1730.

LXVI.

RENÉ DE FROULAY, Comte de Teffé, Maréchal de France, Général des Galeres, Grand d'Efpagne, Premier Ecuyer de Madame la Dauphine, Lieutenant Général des Pays du Maine, Perche & Laval. Mort le 30 Mars 1725.

LXVII.

CHARLES DE MORNAY, Marquis de Villarceaux, Capitaine-Lieutenant de la Compagnie d'Ordonnances de Monfieur le Dauphin. Tué à la Bataille de Flaurus le 1 Juillet 1690.

LXVIII.

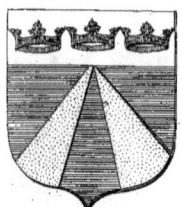

CHARLES D'ESTAMPES, Marquis de Mauny, Seigneur de la Ferté-Imbault, Chevalier d'Honneur de Madame, Duchesse d'Orléans, Capitaine des Gardes du Corps de Monsieur, Duc d'Orléans. Mort le 3 Décembre 1716.

LXIX.

HYACINTHE QUATREBARBES, Marquis de la Rongere, Seigneur de S. Denis, Chevalier d'Honneur de Madame, Duchesse d'Orléans. Mort à Paris le 22 Décembre 1703.

LXX.

JEAN D'AUDIBERT, Comte de Luſſan, Baron de Valroſe, Seigneur de S. Marcel, Premier Gentilhomme de la Chambre de M. le Prince de Condé. Mort au mois de Février 1712.

DOUZIEME PROMOTION

Faite dans la Chapelle du Château de Verſailles le 29 Mai jour de la Pentecôte 1689.

PRELAT.

I.

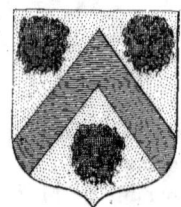

TOUSSAINT DE FOURBIN, Cardinal de Janſon, Evêque & Comte de Beauvais, Pair de France, Vidame de Gerberoy, Abbé de Preüilly, de Savigny & de S. Pierre de Corbie, Grand Aumônier de France après la mort du Cardinal de Coiſlin en 1706. Mort à Paris le 24 Mars 1713.

TREIZIÉME

DE L'ORDRE DU S. ESPRIT. 273
TREIZIÉME PROMOTION
Faite dans la Chapelle du Château de Verfailles le 2 Février 1693.

CHEVALIER.

I.

LOUIS-ALEXANDRE DE BOURBON, Legitimé de France, Comte de Touloufe, Duc de Damville, de Penthiévre & de Ramboüillet, Pair, Amiral & Grand-Veneur de France, Marquis d'Albert, Chevalier de la Toifon d'Or, Gouverneur de Bretagne. Mort en fon Château de Ramboüillet le 1 Décembre 1737.

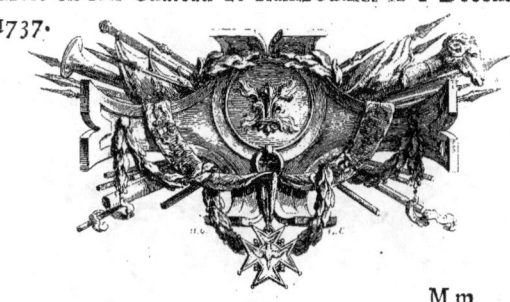

QUATORZIEME PROMOTION

Faite dans la Chapelle du Château de Verfailles le 2 Février 1694.

PRÉLAT.

I.

GUILLAUME - EGON DE FURSTEMBERG, Cardinal, Evêque de Strafbourg, Abbé de Saint Germain-des-Prez, de Gorze en Lorraine, de Saint Evroul près d'Evreux, de Saint Vincent de Laon & de Barbeaux. Mort à Paris le 10 Avril 1704.

DE L'ORDRE DU S. ESPRIT.

QUINZIEME PROMOTION

Faite à Zolkieu en Ruffie le 13 Avril 1694.

CHEVALIER.

I.

Henri DE LA GRANGE, Marquis d'Arquien, puis Cardinal. Mort à Rome le 24 Mai 1707.

SEIZIEME PROMOTION

Faite dans la Chapelle du Château de Verſailles le 22 Mai 1695.

CHEVALIERS.

I.

L OUIS DE FRANCE, Duc de Bourgogne, puis Dauphin, né le 6 Août 1682. Mort le 18 Février 1712.

II.

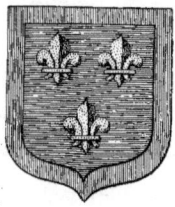

P HILIPPE DE FRANCE, Duc d'Anjou, depuis Roi d'Eſpagne, né le 19 Décembre 1683. Mort en...

DE L'ORDRE DU S. ESPRIT. 277

DIX-SEPTIEME PROMOTION
Faite dans la Chapelle du Château de Verſailles le 1 Janvier 1696.

PRÉLAT.
I.

FRANÇOIS DE CLERMONT-TONNERRE, Evê-que & Comte de Noyon, Pair de France, Abbé de S. Martin de Tonnerre & de S. Martin de Laon. Mort à Paris le 15 Février 1701.

CHEVALIER.
I.

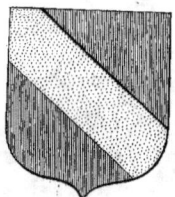

LOUIS DE GUISCARD, Comte de Neuvy ſur Loire, Marquis de Guiſcard-Magny, Seigneur de Fourdrinoy & de la Bourlie, Gouverneur de Sedan & de Namur, Lieutenant Général des Armées du Roi. Mort au mois de Décembre 1720.

278 · CATALOGUE DES CHEVALIERS

DIX-HUITIEME PROMOTION

Faite à Rome par le Cardinal de Janson le 4 Décembre 1696.

CHEVALIER.

I.

ANTOINE DE LANTI DE LA ROUERE, Prince Romain, Duc de Mommars, Prince & Marquis de la Roche-Sinibalde. Nommé par le Roi dès le 21 Janvier précedent.

DE L'ORDRE DU S. ESPRIT.

DIX-NEUVIEME PROMOTION

Faite dans la Chapelle du Château de Verfailles le 1 Janvier 1698.

PRÉLAT.

I.

LOUIS-ANTOINE DE NOAILLES, Archevêque de Paris, Duc de S. Cloud, Pair de France, Cardinal du Titre de Sainte-Marie fur la Minerve, puis de Saint Sixte le Vieux, Provifeur de Sorbonne. Mort à Paris le 4 Mai 1729.

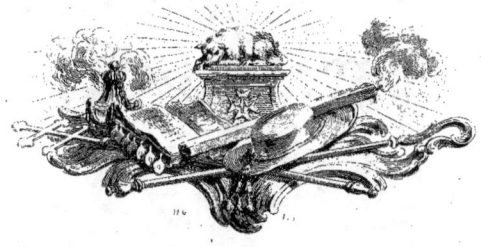

280. CATALOGUE DES CHEVALIERS

VINGTIEME PROMOTION

Faite dans la Chapelle du Château de Versailles le 2 Février 1699.

CHEVALIER.

I.

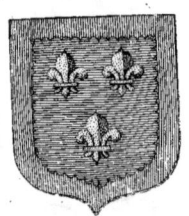

CHARLES DE FRANCE, Duc de Berry, né le 31 Août 1686. Mort au Château de Marly le 4 Mai 1714.

VINGT-UNIEME

DE L'ORDRE DU S. ESPRIT. 281

VINGT-UNIEME PROMOTION

Faite dans la Chapelle du Château de Versailles le jour de la Pentecôte 7 Juin 1699.

CHEVALIER.

I.

G UIDO VAINI, Prince de Cantaloupe, Duc de Selci, Marquis de Vacone, Seigneur de Gavignano. Mort à Rome le 18 Mai 1720.

VINGT-DEUXIEME PROMOTION

Faite à Rome dans l'Eglife de S. Louis le 19 Décembre 1700.

CHEVALIERS.

I.

ALEXANDRE SOBIESKI, Prince de Pologne, né à Dantzick le 6 Décembre 1677. Mort à Rome le 19 Novembre 1714.

II.

CONSTANTIN-PHILIPPE-ULADISLAS SOBIESKI, Prince de Pologne, Frere du précedent, né le 1 Mai 1680.

DE L'ORDRE DU S. ESPRIT. 283
VINGT-TROISIEME PROMOTION
Faite dans la Chapelle du Château de Verfailles le 15 Mai 1701.
PRÉLATS.
I.

DANIEL DE COSNAC, Evêque & Comte de Valence en Dauphiné, puis Archevêque d'Aix, Abbé d'Orbeftier, de Saint-Taurin d'Evreux & de Saint-Riquier, Premier Aumônier de Monfieur, Duc d'Orléans. Mort à Aix le 18 Janvier 1708.

II.

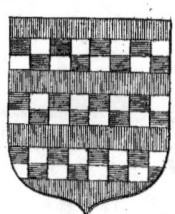

HENRI-CHARLES DU CAMBOUT, Duc de Coiflin, Evêque de Metz, Premier Aumônier du Roi. Mort le 28 Novembre 1732.

CHEVALIER.

I.

CAMILLE D'HOSTUN, Duc de Tallard, Marquis de la Baume, Baron d'Arlan, Seigneur de Filais, de Saint-Etienne & d'Iseaux, Maréchal de France, Gouverneur des Comtés de Foix & de Bourgogne, Lieutenant Général de la Province de Dauphiné, Ambassadeur extraordinaire en Angleterre. Mort à Paris le 30 Mars 1728.

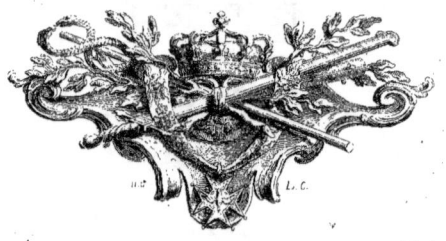

DE L'ORDRE DU S. ESPRIT. 285

VINGT-QUATRIEME PROMOTION

Faite dans la Chapelle du Château de Verfailles le 2 Février 1703.

CHEVALIER.

I.

FERDINAND, Comte de Marchin & du S. Empire, Marquis de Clermont, Comte de Graville, Baron de Dunes, Seigneur de Mezieres, Maréchal de France. Tué devant Turin le 7 Septembre 1706.

CATALOGUE DES CHEVALIERS
VINGT-CINQUIEME PROMOTION

Faite dans la Chapelle du Château de Verſailles le 27 Mai 1703.

CHEVALIER.

I.

CHARLES-AMEDÉE BROGLIO, Comte de Revel, Lieutenant Général des Armées du Roi, Gouverneur de Condé, ſes Preuves avoient été admiſes dès le 24 Avril 1702. Mort le 25 Octobre 1707.

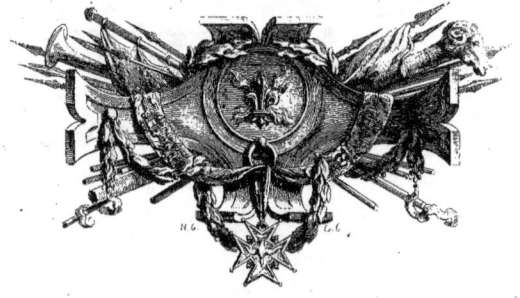

DE L'ORDRE DU S. ESPRIT. 287
VINGT-SIXIEME PROMOTION
Faite dans la Chapelle du Château de Versailles le 1 Janvier 1705.
PRELAT.
I.

JEAN D'ESTRÉES, Abbé d'Evron, de Preau & de S. Claude au Comté de Bourgogne, Ambassadeur en Portugal & en Espagne. Mort le 3 Mars 1718.

CHEVALIER.
I.

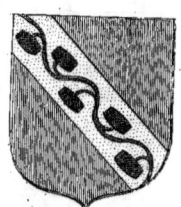

ROGER BRULART, Marquis de Sillery, Vicomte de Puysieux, Baron de Fontaine, Seigneur de Verzenay & de Ludes, Conseiller d'État, Ambassadeur Extraordinaire en Suisse, Lieutenant Général des Armées du Roi, Gouverneur de la Ville & des Forts de Huningue, Bailly & Gouverneur d'Epernay. Mort le 28 Mars 1719.

VINGT-SEPTIEME PROMOTION
Faite dans la Chapelle du Château de Verſailles le 2 Février 1705.
CHEVALIERS.
I.

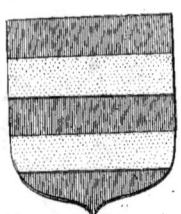

HENRI, DUC DE HARCOURT, Pair & Maréchal de France, Capitaine des Gardes du Corps du Roi, Lieutenant Général au Gouvernement de Normandie, Gouverneur du Vieux Palais de Rouen & de la Ville & Citadelle de Tournay. Mort à Paris le 19 Octobre 1718.

II.

VICTOR-MARIE COMTE D'ESTRÉES, puis Duc d'Eſtrées, Pair de France, Seigneur de Doudeauville, d'Aix, de Porentie, de Coquille, de Tourpes, de Maſſy & d'Imberville, Premier Baron du Boulonnois, Maréchal & Vice-Amiral de France, Grand d'Eſpagne, Lieutenant Général en Bretagne, Gouverneur de Nantes. Mort le 27 Décembre 1737.

III.

III.

HECTOR DE VILLARS, Duc de Villars, Pair & Maréchal de France, Gouverneur de Provence, Grand d'Espagne de la premiere Classe, Chevalier de la Toison d'Or, depuis Général des Troupes du Roi en Italie. Mort à Turin le 17 Juin 1734.

IV.

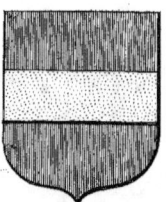

NOEL BOUTON, Marquis de Chamilly, Seigneur de Saint-Leger, de Nevy & de Saint-Gilles, Maréchal de France, Gouverneur de Strasbourg, Commandant en Chef dans le Haut & Bas Poitou. Mort à Paris le 8 Janvier 1715.

V.

FRANÇOIS-LOUIS DE ROUSSELET, Marquis de Châteaurenaut, Maréchal & Vice-Amiral de France, Lieutenant Général & Commandant en Chef dans la Province de Bretagne. Mort le 15 Novembre 1716.

VI.

SEBASTIEN LE PRESTRE, Seigneur de Vauban & de Bafoches, de Pierre-Pertuis, de Poüilly, de Cervon, de la Charone & d'Epiry, Maréchal de France, Commiffaire Général des Fortifications, Gouverneur de la Citadelle de Lille. Mort à Paris le 30 Mars 1707.

VII.

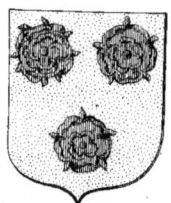

CONRARD DE ROZEN, Comte de Bolweiller, Maréchal de France. Mort le 3 Août 1715.

VIII.

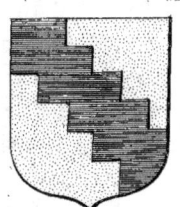

NICOLAS-AUGUSTE DE LA BAUME, Marquis de Montrevel, Maréchal de France, Lieutenant Général au Gouvernement de Bresse, Bugey, Valromey, & Gex, Commandant en Chef en Guyenne. Mort le 11 Octobre 1716.

VINGT-HUITIEME PROMOTION

Faite dans la Chapelle du Château de Versailles le 1 Mars 1705.

CHEVALIER.

I.

D ON ISIDORE-JUAN-JOSEPH-DOMINGO DE LA CUEVA ET BENAVIDES, IV, Marquis de Bedmar, Grand d'Espagne, Conseiller d'État du Roi Catholique, Gentilhomme de sa Chambre, Capitaine d'une Compagnie de Cuirassiers à Cheval des Gardes anciennes de Castille, Commandant Général des Pays Bas, Viceroy de Sicile, dont les Preuves avoient été admises dès le 2 Septembre 1704. Mort le 2 Juin 1723.

DE L'ORDRE DU S. ESPRIT.

VINGT-NEUVIEME PROMOTION
Faite dans la Chapelle du Château de Verſailles le 1 Janvier 1709.

CHEVALIER.

I.

Louis-Henri DE BOURBON, Duc d'Enghien, puis Duc de Bourbon, Prince de Condé, Pair & Grand Maître de France, Gouverneur de Bourgogne & Breſſe. Mort à Chantilly le 27 Janvier 1740.

CATALOGUE DES CHEVALIERS
TRENTIEME PROMOTION
Faite dans la Chapelle Neuve du Château de Versailles le 1 Janvier 1711.
CHEVALIERS.

I.

LOUIS-ARMAND DE BOURBON, Prince de Conty, Pair de France, Comte d'Alais, de Beaumont sur Oyse, & de Pezenas, Marquis de Graville & de Portes, Vicomte de Teyrargues, Seigneur de l'Isle-Adam. Mort le 4 Mai 1727.

II.

JACQUES-LÉONOR ROUXEL, Comte de Grancey, Baron de Medavy, Lieutenant Général des Armées du Roi, puis Maréchal de France, Gouverneur du Nivernois & de Dunkerque. Mort le 6 Novembre 1725.

III.

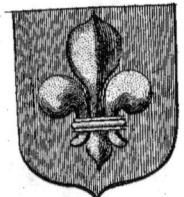

Léonor-Marie DUMAINE, Comte du Bourg, Baron de l'Espinasse, &c. Lieutenant Général des Armées du Roi, puis Maréchal de France, Directeur Général de la Cavalerie, Commandant en Alsace, Gouverneur de Bapaume. Mort à Strasbourg le 15 Janvier 1739.

IV.

François-Zenobe-Philippe ALBERGOTI, Lieutenant Général des Armées du Roi, Gouverneur de Sarre-Louis. Mort à Paris le 23 Mars 1717.

V.

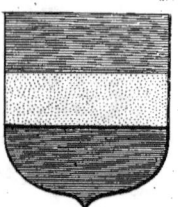

L OUIS VINCENT, Marquis de Goësbriand, Lieutenant Général des Armées du Roi, Gouverneur du Fort & Château du Thorro près Morlaix, depuis Gouverneur de Verdun. Mort en Bretagne le 4 Mai 1744.

TRENTE-UNIEME

DE L'ORDRE DU S. ESPRIT.

TRENTE-UNIEME PROMOTION

Faite dans la Chapelle du Château de Versailles le 2 Décembre 1712.

CHEVALIER.

I.

LOUIS, DUC D'AUMONT, Pair de France, Marquis de Piennes, Comte de Berzé, Baron d'Eſtrabonne, de Chappes, de Nolay, &c. Premier Gentilhomme de la Chambre du Roi, Gouverneur de la Ville & du Château de Bologne & Pays Bolonois, Ambaſſadeur Extraordinaire en Angleterre. Mort le 6 Avril 1723.

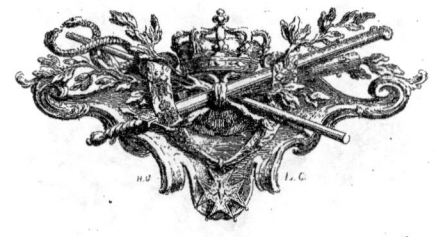

TRENTE-DEUXIEME PROMOTION

Faite dans la Chapelle du Château de Versailles le 7 Juin 1713.

PRÉLAT.

I.

ARMAND-GASTON-MAXIMILIEN, Cardinal de Rohan, Evêque & Prince de Strasbourg, prêta ferment le 10 Juin 1713 entre les mains du Roi, comme Commandeur de l'Ordre du Saint Esprit, à cause de sa Charge de Grand Aumônier de France. Mort au Louvre à Paris le 19 Juillet 1749.

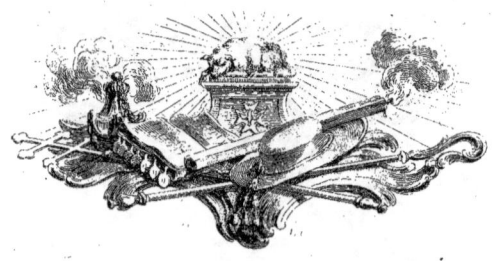

CHEVALIERS
NOMMÉS
SOUS LE REGNE DE LOUIS XIV,
QUI SONT MORTS SANS AVOIR ÉTÉ REÇUS.

Année 1643.

ROGER DE BOSSOST, Baron d'Espenan, Maréchal des Camps & Armées du Roi, Gouverneur de Leucate. Son Brevet de Nomination en date du 26 Août, & le Procès-Verbal de ses Preuves, en date du 29 Novembre audit An.

LOUIS GOTH, Marquis de Roüillac, Conseiller du Roi en ses Conseils d'Etat & Privé, Maréchal des Camps & Armées de Sa Majesté. Son Brevet de Nomination en date du 11 Décembre audit An, & le Procès-Verbal de ses Preuves, en date du 12 Mars suivant.

Année 1644.

N.... Prince de Carbognano, Duc de Bassanello, nommé par Brevet du 1 Avril.

N.... DE SOYECOURT, Conseiller du Roi en ses Conseils, Maréchal des Camps & Armées de Sa Majesté. Son Brevet de Nomination en date du 2 Avril.

Année 1646.

ROSTAING ANTOINE D'EURE-DUPUIS SAINT - MARTIN, Seigneur d'Aiguebonne, Lieutenant Général des Armées du Roi, & Gouverneur de Cazal. Son Brevet de Nomination en date du 8 Mai.

ANTOINE D'ESTOURMEL, Seigneur du Fretoy, Premier Ecuyer de Madame la Duchesse d'Orléans. Son Brevet de Nomination en date du 10 Mai.

Année 1648.

ULADISLAS, IV du Nom, Roi de Pologne; Chevalier de la Toison d'Or, nommé Chevalier des Ordres du Roi en 1648. Mort la même année avant d'avoir reçu le Collier.

PHILIPPE DE LA MOTTE HOUDANCOURT, Maréchal de France.

Année 1649.

N.... Marquis de Trans. Son Brevet de Nomination en date du 10 Mars.

DOMINIQUE SEGUIER, Evêque de Meaux, Premier Aumônier du Roi, nommé pour être l'un des Prélats de l'Ordre, par Brevet du 31 Décembre.

Année 1650.

N.... Marquis d'Hautefort. Son Brevet de Nomination en date du 4 Mars. Il ne paroît pas qu'il ait été reçu, à moins que ce ne soit Jacques-François d'Hautefort, Comte de Montignac, reçu en 1661.

CLAUDE YVES, Marquis d'Alégre. Son Brevet de Nomination en date du 2 Juillet.

Année 1651.

JACQUES, Marquis de Castelnau, Maréchal de France, Gouverneur de Brest, nommé Chevalier des Ordres du Roi par Brevet du 9 Février. Tué en 1658, sans avoir été reçu.

ROGER HECTOR DE PARDAILLAN, Marquis d'Antin, Chevalier d'Honneur de Madame la Duchesse d'Orléans. Son Brevet de Nomination en date du 28 Août.

SEBASTIEN DE ROSMADEC, Marquis de Molac. Son Brevet de Nomination en date du 4 Septembre.

LOUIS CHASLON DU BLÉ, Marquis d'Huxelles. Son Brevet de Nomination en date du 4 Septembre. Tué en 1658 sans avoir été reçu.

GABRIEL DE CAUMONT, Comte de Lauzun, nommé par Brevet du 11 Septembre.

FRANÇOIS SICAIRE, Marquis de Bourdeilles. Son Brevet de Nomination en date du 25 Septembre.

CHARLES-ANTOINE DE FERRIERE, Marquis de Sauvebeuf, nommé par Brevet du 27 Septembre.

JEAN-PIERRE ou FRANÇOIS, Marquis d'Aubeterre, nommé par Brevet du 27 Septembre.

LOUIS DE CAILLEBOT, Marquis de la Salle, nommé par Brevet du 27 Septembre.

N.... DE BARRAULT. Son Brevet de Nomination en date du 29 Septembre.

ISAAC DE PAS, Marquis de Feuquieres, nommé par Brevet du 29 Septembre.

N.... Marquis de Praslin, *on croit que c'est François de Choiseul*. Son Brevet de Nomination en date du 30 Septembre.

LOUIS OLLIVIER, Marquis de Leuville, nommé par Brevet du 30 Septembre.

N.... D'AUMONT, nommé par Brevet du 30 Septembre.

HENRI BOURCIER DE BARRY DE SAINT-AULNÉS, nommé par Brevet du 30 Septembre.

FRANÇOIS DE GONTAUT DE BIRON. Son Brevet de Nomination en date du 24 Octobre.

GEORGES ISAURÉ, Marquis d'Hervaut. Son Brevet de Nomination en date du 8 Novembre.

PHILBERT DE POMPADOUR, Marquis de Lauriere, nommé par Brevet du 9 Novembre.

JEAN DE LAMBERT, nommé par Brevet du 21 Novembre.

PHILIPPE, Baron de Meillars, nommé par Brevet du 25 Novembre.

PAUL ANTOINE DE CASSAGNET, Marquis de Fimarcon, nommé par Brevet du 25 Novembre.

CHARLES DE MONCHY, Marquis d'Hocquincourt, Maréchal de France.

Année 1652.

N.... D'HAUTERIVE. Le Brevet de sa Nomination en date du 10 Janvier.

N.... DE SOUILLAC DE MAUMEIGE. Le Brevet de sa Nomination en date du 15 Janvier.

N.... Baron de Clairavault, nommé par Brevet du 30 Janvier.

LOUIS DE BRIDIEU, Lieutenant de Roi à Guise. Son Brevet de Nomination en date du 22 Février.

HILAIRE DE LAVAL, Marquis de Tréves, dit *de Laval*, nommé par Brevet du 4 Mars.

ACHILLE DE HARLAY, Marquis de Bréval-Chanvalon, Lieutenant Général des Armées du Roi, Gouverneur de la Bassée. Le Brevet de sa Nomination en date du 21 Mars.

FRANÇOIS-MARIE DE BROGLIO DE RÉVEL, nommé par Brevet du 25 Mars. Par autre Brevet du 10 Janvier 1657, le Roi permit *que les marques de Chevalier des Ordres de Sa Majesté, fussent mises sur son Tombeau.*

FRANÇOIS DE LA BERAUDIERE, Marquis de l'Isle-Rouet. Nommé par Brevet du 13 Juillet.

ODET

DE L'ORDRE DU S. ESPRIT.

ODET DE HARCOURT, Comte de Croify, nommé par Brevet du 19 Juillet.

N.... Marquis de Cauviſſon. Le Brevet de ſa Nomination en date du 27 Juillet.

HENRI ou ARMAND-JEAN MITTE, Marquis de S. Chaumont, nommé par Brevet du 28 Juillet.

NICOLAS DAUVET, Comte Deſmarêts, Grand Fauconnier de France, nommé par Brevet du 4 Août.

ANTOINE-FRANÇOIS DE LAMET, dit *de Buſſy-Lamet*, nommé par Brevet du 22 Septembre.

Année 1653.

N.... Marquis du Bec, Comte de Moret, nommé par Brevet du 18 Janvier.

FRANÇOIS, COMTE D'ESTAIN, nommé par Brevet du 20 Juin.

Année 1658.

JEAN DE PEYRE, Comte de Troiſvilles, Conſeiller au Conſeil d'État de Sa Majeſté, Gouverneur & Lieutenant Général au Pays & Comté de Foix. Le Brevet de ſa Nomination en date du 1 Janvier.

Année 1661.

ABRAHAM FABER, Maréchal de France, Gouverneur de Sedan, nommé Chevalier des Ordres du Roi, ne profita point de cet honneur, n'étant pas dans le cas de faire fes Preuves. La Lettre dont Sa Majefté l'honora fur l'invincibilité de cet obftacle, manifefte la Grandeur & la Bonté du Maître, & éternife le mérite du Sujet.

Année 1703.

DON JEAN-CLARO-ALONSO PEREZ DE GUSMAN EL BUENO, XI. Duc de Medina Sidonia, Grand-d'Efpagne, Marquis de Cazaca en Afrique, Seigneur des cinq Églifes de Huelba, Gentilhomme de la Chambre de Sa Majefté Catholique, Confeiller d'État & fon Grand Ecuyer. Mort en Décembre 1713.

DON FRANCISCO-CASIMIRO, ANTONIO, ALFONSO PIMENTEL DE QUINONES DE BENAVIDES, XII. Comte de Benavente, de Luna & de Mayorga, &c. Grand-d'Efpagne. Mort le 15 Janvier 1709.

DON FABRIQUE DE TOLEDE-OSORIO, VII. Marquis de Villafranca & de Villanueva, Duc de Fernandina, Prince de Montaluan, Comté de

DE L'ORDRE DU S. ESPRIT.

Penna, Ramiro, &c. Grand-d'Efpagne, Confeiller d'État & Majordôme-Major de Sa Majefté Catholique, Préfident du Confeil d'Italie. Mort en Juin 1705.

DON JUAN-FRANCESCO PACHECO-GOMEZ-DE SANDOVAL-MENDOCE-ARRAGON-TOLEDE-VELASCO-TELLEZ-GIRON, Comte de Montalvan, Duc d'Ucede, &c. Grand-d'Efpagne, Tréforier des Maifons Royales de la Monnoye de Madrid, Gentilhomme de la Chambre, Confeiller d'État, Préfident des Ordres & Ambaffadeur à Rome pour Sa Majefté Catholique. Mort en ....

DON LOUIS-EMMANUEL-FERDINAND PORTOCARRERO, Cardinal, Evêque de Paleftrine, Archevêque de Tolede, Primat d'Efpagne, Grand-Chancelier de Caftille. Mort le 14 Septembre 1709.

Année 1708.

JOSEPH-EMMANUEL DE LA TREMOILLE-DE-NOIRMOUSTIER, Cardinal fous le titre de la Trinité du Mont-Pincio, Abbé & Comte de Saint Pierre de Lagny, de Notre-Dame la Blanche, de Notre-Dame de Grand-Selve, de Soraife, de Hautecombe en Savoye, de Saint Etienne de Caën & de Saint Amand près Tournay, ci-devant Auditeur de

CATALOGUE DES CHEVALIERS, &c.

Rote en 1693, né en 1658, créé Cardinal par le Pape Clement XI. à la Promotion du 17 Mai 1706, a été chargé des Affaires de France à Rome, au départ du Cardinal de Janſon, fut nommé Evêque de Bayeux au mois de Janvier 1716, & au mois d'Avril ſuivant, Archevêque de Cambray. Mort à Rome le 10 Janvier 1720.

REGNE DE LOUIS XV,

ROI DE FRANCE ET DE NAVARRE,

Cinquiéme Chef & Souverain Grand-Maître
de l'Ordre du S. Esprit.

PREMIERE PROMOTION

Faite à Versailles, dont la Reception se fit à Madrid le 26 Juillet 1717.

CHEVALIERS.

I.

LOUIS, I du Nom, Prince des Asturies, depuis Roi d'Espagne. Mort à Madrid le 31 Août 1724.

II.

ROSTAIN CANTELMI, Duc de Popoli, Prince de Pettorano, Maître de l'Artillerie du Royaume de Naples, Capitaine de la Compagnie Italienne des Gardes du Corps du Roi d'Espagne, Gouverneur de Louis, Prince des Asturies, puis Grand Maître de sa Maison, depuis Grand d'Espagne de la premiere Classe. Mort à Madrid le 16 Janvier 1723.

RECEPTION DU ROI

Faite dans l'Eglise Cathédrale de Reims le 27 Octobre 1722.

OUIS, XV du Nom, Roi de France & de Navarre, reçut le Collier de l'Ordre du S. Esprit, des mains d'Armand-Jules de Rohan-Guemené, Archevêque Duc de Reims, Pair de France, après avoir fait le Serment de Chef & Souverain Grand-Maître de l'Ordre, le lendemain de son Sacre 27 Octobre 1722.

SECONDE PROMOTION
Du même jour.

CHEVALIERS.

I.

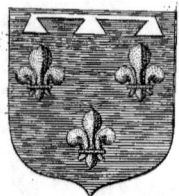

LOUIS, DUC D'ORLEANS, de Valois, de Chartres, &c. Premier Prince du Sang, & Premier Pair de France, ci-devant Colonel Général de l'Infanterie Françoise & Étrangere, Gouverneur du Dauphiné. Mort le 4 Février 1752.

II.

CHARLES DE BOURBON, Comte de Charollois, Gouverneur de Touraine.

TROISIÉME

DE L'ORDRE DU S. ESPRIT. 313
TROISIÉME PROMOTION
Faite dans la Chapelle du Château de Verſailles le 3 Juin 1724.
PRÉLATS.
I.

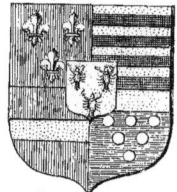

Henri-Pons DE THIARS DE BISSY, Cardinal, Evêque de Meaux, Abbé de S. Germain-des-Prez, & de Trois-Fontaines. Mort à Paris le 26 Juillet 1737.

II.

Léon POTIER DE GESVRES, Cardinal, ci-devant Archevêque de Bourges, Abbé, Comte & Seigneur de S. Gerauld d'Aurillac, Abbé de Bernay, de S. Amand, de S. Nicolas d'Arouaiſe, Conſeiller au Conſeil de Conſcience, depuis Abbé de S. Remy de Reims. Mort à Paris le 12 Novembre 1744.

III.

FRANÇOIS-PAUL DE NEUFVILLE DE VILLE-ROY, Abbé de Fefcamp, Archevêque de Lyon, y Commandant & dans le Gouvernement du Lyonnois. Mort le 6 Février 1731. *Par une décifion du Roi en Chapître du 3 Juin 1724, il a le pas devant les deux autres Archevêques.*

IV.

CHARLES-GASPARD-GUILLAUME DE VENTIMILLE, des Comtes de Marfeille, Archevêque d'Aix, puis de Paris, Duc de S. Cloud, Pair de France, Abbé de S. Denis de Reims & de Belle-Perche, Dom d'Aubrac, Prieur de Flaffens, de Saint Pierre & de Sainte Catherine du Luc. Mort à Paris le 13 Mars 1746.

DE L'ORDRE DU S. ESPRIT.

V.

R ENÉ-FRANÇOIS DE BEAUVAU DE RIVAU, Archevêque de Narbonne, Abbé de S. Victor en Caux, & de Bonneval en Roüergue, Prieur de Pommier-Aigre en Touraine; il fut premierement Evêque de Bayonne, puis de Tournay, enfuite Archevêque de Touloufe, d'où il paffa à Narbonne où il eft mort le 4 Août 1739.

CHEVALIERS.

I.

LOUIS DE BOURBON, Comte de Clermont, Abbé du Bec, de S. Claude, de Marmoutier, de Chalis & de Cercamp, aujourd'hui Abbé de S. Germain-des-Prez.

II.

CHARLES DE LORRAINE, dit *le Prince Charles*, Comte d'Armagnac, Grand Ecuyer de France, Lieutenant Général des Armées du Roi. Mort à Paris le 29 Décembre 1751.

III.

CHARLES-LOUIS DE LORRAINE, Prince de Mortagne, Sire de Pons, Souverain de Bedeilles, Meſtre de Camp d'un Regiment d'Infanterie, depuis Lieutenant Général des Armées du Roi. Mort à Paris le 1 Novembre 1755.

IV.

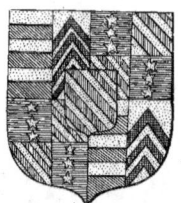

JEAN-CHARLES DE CRUSSOL, Duc d'Uzès, Premier Pair de France, Prince de Soyon, Comte de Cruſſol, Seigneur & Baron de Florenſac, &c. Gouverneur & Lieutenant Général des Provinces de Saintonge & d'Angoumois, & Gouverneur particulier des Villes & Châteaux de Saintes, & d'Angouleſme. Mort à Uzès le 20 Juillet 1739.

V.

MAXIMILIEN-HENRI DE BETHUNE, Duc de Sully, Pair de France, Prince d'Enrichemont & de Boisbelle, Lieutenant de Roi au Vexin François, Gouverneur des Villes & Châteaux de Mante & de Gyen fur Loire. Mort à Paris le 2 Février 1729.

VI.

LOUIS-ANTOINE DE BRANCAS, Duc de Villars, Pair de France, Comte de Maubec, Baron d'Oife, de l'Ifle Champtercier, Marquis d'Apilly, Comte de Lauraguais.

VII.

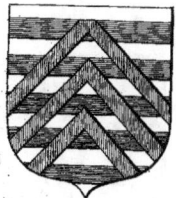

FRANÇOIS, VIII du Nom, Duc de la Rochefoucault & de la Rocheguyon, Pair de France, Prince de Marcillac, Marquis de Barbefieux, Comte de Duretal, &c. Grand-Veneur de France, Grand-Maître de la Garde-Robe du Roi, Maréchal de fes Camps & Armées. Mort à Paris le 22 Avril 1728.

VIII.

CHARLES-FRANÇOIS-FREDERIC DE MONTMORENCY-LUXEMBOURG, Duc de Piney-Luxembourg & de Beaufort-Montmorency, Pair de France, Prince d'Aigremont & de Tingry, Marquis de Bellenave, Comte de Bouteville, de Dangu & de Laffé, Baron de Mello, Gouverneur de Normandie, Lieutenant Général des Armées du Roi. Mort le 4 Août 1726.

IX.

NICOLAS DE NEUFVILLE, Duc de Villeroy, Pair de France, Lieutenant Général des Armées du Roi, Capitaine des Gardes du Corps de Sa Majesté, Gouverneur & Lieutenant Général de Lyonnois, Forez & Beaujolois. Mort le 22 Avril 1734.

X.

LOUIS DE ROCHECHOUART, Duc de Mortemart, Pair de France, Prince de Tonnay-Charente, Lieutenant Général des Armées du Roi, Premier Gentilhomme de la Chambre de Sa Majesté. Mort le 31 Juillet 1746.

XI.

XI.

PAUL-HYPOLITE DE BEAUVILLIER, Duc de S. Aignan, Pair de France, Comte de Montrefor, Baron des Baronnies de la Ferté S. Aignan, la Salle-lès-Clery & Chemery, Gouverneur & Lieutenant.Général des Ville & Citadelle du Havre de Grace, & Pays en dépendans, des Villes & Châteaux de Loches & de Beaulieu, Bailly d'Épée du Pays de Caux, ci-devant Ambaſſadeur Extraordinaire en Eſpagne, puis à Rome, aujourd'hui Lieutenant Général des Armées du Roi.

XII.

FRANÇOIS-BERNARD POTIER, Duc de Treſmes, Pair de France, Premier Gentilhomme de la Chambre du Roi, Brigadier de ſes Armées, Gouverneur de Paris. Mort le 12 Avril 1739.   Sſ

XIII.

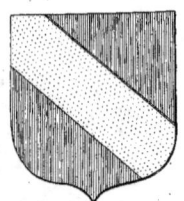

ADRIEN-MAURICE, DUC DE NOAILLES, Pair de France, Grand d'Espagne de la premiere Classe, Chevalier de l'Ordre de la Toison d'Or, Capitaine de la premiere Compagnie des Gardes du Corps du Roi, Lieutenant Général de ses Armées, Gouverneur & Capitaine Général des Comtés & Vigueries de Roussillon, Conflans & Cerdaigne, Gouverneur des Ville, Château & Citadelle de Perpignan, Gouverneur & Capitaine des Chasses de S. Germain en Laye, & lieux en dépendans, depuis Maréchal de France.

XIV.

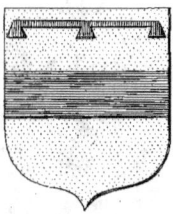

ARMAND DE BETHUNE, Duc de Charost, Pair de France, Capitaine des Gardes du Corps du Roi, ci-devant Gouverneur de Sa Majesté, Lieutenant Général de ses Armées, & des Provinces de Picardie, Boulonnois, &c. Gouverneur de Calais; nommé Chef du Conseil des Finances 23 Juillet 1730. Mort à Paris 23 Octobre 1747.

DE L'ORDRE DU S. ESPRIT. 321
XI.

PAUL-HYPOLITE DE BEAUVILLIER, Duc de
S. Aignan, Pair de France, Comte de Montrefor,
Baron des Baronnies de la Ferté S. Aignan, la Sallé-lès-
Clery & Chemery, Gouverneur & Lieutenant Général
des Ville & Citadelle du Havre de Grace, & Pays en dé-
pendans, des Villes & Châteaux de Loches & de Beaulieu,
Bailly d'Épée du Pays de Caux, ci-devant Ambaſſadeur
Extraordinaire en Eſpagne, puis à Rome, aujourd'hui
Lieutenant Général des Armées du Roi.

XII.

FRANÇOIS-BERNARD POTIER, Duc de Treſmes, Pair de France, Premier Gentilhomme de la
Chambre du Roi, Brigadier de ſes Armées, Gouverneur
de Paris. Mort le 12 Avril 1739. Sſ

XIII.

ADRIEN-MAURICE, DUC DE NOAILLES, Pair de France, Grand d'Efpagne de la premiere Claffe, Chevalier de l'Ordre de la Toifon d'Or, Capitaine de la premiere Compagnie des Gardes du Corps du Roi, Lieutenant Général de fes Armées, Gouverneur & Capitaine Général des Comtés & Vigueries de Rouffillon, Conflans & Cerdaigne, Gouverneur des Ville, Château & Citadelle de Perpignan, Gouverneur & Capitaine des Chaffes de S. Germain en Laye, & lieux en dépendans, depuis Maréchal de France.

XIV.

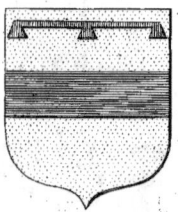

ARMAND DE BETHUNE, Duc de Charoft, Pair de France, Capitaine des Gardes du Corps du Roi, ci-devant Gouverneur de Sa Majefté, Lieutenant Général de fes Armées, & des Provinces de Picardie, Boulonnois, &c. Gouverneur de Calais; nommé Chef du Confeil des Finances 23 Juillet 1730. Mort à Paris 23 Octobre 1747.

XXIII.

L OUIS SANGUIN, Marquis de Livry, Premier Maître d'Hôtel du Roi, Maréchal des Camps & Armées de Sa Majesté. Mort en son Château de Livry le 3 Juillet 1741.

XXIV.

L OUIS-JEAN-BAPTISTE GOYON DE MATIGNON, Comte de Gacé, & de Montmartin, dit *le Comte de Matignon*, Baron de Gié, Maréchal des Camps & Armées du Roi, Gouverneur & Lieutenant Général des Pays d'Aunis, Ville & Gouvernement de la Rochelle, Isle de Rhé, Broüage, Oleron, &c. Mort à Paris le 29 Août 1747.

XXV.

ANNE-JACQUES DE BULLION, Marquis de Fervaques, Lieutenant de Roi au Gouvernement d'Orléans, Maréchal des Camps & Armées de Sa Majesté, Gouverneur & Lieutenant Général du Pays du Maine. Mort à Paris le 23 Avril 1745.

XXVI.

CHARLES-FRANÇOIS DE VENTIMILLE, des Comtes de Marseille, Marquis des Arcs & de la Marthe, Comte du Luc, Conseiller d'État d'Épée, Lieutenant de Roi en Provence, Gouverneur de Porquerolles, ci-devant Commandeur des Ordres de S. Lazare & de S. Louis, Ambassadeur vers les Ligues Suisses, Plenipotentiaire à Bade, & Ambassadeur Extraordinaire près de l'Empereur. Mort en son Château de Savigny le 19 Juillet 1740.

XXVII.

DE L'ORDRE DU S. ESPRIT. 327

XXIII.

LOUIS SANGUIN, Marquis de Livry, Premier Maître d'Hôtel du Roi, Maréchal des Camps & Armées de Sa Majesté. Mort en son Château de Livry le 3 Juillet 1741.

XXIV.

LOUIS-JEAN-BAPTISTE GOYON DE MATIGNON, Comte de Gacé, & de Montmartin, dit *le Comte de Matignon*, Baron de Gié, Maréchal des Camps & Armées du Roi, Gouverneur & Lieutenant Général des Pays d'Aunis, Ville & Gouvernement de la Rochelle, Isle de Rhé, Broüage, Oleron, &c. Mort à Paris le 29 Août 1747.

328 CATALOGUE DES CHEVALIERS

XXV.

ANNE-JACQUES DE BULLION, Marquis de Fervaques, Lieutenant de Roi au Gouvernement d'Orléans, Maréchal des Camps & Armées de Sa Majesté, Gouverneur & Lieutenant Général du Pays du Maine. Mort à Paris le 23 Avril 1745.

XXVI.

CHARLES-FRANÇOIS DE VENTIMILLE, des Comtes de Marseille, Marquis des Arcs & de la Marthe, Comte du Luc, Conseiller d'État d'Épée, Lieutenant de Roi en Provence, Gouverneur de Porquerolles, ci-devant Commandeur des Ordres de S. Lazare & de S. Louis, Ambassadeur vers les Ligues Suisses, Plenipotentiaire à Bade, & Ambassadeur Extraordinaire près de l'Empereur. Mort en son Château de Savigny le 19 Juillet 1746.

XXVII.

XXVII.

LOUIS DE PRIE, Marquis de Planes, dit *le Marquis de Prie*, Brigadier des Armées du Roi, Gouverneur de Bourbon-Lancy, Lieutenant Général du Bas Languedoc, ci-devant Ambassadeur à Turin. Mort à Paris le 8 Mai 1751.

XXVIII.

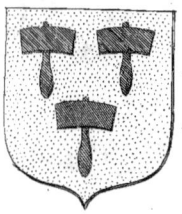

LOUIS DE MAILLY, Marquis de Néelle, & de Mailly en Boulonois, Prince d'Orange & de l'Isle sous Montréal, Comte de Bohain, de Beaurevoir & de Bernon, Seigneur de Maurup, de Pargny, &c.

XXIX.

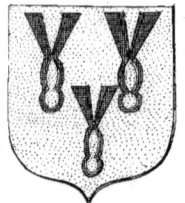

FRANÇOIS-MARIE DE HAUTEFORT, Marquis de Hautefort, de Pompadour & de Sarcelles, Lieutenant Général des Armées du Roi, Gouverneur des Ville & Château de Guife. Mort le 8 Juillet 1727.

XXX.

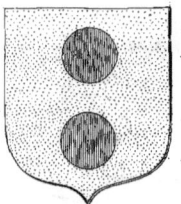

JOSEPH DE MONTESQUIOU, dit *le Comte d'Artaignan*, Lieutenant Général des Armées du Roi, Capitaine-Lieutenant de la premiere Compagnie des Moufquetaires fervans à la Garde Ordinaire de Sa Majefté, Gouverneur de Nifmes. Mort le 4 Janvier 1729.

XXXI.

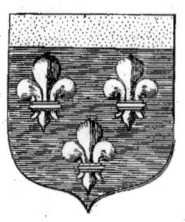

FRANÇOIS, COMTE D'ESTAING, Marquis de Murole, Baron de Spoix, Lieutenant Général des Armées du Roi, & du Verdunois, Gouverneur de Douay, & de Châlons fur Marne. Mort à Paris la nuit du 19 au 20 Mars 1732.

XXXII.

ARMAND DE MADAILLAN-DE-L'ESPARRE, Marquis de Laffay, Lieutenant Général au Gouvernement de Breffe, Bugey, Gex & Valromey. Mort le 21 Février 1738.

XXXIII.

PIERRE BOUCHARD D'ESPARBEZ - DE LUS-SAN, Comte d'Aubeterre & de Jonfac, Marquis d'Ozillac, Lieutenant Général des Armées du Roi, Gouverneur des Ville & Citadelle de Collioure & du Port-Vendre. Mort le 16 Janvier 1748.

XXXIV.

JOACHIM DE MONTAIGU, Vicomte de Beaune, Marquis de Bouzols, Lieutenant Général des Armées du Roi, & de la Baſſe Auvergne. Mort en Auvergne le 16 Septembre 1746.

XXXV.

FRANÇOIS DE FRANQUETOT, Comte de Coigny, Baron de Nogent sur Loir, Seigneur de Villeray, de Maisoncelles, de Croisilles & de Poligny, Colonel Général des Dragons, Lieutenant Général des Armées du Roi, depuis Duc de Coigny & Maréchal de France, est mort la nuit du 17 au 18 Décembre 1759.

XXXVI.

JEAN DE MONTBOISSIER, Comte de Canillac, Lieutenant Général des Armées du Roi, Capitaine-Lieutenant de la seconde Compagnie des Mousquetaires servans à la Garde Ordinaire de Sa Majesté, Gouverneur des Villes & Citadelles d'Amiens & de Corbie. Mort à Paris le 10 Avril 1729.

*

XXXVII.

JACQUES-JOSEPH VIPART, Marquis de Silly, Lieutenant Général des Armées du Roi, Conseiller d'État d'Épée. Mort en son Château de Silly le 19 Novembre 1727.

XXXVIII.

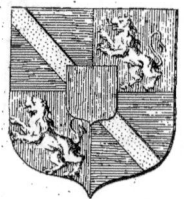

JACQUES DE CASSAGNET-TILLADET-NARBONNE, Marquis de Fimarcon, &c. Lieutenant Général des Armées du Roi & de la Province de Roussillon, Commandant en cette Province, & Gouverneur de Mont-Louis. Mort à Lectoure en Mars 1730.

XXXIX.

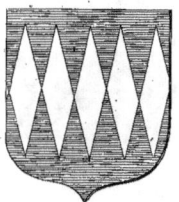

Henri DE SAINT-NECTAIRE, Comte de Brinon, dit *le Marquis de Senneterre*, Lieutenant Général des Armées du Roi, ci-devant Ambaffadeur Extraordinaire en Angleterre. Mort à Paris le 1 Avril 1746.

XL.

Pierre-MADELEINE, COMTE DE BEAUVAU, Lieutenant Général des Armées du Roi, Directeur Général de la Cavalerie, Gouverneur de Doüay. Mort à fon Gouvernement le 30 Mai 1734.

XLI.

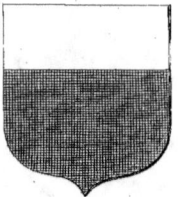

L OUIS DE GAND-DE MERODE-DE MONT-MORENCY, Prince d'Ifenghien, Lieutenant Général des Armées du Roi, & de la Province de Picardie, Gouverneur des Ville & Citadelle d'Arras.

XLII.

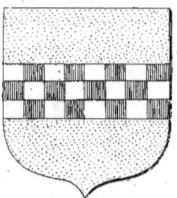

L OUIS-PIERRE-ENGILBERT DE LA MARCK-BOUILLON, Comte de Schleiden, Baron de Lumain, de Serain, &c. dit *le Comte de la Marck*, Chevalier de la Toifon d'Or, Lieutenant Général des Armées du Roi. Mort à Aix-la-Chapelle le 7 Novembre 1750.

XLIII.

XLIII.

CÉSAR DE SAINT-GEORGES, Marquis de Coué-Verac, Lieutenant Général des Armées du Roi, & de la Province de Poitou. Mort le 11 Février 1741.

XLIV.

ALAIN EMMANUEL, Marquis de Coetlogon, Grand-Croix de l'Ordre Royal & Militaire de S. Louis, Maréchal & Vice-Amiral de France. Mort le 7 Juin 1730.

XLV.

JEAN - BAPTISTE - FRANÇOIS DESMARETS, Marquis de Maillebois, du Rouvray & de Blevy, Baron de Châteauneuf & de Favieres, Seigneur de S. Lubin du Coudray, &c. ci-devant Envoyé Extraordinaire à la Cour de Baviere, Maître de la Garde-Robe du Roi, Lieutenant Général des Armées de Sa Majefté, & de la Province de Languedoc, Gouverneur de S. Omer, depuis Maréchal de France & Grand d'Efpagne.

XLVI.

CHARLES - HENRI - GASPARD DE SAULX, Vicomte de Tavannes, Lieutenant Général pour le Roi au Duché de Bourgogne, Brigadier d'Infanterie, Premier Gentilhomme de la Chambre du Duc de Bourbon. Mort le 4 Novembre 1753.

DE L'ORDRE DU S. ESPRIT.
XLVII.

GASPARD DE CLERMONT - TONNERRE, Marquis de Vauvillars, & de Cruſy, Comte d'Eſpinac & de Thoury, Seigneur de Maugevel, &c. Commiſſaire Général de la Cavalerie, Brigadier des Armées du Roi, depuis Meſtre de Camp Général de la Cavalerie, Lieutenant Général des Armées du Roi en 1734, Gouverneur de Betfort, Créé Maréchal de France le 17 Septembre 1747.

XLVIII.

FRANÇOIS DE SIMIANNE, Marquis d'Eſparron, Baron de Chalençon, Arnagon, &c. Seigneur de Truchenu, de Nonieres, de Glandage, &c. Chevalier des Ordres de S. Lazare & de S. Louis, Brigadier des Armées du Roi, Premier Gentilhomme de la Chambre de feu S. A. R. M. le Duc d'Orléans. Mort le 1 Décembre 1734.

XLIX.

JOSEPH-FRANÇOIS DE LA CROIX, Marquis de Castries, Maréchal de Camp, Gouverneur & Sénéchal de Montpellier, Chevalier d'Honneur de S. A. R. Madame la Duchesse d'Orléans. Mort le 24 Juin 1728.

L.

PIERRE-GASPARD, Marquis de Clermont Gallerande, &c. Baron de Brouassin, premier Ecuyer du Duc d'Orléans premier Prince du Sang, Brigadier des Armées du Roi, Bailly de Dole, depuis Lieutenant Général des Armées du Roi, Gouverneur du Neuf Brisac, & Commandant pour Sa Majesté en Aunis. Mort à la Rochelle le 27 Octobre 1756.

QUATRIEME PROMOTION
Du 1 Janvier 1725.

C.HEVALIER.

I.

MARIE-THOMAS-AUGUSTE GOYON, Chevalier-Marquis de Matignon, Baron de Briquebec, Comte de Gacé, &c. Brigadier des Armées du Roi, nommé Chevalier des Ordres le 3 Juin 1724.

CINQUIEME PROMOTION

Faite le 1 Janvier 1726.

CHEVALIER.

I.

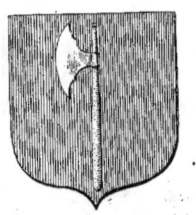

MICHEL TARLO DE TECZIN, ET OZEKAR-ZOWICE, Comte de Melszryn & de Zakliczin, Colonel des Gardes du Roi Stanislas de Pologne, fait Lieutenant Général des Armées du Roi dans cette même année. Mort à Blois le 24 Novembre 1727.

DE L'ORDRE DU S. ESPRIT. 343
SIXIEME PROMOTION
Faite dans la Chapelle Royale du Château de Versailles
le 2 Février 1728.
CHEVALIERS.
I.

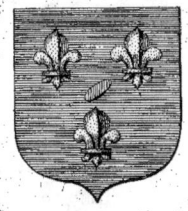

LOUIS-AUGUSTE DE BOURBON, Prince de Dombes, Colonel Général des Suisses, & Gouverneur de Languedoc en survivance du Duc du Maine son Pere, depuis Lieutenant Général des Armées du Roi. Mort la nuit du 30 Septembre au 1 Octobre 1755.

II.

LOUIS-CHARLES DE BOURBON, Comte d'Eu, Grand-Maître de l'Artillerie de France, en survivance du Duc du Maine son Pere.

III.

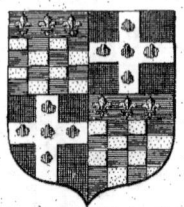

L OUIS DE ROUVROY, Duc de S. Simon, Pair de France, Grand d'Espagne de la premiere Classe, Gouverneur des Ville & Citadelle de Blaye, Grand Bailly & Gouverneur de Senlis, ci-devant Ambassadeur Extraordinaire en Espagne. Mort à Paris le 2 Mars 1755.

IV.

A NTOINE-GASTON-JEAN-BAPTISTE, DUC DE ROQUELAURE, Marquis de Biran, &c. Maréchal de France, Gouverneur des Ville & Citadelle de Lectoure. Mort le 6 Mai 1738.

V.

DE L'ORDRE DU S. ESPRIT. 345

V.

YVES D'ALÉGRE, Marquis d'Alégre & Baron de Tournel, Gouverneur de Metz & du Pays Meſſin, Commandant pour le Roi dans les trois Evêchés, Maréchal de France. Mort le 9 Mars 1733.

VI.

LOUIS, Comte, puis DUC DE GRAMONT, Seigneur de la Motte-Vouſon, Gouverneur des Ville & Château de Ham, Brigadier des Armées du Roi, depuis Lieutenant Général & Colonel du Régiment des Gardes Françoiſes, tué à la Bataille de Fontenoy le 11 Mai 1745.

Xx

SEPTIÉME PROMOTION
Faite dans la Chapelle Royale de Verfailles le 16 Mai 1728.
CHEVALIERS.
I.

JACQUES-HENRI DE LORRAINE, Prince de Lixin, Marquis de Craon & d'Ambleville, Grand-Maître de Lorraine, Meftre de Camp d'un Régiment de Cavalerie au Service du Roi. Tué devant Philisbourg le 2 Juin 1734.

II.

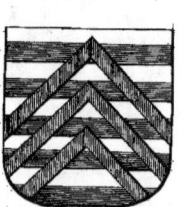

ALEXANDRE DE LA ROCHEFOUCAULT, Duc de la Rocheguyon, Pair de France, Grand-Maître de la Garde-Robe du Roi, Prince de Marcillac, Marquis de Liancourt & de Barbefieux, Baron de Verteüil, &c. Brigadier des Armées du Roi.

DE L'ORDRE DU S. ESPRIT. 347
III.

LOUIS-ANTOINE ARMAND, DUC DE GRA-
MONT, Pair de France, Lieutenant Général des
Armées du Roi, Colonel du Régiment des Gardes Françoifes, Gouverneur & Lieutenant Général pour Sa Majefté en fon Royaume de Navarre, & dans la Province de
Bearn, Gouverneur particulier des Ville, Châteaux, Citadelle de Bayonne & Pays adjacens, & de la Citadelle
de S. Jean Pied-de-Port. Mort à Paris le 16 Mai 1741.

IV.

FRANÇOIS-JOACHIM-BERNARD POTIER,
Duc de Gefvres, Pair de France, Seigneur de Gefvres
& de Fontenay-Mareïl, Chatelain de Gandelus, Seigneur
de S. Oüen près Paris & autres Terres, Premier Gentilhomme de la Chambre du Roi, Gouverneur de Paris.
Mort à Paris le 19 Septembre 1757.   X x ij

V.

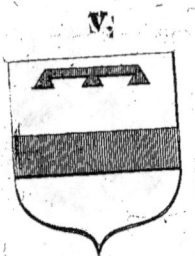

PAUL-FRANÇOIS DE BETHUNE; Duc de Charoſt, Pair de France, Maréchal de Camp, Capitaine des Gardes du Corps, depuis Lieutenant Général des Armées du Roi, & Chef du Conſeil Royal des Finances. Mort à Paris le 11 Février 1759.

VI.

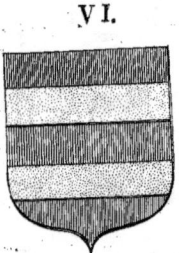

FRANÇOIS, DUC D'HARCOURT, Pair de France, Capitaine des Gardes du Corps du Roi, & ſon Lieutenant Général au Comte de Bourgogne. Mort à Saint Germain en Laye le 10 Juillet 1750.

DE L'ORDRE DU S. ESPRIT. 349

VII.

R ENÉ MANS, Sire de Froulay, Comte de Teffé, &c. Grand d'Efpagne, Lieutenant Général des Armées du Roi, Premier Ecuyer de la Reine. Mort au Mans le 22 Octobre 1746.

VIII.

L OUIS-ARMAND DE BRICHANTEAU, Marquis de Nangis, Lieutenant Général des Armées du Roi, Chevalier d'Honneur de la Reine. Mort le 8 Octobre 1742.

CATALOGUE DES CHEVALIERS
HUITIEME PROMOTION
Faite dans la Chapelle Royale de Verfailles le 1 Janvier 1729.

CHEVALIER.

I.

LOUIS - FRANÇOIS ARMAND DU PLESSIS, Duc de Richelieu, Pair de France, Gouverneur des Ville & Château de Cognac, Ambaſſadeur Extraordinaire auprès de l'Empereur, depuis Premier Gentilhomme de la Chambre du Roi & Maréchal de France, nommé Chevalier des Ordres de Sa Majeſté du 1 Janvier 1728, avec Permiſſion du 4 Avril ſuivant, d'en porter les marques.

NEUVIEME PROMOTION

Faite dans l'Eglise Cathédrale de Séville en Espagne le 25 Avril 1729.

CHEVALIERS.

I.

FERDINAND, Prince des Asturies, Fils de *Philippes* de France Duc d'Anjou, puis Roi d'Espagne, nommé Chevalier dès le 14 Décembre 1727. Mort le 10 Août 1759.

II.

CHARLES INFANT D'ESPAGNE, Duc de Parme & de Plaisance, depuis Roi des deux Siciles, aujourd'hui Roi d'Espagne. Nommé Chevalier des Ordres du Roi dès le 14 Décembre 1727.

III.

JOSEPH-MARIE TELLEZ-GIRON VII, Duc d'Offone, Grand d'Espagne, Camarero-Major de Sa Majesté Catholique, Lieutenant Général de ses Armées & son Ambassadeur en France, nommé dès le 22 Janvier 1722. Mort à Madrid le 18 Mars 1733.

IV.

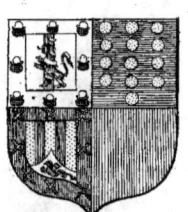

MANUEL-DOMINGUE DE BENAVIDES D'ARRAGON-LA-CUEVA-BIEDMA-D'AVILA-CORELLA dixiéme, Comte de S. Istevan, &c. Grand d'Espagne, Gentilhomme de la Chambre de Sa Majesté Catholique, son Premier Plenipotentiaire au Congrez de Cambray.

V.

V.

ALONSO-MANRIQUE DE SOLIS ET DE VIVERO, Duc de l'Arco, Grand d'Espagne, &c. Chevalier de la Toison d'Or, Grand & Premier Ecuyer du Roi d'Espagne, Premier Gentilhomme de sa Chambre. Mort le 27 Mars 1737.

VI.

ANTOINE-MICHEL-JOSEPH-NICOLAS-LOUIS-FRANÇOIS-GASPARD-BALTHAZARD-MELCHIOR-EMMANUEL-JEAN-BAPTISTE GIUDICE ET PAPACODA, troisiéme Duc de Jovenazzo, Prince de Cellamarre, Grand d'Espagne, Gentilhomme de la Chambre de Sa Majesté Catholique, Grand Ecuyer de la Reine d'Espagne, ci-devant Ambassadeur en France. Mort à Séville le 16 Mai 1733.

DIXIEME PROMOTION

Faite dans la Chapelle Royale de Verſailles le 2 Février 1731.

CHEVALIERS.

I.

CHARLES-EUGENE DE LÉVIS, Duc de Lévis, Pair de France, Comte de Charlus & de Saignes, Lieutenant Général des Armées du Roi, & au Gouvernement de Bourbonnois, Gouverneur des Ville & Citadelle de Mézieres, Commandant en Chef dans le Comté de Bourgogne. Mort le 9 Mai 1734.

II.

CHRISTIAN - LOUIS DE MONTMORENCY-LUXEMBOURG, Prince de Tingry, Souverain de Luxe, Comte de Beaumont, &c. Lieutenant Général des Armées du Roi, & au Gouvernement de Flandres, Gouverneur des Ville & Citadelle de Valencienne, depuis Maréchal de France. Mort à Paris le 23 Novembre 1746.

III.

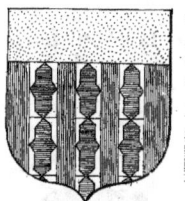

ALEXIS-MADELENE-ROSALIE DE CHASTIL-LON, dit *le Comte de Chaſtillon*, Baron d'Argenton, Grand Bailly de Haguenau, Maréchal des Camps & Armées du Roi, Meſtre de Camp Général de la Cavalerie Légère de France, depuis Duc & Pair, Lieutenant Général des Armées du Roi, & Gouverneur de Monſieur le Dauphin. Mort le 15 Février 1754.

IV.

HENRI CAMILLE, Marquis de Beringhen, de Châteauneuf & d'Uxelles, Comte du Pleſſis-Bertrand, Baron de Thenare & d'Orme, Seigneur d'Ivry, &c. Premier Ecuyer, Commandant la Petite Ecurie du Roi, Lieutenant Général au Gouvernement de Bourgogne, Gouverneur des Ville & Citadelle de Châlons-fur-Saone.

ONZIEME PROMOTION
Faite dans la Chapelle du Château de Versailles le 13 Mai 1731.
CHEVALIERS.

I.

JEAN-BAPTISTE DE DURFORT, Duc de Duras, en Agenois, Seigneur Comte de Rozan, Baron de Pujols & autres Terres, Commandant dans la Haute & Basse Guyenne, Lieutenant Général des Armées du Roi, nommé Chevalier le 1 Janvier dernier, créé Maréchal de France le 11 Février 1741.

II.

FRANÇOIS-MARIE DE BROGLIA, Comte de Broglio & de Revel, Baron de Ferrieres, Lieutenant Général des Armées du Roi, Gouverneur de Mont-Dauphin, Ambassadeur en Angleterre, depuis Duc de Broglie, Maréchal de France, Gouverneur des Ville & Citadelle de Strasbourg, nommé Chevalier le 1 Janvier 1731. Mort dans son Château de Broglie le 22 Mai 1745.

III.

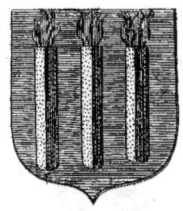

PHILIPPES-CHARLES DE LA FARE, Marquis de la Fare, Comte de Laugere, Maréchal de Camp, Chevalier de la Toison d'Or, Lieutenant Général de la Province de Languedoc, y Commandant en Chef, depuis Maréchal de France, & Chevalier d'Honneur de Madame la Dauphine. Mort le 29 Août 1752.

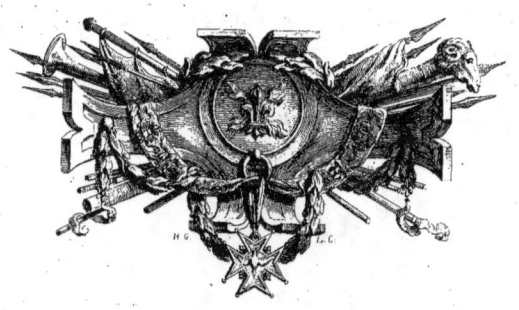

DOUZIEME PROMOTION

Faite dans la Chapelle du Château de Verſailles le 1 Janvier 1733.

CARDINAL.

I.

MELCHIOR DE POLIGNAC, Cardinal, Archevêque d'Auch, Primat d'Aquitaine, de la Novempopulanie & du Royaume de Navarre, Abbé & Comte de Corbie, Abbé d'Anchin, de Bonport, de Mouzon & de Begard, ci-devant Ambaſſadeur en Pologne, Plénipotentiaire au Congrès d'Utrecht, & Chargé des Affaires du Roi auprès du Pape ; nommé le 16 Mai 1728, admis le 1 Janvier 1729 Commandeur de l'Ordre, avec Lettre du Roi qui lui permet d'en porter les marques. Mort à Paris le 20 Novembre 1741.

DE L'ORDRE DU S. ESPRIT. 359
CHEVALIER.
I.

LOUIS-FRANÇOIS DE BOURBON, PRINCE DE CONTY, Duc de Mercœur, Pair de France.

TREIZIEME PROMOTION

Faite dans la Chapelle Royale du Château de Verſailles le 24 Mai 1733.

PRÉLATS.
I.

ARMAND-PIERRE DE LA CROIX DE CASTRIES, Archevêque d'Alby, Abbé de S. Chaffre & de Valmagne. Mort le 15 Avril 1747.

II.

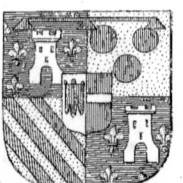

HENRI OSWALD DE LA TOUR D'AUVER-GNE, Archevêque de Vienne, Premier Aumônier du Roi, nommé Cardinal le 20 Décembre 1737. Mort à Paris le 23 Avril 1747.

QUATORZIEME PROMOTION

Faite dans la Chapelle Royale du Château de Versailles le 1 Janvier 1735.

CHEVALIER.

I.

CHARLES-LOUIS-AUGUSTE FOUQUET DE BELLE-ISLE, Comte de Gisors, &c. Lieutenant Général des Armées du Roi, depuis Prince du S. Empire, Chevalier de la Toison d'Or, Maréchal de France, & à présent Ministre de la Guerre.   QUINZIEME

QUINZIEME PROMOTION

Faite à Madrid en Espagne le 22 Mars 1736.

CHEVALIERS.

I.

PHILIPPE INFANT D'ESPAGNE, aujourd'hui Duc de Parme & de Plaisance, nommé Chevalier des Ordres du Roi dès le 29 Mai 1735.

II.

ALVARE-ANTOINE DE BAZAN-BENAVIDEZ, Marquis de Santa-Cruz, Grand d'Espagne, Chevalier de la Toison d'Or, Gentilhomme de la Chambre du Roi d'Espagne, nommé dès le 20 Mai 1725. Mort à Madrid le 24 Septembre 1737.

Zz

SEIZIEME PROMOTION

Faite dans la Chapelle Royale de Versailles le 20 Mai 1736.

CHEVALIER.

I.

JEAN-HERCULES DE ROSSET, Marquis de Rocozel, Baron de Perignan, &c. Gouverneur d'Aiguemortes, depuis Duc de Fleury, Pair de France, nommé Chevalier des Ordres du Roi le 13 Juin 1734, admis le 1 Janvier 1735, avec la permiſſion de porter les marques de l'Ordre. Mort en ſon Château de Fleury le 31 Décembre 1748.

DIX-SEPTIEME PROMOTION
Faite à Versailles le 2 Février 1737.
CHEVALIERS.
I.

FRANÇOIS-LOUIS DE NEUFVILLE, Duc de Villeroy, de Retz & de Beaupreau, Pair de France, Capitaine des Gardes du Corps du Roi, Brigadier de ses Armées, Gouverneur de la Ville de Lyon, du Lyonnois, Forez & Beaujolois, depuis Maréchal des Camps & Armées de Sa Majesté.

II.

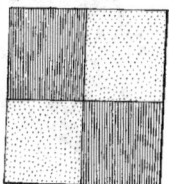

CHARLES-ARMAND-DOMINIQUE DE GONTAULT, Duc de Biron, Pair & Maréchal de France, Gouverneur de Landau. Mort à Paris le 23 Juillet 1756.

III.

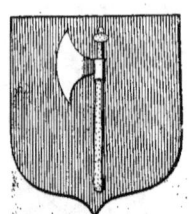

FRANÇOIS-MAXIMILIEN, COMTE DE TEC-ZIN, Duc Offolinski, Prince de l'Empire, Seigneur de Ciechanewictz, ci-devant Grand Tréforier de Pologne. Mort à la Malgrange, près Nancy le 1 Juillet 1756.

IV.

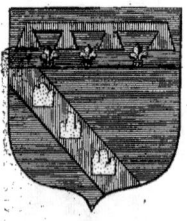

ANTOINE-FELIX, MARQUIS DE MONTI, Colonel-Lieutenant du Régiment Royal-Italien, Lieutenant Général des Armées du Roi, ci-devant fon Ambaffadeur Extraordinaire en Pologne. Mort à Paris le 12 Mars 1738.

DE L'ORDRE DU S. ESPRIT.

DIX-HUITIEME PROMOTION

Faite à Rome le 15 Septembre 1737.

CHEVALIER.

I.

JEROSME VAINI, Prince de Cantaloupe, Duc de Selci.

Dans la Nomination du 1 Janvier précedent, il est employé avant M. de Monti; mais sa Reception ne s'étant pas faite à Versailles, on la date du jour qu'il reçut à Rome le Collier de l'Ordre, des mains du Duc de S. Aignan, qui y étoit Ambassadeur.

DIX-NEUVIEME PROMOTION

Faite dans la Chapelle Royale de Verfailles le 17 Mai 1739.

CHEVALIERS.

I.

JACQUES DE CHASTENET DE PUISEGUR, Comte de Cheffy, Vicomte de Buzancy, Seigneur de Bernonville, & d'Yfonville, Maréchal de France, Gouverneur de Condé. Mort le 15 Août 1743.

II.

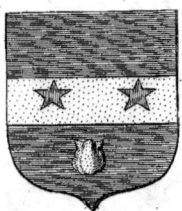

CLAUDE-THÉOPHILE DE BEZIADE, Marquis d'Avarey, Lieutenant Général des Armées du Roi, Gouverneur des Ville & Château de Peronne, Grand Bailly de Peronne, Montdidier & Roye, & Lieutenant Général de ces Villes. Mort à Paris le 6 Avril 1745.

III.

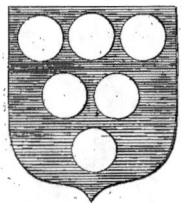

LOUIS DE REGNIER, Marquis de Guerchy, Vicomte de Fontenay-le-Marmion, Comte de Druy, Baron de la Guierche, Lieutenant Général des Armées du Roi, Gouverneur de Huningues. Mort en fon Château de Guerchy le 13 Février 1748.

IV.

ANTOINE DE LA FONT, Marquis de Savine, Lieutenant Général des Armées du Roi, Gouverneur des Ville & Citadelle d'Embrun, Directeur Général de la Cavalerie & des Dragons. Mort à Paris le 12 Avril 1748.

V.

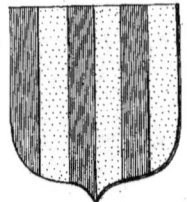

FRANÇOIS DE BRIQUEVILLE, Comte de la Luzerne, Seigneur & Patron de Monfreville, Lieutenant Général des Armées du Roi, Vice-Amiral du Ponent. Mort à Paris le 29 Septembre 1746.

VI.

LOUIS-DOMINIQUE DE CAMBIS, Marquis de Cambis-Velleron, Lieutenant Général des Armées du Roi, Gouverneur des Ville, Château & Viguerie de Sisteron, & des Terres de Villeneuve d'Avignon, Ambassadeur en Angleterre. Mort à Londres le 8 Février 1740.

VII.

VII.

JACQUES DE MONCEAUX D'AUXY, Marquis d'Auxy, Seigneur d'Hanvoile, Glatigny & Martincourt, ci-devant Colonel du Régiment Royal Comtois. Mort en son Château d'Hanvoile le 2 Mai 1745.

VINGTIEME PROMOTION

Faite dans la Chapelle Royale du Château de Versailles le 1 Janvier 1740.

CHEVALIER.

I.

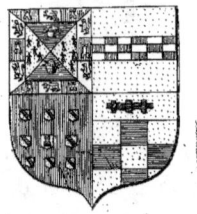

JACQUES-MANUEL-MICHEL-JOSEPH-JEAN-NICOLAS DE GUZMAN SPINOLA D'AVALOS PALAVICIN-SANTILLAN ET MEZIN, second Marquis de la Mina, cinquiéme Comte de Pezuels de Las-Torrez, Chevalier de la Toison d'Or, Lieutenant Général des Armées de Sa Majesté Catholique, & son Ambassadeur Extraordinaire & Plénipotentiaire auprès du Roi; nommé Chevalier des Ordres de Sa Majesté le 17 Mai de l'année précédente, admis le 9 Août suivant avec Permission d'en porter les marques, & reçu le 1 Janvier 1740.

VINGT-UNIEME PROMOTION

Faite dans la Chapelle Royale du Château de Verfailles le 2 Février 1740.

CHEVALIER.

I.

GABRIEL-JACQUES DE SALIGNAC DE LA MOTHE-FENELON, Marquis de Fenelon, Lieutenant Général des Armées du Roi, Confeiller d'État d'Épée, Gouverneur du Quefnoy, Ambaffadeur en Hollande, nommé Chevalier dès le 2 Février de l'année précédente, admis le 17 Mai fuivant, avec Lettre du Roi, portant Permiffion de porter les marques de l'Ordre, reçu ledit jour 2 Février 1740. Tué à la Bataille de Raucoux le 11 Octobre 1746.

CATALOGUE DES CHEVALIERS
VINGT-DEUXIEME PROMOTION

Faite dans la Chapelle Royale du Château de Versailles
le 5 Juin 1740.

CHEVALIER.

I.

LOUIS-PHILIPPE D'ORLEANS, Duc de Chartres, aujourd'hui Duc d'Orleans, Premier Prince du Sang, & en cette qualité Premier Pair de France, Chevalier de la Toison d'Or, Gouverneur du Dauphiné.

DE L'ORDRE DU S. ESPRIT. 373

VINGT-TROISIEME PROMOTION

Faite dans la Chapelle Royale du Château de Verſailles le 2 Février 1741.

CHEVALIER.

I.

GASTON-CHARLES-PIERRE DE LÉVIS DE LOMAGNE, Marquis de Mirepoix, Maréchal Héréditaire de la Foy, Comte de Terride, Vicomte de Gimois, &c. Maréchal des Camps & Armées du Roi, & ſon Ambaſſadeur Extraordinaire auprès de l'Empereur, depuis Maréchal de France & Capitaine des Gardes du Corps, admis à l'Ordre dès le 2 Février 1739, avec Permiſſion d'en porter les marques, reçu ledit jour 2 Février 1741. Mort à Montpellier le 25 Septembre 1757.

VINGT-QUATRIEME PROMOTION

Faite à Verſailles le 2 Février 1742.

CARDINAL ET PRÉLATS.

I.

FREDERIC-JEROSME DE ROYE DE LA ROCHEFOUCAULT, Archevêque de Bourges, Patriarche, Primat des Aquitaines, Coadjuteur & depuis Abbé de Clugny, Cardinal, & Grand Aumônier de France. Mort le 29 Avril 1757.

II.

GILBERT DE MONTMORIN DE S. HEREM, Evêque Duc de Langres, Pair de France.

CHEVALIER.

I.

LOUIS-JEAN-MARIE DE BOURBON, Duc de Penthièvre, Amiral & Grand Veneur de France, Gouverneur & Lieutenant Général de la Province de Bretagne.

376 CATALOGUE DES CHEVALIERS

VINGT-CINQUIEME PROMOTION

Faite à Fontainebleau le 13 *Mai* 1742.

PRELAT.
I.

JEAN-LOUIS DE BERTON DE CRILLON, Archevêque & Primat de Narbonne, Préfident né des États Généraux de la Province de Languedoc. Mort à Avignon le 5 Mars 1751.

CHEVALIER.
I.

LOUIS DAUPHIN, Fils unique du Roi, & préfomptif héritier de la Couronne.

VINGT-SIXIÉME

VINGT-SIXIEME PROMOTION

Faite dans la Chapelle du Château de Versailles le 1 Janvier 1743.

CARDINAL.

I.

PIERRE DE GUERIN DE TENCIN, Cardinal, Archevêque Comte de Lyon, Primat des Gaules, depuis Ministre d'État, nommé dès le 1 Janvier 1742, admis le 2 Février suivant, reçu ledit jour 1 Janvier 1743. Mort à Lyon le 2 Mars 1758.

VINGT-SEPTIEME PROMOTION

Faite à Versailles le 2 Juin 1743.

CHEVALIER.

I.

JEAN DE GASSION, Chevalier Marquis de Gassion & d'Alluye, Premier Baron Doyen du Perche - Gouet, Vicomte de Montboyer, Seigneur d'Audaux, &c. Lieutenant Général des Armées du Roi. Mort à Pau le 20 Mai 1746.

DE L'ORDRE DU S. ESPRIT. 379
VINGT-HUITIEME PROMOTION
Faite dans la Chapelle Royale de Versailles le 1 Janvier 1744.
CHEVALIERS.
I.

JEAN-PAUL-THIMOLÉON DE COSSÉ, Duc de Brissac, Pair & Grand Pannetier de France, Marquis de Toicarcé, Baron de Dencé, Maréchal de Camp, puis Lieutenant Général des Armées du Roi.

II.

CHARLES-FRANÇOIS DE MONTMORENCY-LUXEMBOURG, Duc de Luxembourg, de Piney & de Montmorency, Pair & Premier Baron Chrétien de France, Gouverneur & Lieutenant Général pour le Roi de la Province de Normandie, depuis Maréchal de France & Capitaine des Gardes du Corps de Sa Majesté.

Bbb ij

III.

JOSEPH-MARIE, DUC DE BOUFLERS, Pair de France, Gouverneur & Lieutenant Général pour le Roi des Provinces de Flandres & de Haynaut, Gouverneur particulier des Ville & Citadelle de Lille. Mort à Gennes le 2 Juillet 1747.

IV.

LOUIS-CHARLES, COMTE DE LA MOTHE-HOUDANCOURT, Grand d'Espagne de la Premiere Classe, Chevalier d'Honneur de la Reine, Lieutenant Général des Armées du Roi, depuis Maréchal de France. Mort le 3 Novembre 1755.

V.

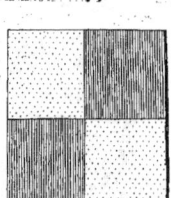

LOUIS-ANTOINE DE GONTAUT DE BIRON, Duc de Biron, Pair de France, Lieutenant Général des Armées du Roi, Gouverneur de Landrecies, Colonel-Lieutenant & Inspecteur du Régiment d'Infanterie de Sa Majesté, depuis Colonel du Régiment des Gardes Françoises & Maréchal de France.

VI.

DANIEL-FRANÇOIS, COMTE DE GELAS DE VOISINS D'AMBRES, appellé *le Comte de Lautrec*, Lieutenant Général des Armées du Roi, & de la Province de Guyenne, Inspecteur Général d'Infanterie, depuis Maréchal de France.

VII.

Jean-Antoine-François de Franquetot, Comte de Coigny, Lieutenant Général des Armées du Roi, Colonel Général des Dragons de France, Gouverneur & Bailly de Caen, Gouverneur du Château & Maison Royale de Choisy. Mort le 4 Mars 1748.

VINGT-NEUVIEME PROMOTION

Faite à Versailles le 6 Janvier 1745.

PRÉLAT.

I.

ARMAND DE ROHAN, Cardinal de Soubise, Evêque & Prince de Strasbourg, Grand Aumônier de France, & en cette qualité Commandeur de l'Ordre du Saint Esprit, en survivance du Cardinal de Rohan son Oncle. Mort à Saverne le 28 Juin 1756.

CATALOGUE DES CHEVALIERS
TRENTIEME PROMOTION
Faite dans la Chapelle du Château de Verſailles le 2 Février 1745.

CHEVALIERS.

I.

LOÜIS-MARIE D'AUMONT, Duc d'Aumont, Pair de France, Premier Gentilhomme de la Chambre du Roi, Maréchal de Camp, depuis Lieutenant Général des Armées de Sa Majeſté, Gouverneur du Boulonnois, de Boulogne & de Compiegne.

II.

GUY-MICHEL DE DURFORT DE LORGES, Duc de Randan, Maréchal de Camp, Lieutenant Général des Armées du Roi, & Commandant pour Sa Majeſté au Comté de Bourgogne.

III.

III.

CHARLES-LOUIS DE MONTSAULNIN, Comte de Montal, Lieutenant Général des Armées du Roi, Gouverneur de Guife. Mort le 22 Août 1758.

IV.

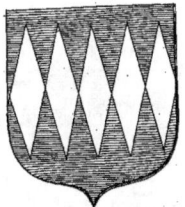

JEAN-CHARLES DE SENNECTAIRE ou SENNE-TERRE, Chevalier-Marquis de Senneclaire & Brinon, Baron de Didonne & de S. Germain-fur-Vienne, Seigneur de Brillac, de Brefillaz, de la Touche, &c. Lieutenant Général des Armées du Roi, ci-devant Ambaffadeur près du Roi de Sardaigne, depuis Maréchal de France.

V.

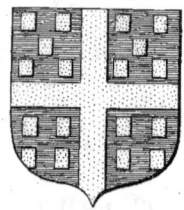

Henri-Louis de Choiseul, Marquis de Meuze, Gouverneur de Riblemont & de S. Malo, Lieutenant Général des Armées du Roi. Mort en 175.

VI.

Henri-Charles de Saulx, Comte de Tavannes, Marquis de Trichâteau, &c. Lieutenant Général pour le Roi en Bourgogne, & y Commandant en Chef, Maréchal de Camp, depuis Lieutenant Général des Armées de Sa Majesté.

DE L'ORDRE DU S. ESPRIT. 387

TRENTE-UNIEME PROMOTION

Faite dans la Chapelle Royale du Château de Versailles le 1 Janvier 1746.

CHEVALIER.

I.

LOUIS RIGGIO SALADINO-BRANCIFORTI-COLONNA, Prince de Campo Florido, &c. Grand d'Espagne de la Premiere Classe, Capitaine Général des Gardes de Sa Majesté Catholique, & son Ambassadeur Extraordinaire auprès du Roi. Mort en 1758.

CATALOGUE DES CHEVALIERS
TRENTE-DEUXIEME PROMOTION

Faite dans la Chapelle Royale du Château de Versailles
le 2 Février 1746.

PRELAT.
I.

LOUIS-JACQUES DE CHAPT DE RASTIGNAC, Archevêque de Tours. Mort en son Diocèse le 2 Août 1750.

CHEVALIERS.
I.

NICOLAS-JOSEPH-BALTHAZARD DE LANGLADE, Vicomte du Chayla, Baron de Montoroux & du Chambon, Lieutenant Général des Armées du Roi, Directeur Général de la Cavalerie. Mort le 16 Décembre 1754.

II.

WOLDEMAR, Comte de Lowendal & du S. Empire, Colonel d'un Régiment Allemand d'Infanterie de fon Nom, Lieutenant Général des Armées du Roi, créé Maréchal de France en 1747, après la Prife de Bergoopfom. Mort à Paris le 27 Mai 1755.

III.

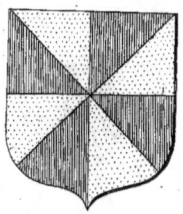

PIERRE DE BERENGER, Comte de Charmes & du Gua, Lieutenant Général des Armées du Roi. Mort à Chalais près Joigny le 23 Juillet 1751.

IV.

LOUIS-CÉSAR, COMTE D'ESTRÉES, Baron de Montmirail, Seigneur de Tourpes, Inspecteur Général de la Cavalerie, Lieutenant Général des Armées du Roi, depuis Maréchal de France & Ministre d'Etat.

V.

CLAUDE-ANNET D'APCHIER, appellé *le Comte d'Apcher*, Lieutenant Général des Armées du Roi, ci-devant Sous-Lieutenant des Gendarmes de la Garde de Sa Majesté. Mort le 12 Février 1753.

DE L'ORDRE DU S. ESPRIT.

TRENTE-TROISIEME PROMOTION

Faite dans la Chapelle du Château de Versailles le 1 Janvier 1747.

CHEVALIERS.

I.

CHARLES O-BRIEN, Mylord-Comte de Thomond, Lord-Vicomte de Clare, Pair du Royaume d'Irlande, &c. Lieutenant Général des Armées du Roi, depuis Maréchal de France. Admis dès le 2 Février 1746.

II.

JACQUES-FRANÇOIS MILANO-FRANCO ARRAGON, deuxiéme Prince d'Ardore & du S. Empire, Duc de S. Paul, septiéme Marquis de S. Georges & de Polistena, &c. Gentilhomme de la Chambre du Roi des Deux Siciles, & son Ambassadeur Extraordinaire auprès du Roi. Admis dès le 24 Avril 1746.

TRENTE-QUATRIEME PROMOTION

Faite dans la Chapelle du Château de Verſailles le 1 Janvier 1748.

PRÉLATS.

I.

CHRISTOPHE DE BEAUMONT DU REPAIRE, Archevêque de Paris, Duc de S. Cloud, Pair de France.

II.

NICOLAS DE SAULX-TAVANNES, ci-devant Evêque & Comte de Châlons, Pair de France, enſuite Archevêque de Rouen, Grand Aumônier de la Reine, & depuis Cardinal & Grand Aumônier de France. Mort le 10 Mars 1759.

III.

III.

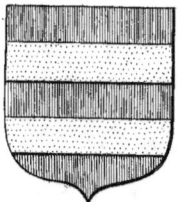

ABRAHAM-LOUIS DE HARCOURT, Chanoine & Ancien Doyen de l'Eglife de Paris, Abbé des Abbayes Royales de N. D. de Signy & de S. Taurin, Marquis de Beuvron. Mort le 27 Septembre 1750.

TRENTE-CINQUIEME PROMOTION
Faite dans la Chapelle du Château de Verfailles le 2 Février 1748.

CHEVALIERS.
I.

CHARLES-PHILIPPE D'ALBERT, Duc de Luynes, Pair de France, Comte de Tours & de Montfort-l'Amaury, Marquis de Dangeau, Baron de Saint-Hermine, &c. Mort à Dampierre le 2 Novembre 1758.

II.

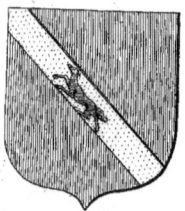

JEAN-HECTOR DE FAY, Marquis de la Tour-Maubourg, Lieutenant Général des Armées du Roi, Inspecteur Général d'Infanterie; depuis Maréchal de France.

III.

FRANÇOIS DE BULKELEY, appellé *le Comte de Bulkeley*, Lieutenant Général des Armées du Roi, Colonel d'un Régiment Irlandois Infanterie. Mort à Paris le 14 Janvier 1756.

IV.

HENRI-FRANÇOIS DE SEGUR, Comte de Ségur, Baron de Romainville, Seigneur de Ponchat & de Fouguerolles, Lieutenant Général des Armées du Roi, Gouverneur & Lieutenant Général du Pays de Foix, Lieutenant Général au Gouvernement de Champagne & Brie, Inspecteur Général de la Cavalerie & des Dragons, Commandant dans les trois Evêchés de Metz, Toul & Verdun. Mort à Paris le 19 Juin 1751.

V.

LOUIS-PHILOGENE BRUSLARD, Marquis de Sillery & de Puysieulx, Maréchal des Camps & Armées du Roi, Gouverneur d'Épernay, Conseiller d'État d'Epée, Ministre & Sécretaire d'État au département des Affaires étrangeres, ci-devant Ambassadeur auprès du Roi des Deux Siciles, & Plénipotentiaire aux Conférences de Bréda.

TRENTE-SIXIEME PROMOTION

Faite dans la Chapelle Royale du Château de Verfailles le 1 Janvier 1749.

CHEVALIER.

I.

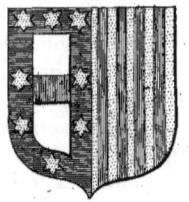

ALPHONSE - MARIE - LOUIS , COMTE DE S. SEVERIN D'ARRAGON, Miniftre Plénipotentiaire du Roi aux Conférences d'Aix-la-Chapelle, nommé Chevalier dès le 1 Janvier 1748, admis dans un Chapître Extraordinaire, tenu à Compiegne le 9 Août fuivant. Mort à Paris le 7 Mars 1757.

DE L'ORDRE DU S. ESPRIT. 397
TRENTE-SEPTIEME PROMOTION
Faite dans la Chapelle du Château de Versailles le 2 Février 1749.
CHEVALIERS.
I.

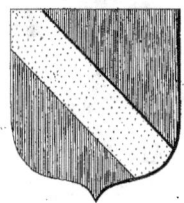

LOUIS DE NOAILLES, Duc d'Ayen, Marquis de Maintenon, Comte de Nogent & de Montfort, Baron de Mondart, de Chambris, de Brive, &c. Capitaine de la Premiere Compagnie des Gardes du Corps du Roi, Lieutenant Général des Armées de Sa Majesté, Gouverneur du Roussillon, Gouverneur & Capitaine des Chasses de S. Germain-en-Laye.

II.

LOUIS-ARMAND-FRANÇOIS DE LA ROCHEFOUCAULD, Duc d'Estissac, Baron de Villemort, S. Liebaud, Tuify, Chennagy-Diercy, S. Pere, &c. Premier Baron de Champagne, Gouverneur de Bapaume, depuis Grand-Maître de la Garde-Robe du Roi.

III.

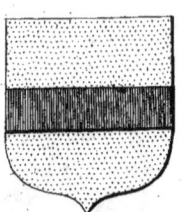

FRANÇOIS-MARIE DE VILLERS LA FAYE, Comte de Vaulgrenant, Seigneur du Port de Lesney, & autres Terres en Bourgogne, Ancien Colonel d'Infanterie, Ambassadeur auprès du Roi de Sardaigne en 1731, & deux fois Ambassadeur Extraordinaire & Plénipotentiaire du Roi auprès de Sa Majesté Catholique.

DE L'ORDRE DU S. ESPRIT. 399
TRENTE-HUITIEME PROMOTION

Faite dans la Chapelle du Château de Verſailles le 25 Mai 1749.

CHEVALIERS.

I.

LOUIS-CÉZAR DE LA BAUME-LE-BLANC, Duc de Lavalliere, Pair & Grand Fauconnier de France, Gouverneur, Lieutenant Général pour le Roi, & Grand Sénéchal de la Province de Bourbonnois, depuis Capitaine des Chaſſes de la Varenne-du-Louvre.

II.

CHARLES-FRANÇOIS, MARQUIS DE SASSENAGE, ſecond Baron de Dauphiné, ci-devant Menin de Monſieur le Dauphin, depuis Chevalier d'Honneur de Madame la Dauphine.

III.

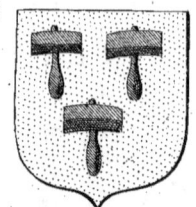

LOUIS, COMTE DE MAILLY, Lieutenant Général des Armées du Roi, Premier Ecuyer de Madame la Dauphine, ci-devant Capitaine Lieutenant de la Compagnie d'Hommes d'Armes des Ordonnances fous le Titre des Ecoſſois.

IV.

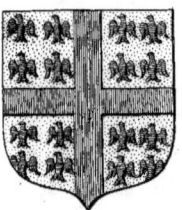

ANNE-LÉON, BARON DE MONTMORENCY, Chef des Noms & Armes de ſa Maiſon, Premier Baron Chrétien en France, Lieutenant Général des Armées du Roi, ci-devant Capitaine Lieutenant de la Compagnie d'Hommes d'Armes des Ordonnances fous le Titre de la Reine, & Menin de Monſieur le Dauphin, depuis Chevalier d'Honneur de Madame Adelaïde.

V.

V.

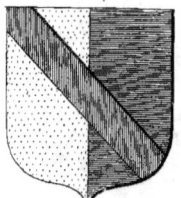

LOUIS DE TALARU, Marquis de Chalmazel, Comte de Chamarande, Seigneur de S. Marcel en Forez, de Chauſſaing & autres Terres en Bourbonnois & en Auvergne, Brigadier des Armées du Roi, Gouverneur de Sarrebourg & de Phalſbourg, Premier Maître d'Hôtel de la Reine.

VI.

FRANÇOIS-LOUIS LE TELLIER, Comte de Rebenac, Marquis de Souvré & de Louvois, Maître de la Garde-Robe du Roi, Lieutenant Général des Armées de Sa Majeſté, & au Gouvernement de Navarre & Bearn.

CATALOGUE DES CHEVALIERS

TRENTE-NEUVIEME PROMOTION

Faite dans la Chapelle du Château de Verſailles le 17 Mai 1750.

CHEVALIER.

I.

Louis-François Joseph de Bourbon-Conty, Comte de la Marche.

QUARANTIEME PROMOTION

Faite dans la Chapelle du Château de Verſailles le 2 Février 1751.

CHEVALIER.

I.

Michel-Ferdinand d'Albert d'Ally, Duc de Chaulnes, Pair de France, Grand Bailly & Gouverneur d'Amiens, Lieutenant Général des Armées du Roi, Capitaine-Lieutenant des Chevaux-Légers de la Garde, depuis Gouverneur de Picardie.

DE L'ORDRE DU S. ESPRIT. 403
QUARANTE-UNIEME PROMOTION
Faite dans la Chapelle du Château de Versailles le 2 Février 1752.
CHEVALIER.
I.

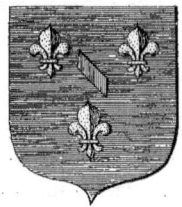

L OUIS-JOSEPH DE BOURBON, Prince de Condé.

QUARANTE-DEUXIEME PROMOTION
Faite dans la Chapelle du Château de Versailles le 21 Mai 1752.
CHEVALIERS.
I.

L OUIS-CHARLES DE LORRAINE, Comte de Brionne & de Charny, Grand Ecuyer de France.

Eee ij

II.

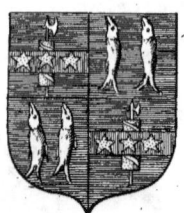

LOUIS-JULES BARBON MAZARINI-MANCINI, Duc de Nivernois & de Donziois, Pair de France, Grand d'Espagne de la Premiere Classe, Ambassadeur Extraordinaire auprès du S. Siége, admis dans un Chapitre tenu extraordinairement le 25 Avril 1751.

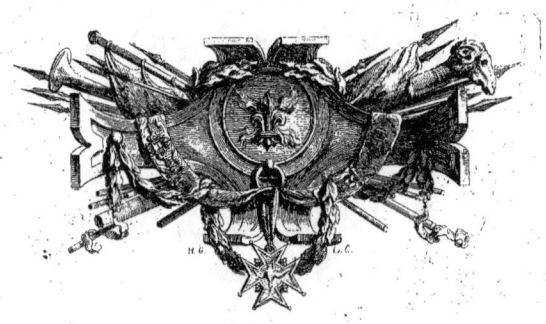

DE L'ORDRE DU S. ESPRIT.

QUARANTE-TROISIEME PROMOTION

Faite dans la Chapelle Royale du Château de Versailles le 1 Janvier 1753.

CHEVALIER

I.

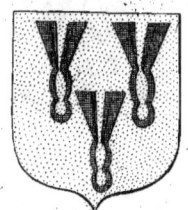

EMMANUEL D'HAUTEFORT, Marquis d'Hautefort & de Sarcelles, Comte de Montignac, &c. Maréchal des Camps & Armées du Roi, & Ambassadeur Extraordinaire de Sa Majesté auprès de l'Empereur, & de l'Impératrice Reine de Hongrie. Admis dès le 2 Février 1751.

QUARANTE-QUATRIEME PROMOTION

Faite dans la Chapelle du Château de Versailles le 2 Février 1753.

CHEVALIERS.

I.

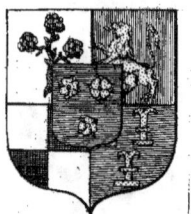

ANDRÉ-HERCULES DE ROSSET, Duc de Fleury, Pair de France, Premier Gentilhomme de la Chambre du Roi, & Lieutenant Général des Armées de Sa Majesté.

II.

BUFILE-HYACINTHE-TOUSSAINT DE BRANCAS, des Comtes de Forcalquier, Comte de Cereste, Conseiller d'État d'Épée, ci-devant Ambassadeur en Suede, & Ministre Plénipotentiaire au Congrès de Soissons. Mort à Paris le 25 Avril 1754.

DE L'ORDRE DU S. ESPRIT.

III.

PAUL-GALLUCIO DE L'HOPITAL, Marquis de Châteauneuf-fur-Cher, Lieütenant Général des Armées du Roi, Infpecteur Général de la Cavalerie & des Dragons, Premier Ecuyer de Madame Adelaide de France, ci-devant Ambaffadeur Extraordinaire de Sa Majefté auprès du Roi des Deux Siciles, Chevalier de l'Ordre de S. Janvier, & depuis Ambaffadeur Extraordinaire auprès de l'Impératrice de Ruffie.

IV.

ANTOINE-PAUL-JACQUES DE QUELEN, Prince de Carency, Comte de la Vauguyon, Lieutenant Général des Armées du Roi, Gouverneur pour Sa Majefté des Ville & Château de Cognac, Menin de Monfieur le Dauphin, puis Duc de la Vauguyon & Gouverneur de Monfieur le Duc de Bourgogne.

V.

LOUIS DE CONFLAN, Marquis d'Armentieres, Seigneur de Puiseux, Fouilleuse, &c. Lieutenant Général des Armées du Roi.

VI.

PIERRE-EMMANUEL DE CRUSSOL, Marquis de Cruſſol, de Senneterre & de Choiſinet, Maréchal des Camps & Armées du Roi, Miniſtre Plénipotentiaire de Sa Majeſté auprès de l'Infant Duc de Parme. Mort le 5 Janvier 1758.

QUARANTE-CINQUIEME

QUARANTE-CINQUIEME PROMOTION

Faite dans la Chapelle Royale du Château de Verſailles
le 10 Juin 1753.

PRÉLATS.

I.

CHARLES-ANTOINE DE LA ROCHE-AIMONT, Archevêque, Primat de Narbonne.

II.

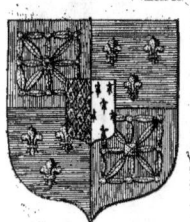

LOUIS-CONSTANTIN DE ROHAN, appellé *le Prince Conſtantin*, Premier Aumônier du Roi, Grand Prévôt & Chanoine Capitulaire de Straſbourg, depuis Evêque dudit Straſbourg.

III.

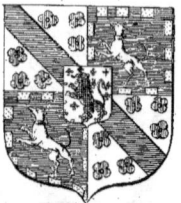

FRANÇOIS-CLAUDE DE BEAUFORT-MONT-BOISSIER-CANILLAC, Abbé Commendataire des Abbayes de Montmajour, de Cercamp & de Fecam, Conseiller du Roi en ses Conseils, Auditeur de Rote à Rome.

QUARANTE-SIXIEME PROMOTION

Faite dans la Chapelle du Château de Versailles le 2 Février 1756.

CHEVALIERS.

I.

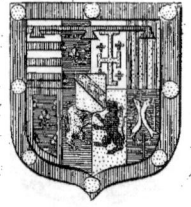

CAMILLE-LOUIS DE LORRAINE, appellé *le Prince Camille*, Sire de Pons en Xaintonge, Prince de Mortagne, Marquis de Mirambeau, Seigneur Marquis de Puyguilhen, Comte de Pontgibault, Baron de Saint-Barthelemy, &c. Maréchal de Camp, depuis Lieutenant Général des Armées du Roi.

II.

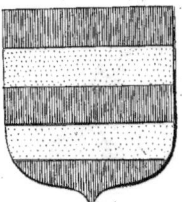

ANNE-PIERRE, DUC D'HARCOURT, Pair de France, Comte de l'Illebonne, Garde de l'Oriflame, Lieutenant Général des Armées du Roi, Gouverneur des Ville, Château & Souveraineté de Sedan, & Pays en dépendans, Lieutenant Général de la Province de Normandie, Gouverneur du Vieil Palais de Rouen.

III.

CHARLES DE FITZJAMES, Duc de Fitzjames-Warti, Pair de France, Gouverneur & Lieutenant Général pour le Roi de la Province du Haut & Bas Limosin, Mestre de Camp d'un Régiment Irlandois de son Nom, Lieutenant Général des Armées de Sa Majesté.

Fff ij

IV.

EMMANUEL-ARMAND DE VIGNEROT-DU PLESSIS-RICHELIEU, Duc d'Aiguillon, Pair de France, Noble Génois, Maréchal des Camps & Armées du Roi, Gouverneur de la Fére, Lieutenant Général de la Province de Bretagne au Département du Comté Nantois, depuis Lieutenant Général des Armées du Roi, & Commandant dans ladite Province.

DE L'ORDRE DU S. ESPRIT.   413
QUARANTE-SEPTIEME PROMOTION
Faite dans la Chapelle du Château de Versailles le 6 Juin 1756.
CHEVALIERS.
I.

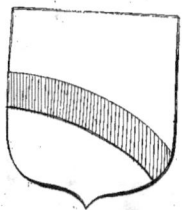

JACQUES-ANTOINE, COMTE DE S. VITAL ET DE FONTANELLATO, Marquis de Belleforté, &c. Chevalier d'Honneur de Madame Infante Duchesse de Parme.

II.

JOSEPH-ALEXANDRE, des Ducs de Pruss Jablonouski, Prince de l'Empire, Comte de Zawaloff, Libre Baron de Podhorée & de Vichotz, Palatin Général de Nowogrod, Sénateur du Royaume de Pologne, Grand Sénéchal du Duché de Lithuanie, Gouverneur de Busk, &c. Mestre de Camp d'un Régiment Polonois.

CATALOGUE DES CHEVALIERS

QUARANTE-HUITIEME PROMOTION

Faite dans la Chapelle Royale du Château de Versailles le 1 Janvier 1757.

CHEVALIER.

I.

FRANÇOIS, des Comtes de Baschi, Comte de Baschi-Saint-Estève, ci-devant Ministre Plénipotentiaire du Roi auprès de l'Electeur de Baviere, puis Ambassadeur de Sa Majesté près du Roi de Portugal, & Conseiller d'État d'Épée, nommé Chevalier des Ordres du Roi le 1 Janvier 1756, admis le 2 Février suivant avec Permission d'en porter les marques, & reçu ledit jour 1 Janvier 1757.

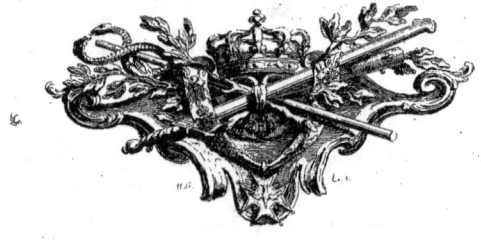

DE L'ORDRE DU S. ESPRIT. 415
QUARANTE-NEUVIEME PROMOTION
Faite dans la Chapelle du Château de Verſailles le 2 Février 1757.
CHEVALIERS.
I.

CHARLES-JUST DE BEAUVAU-CRAON, Prince du S. Empire, Grand d'Eſpagne de la Premiere Claſſe, Marquis d'Harouel, Baron d'Autrey, &c. Grand Bailly & Gouverneur des Ville & Château de Bar-le-Duc, Maréchal des Camps & Armées du Roi, depuis Capitaine des Gardes du Corps de Sa Majeſté.

II.

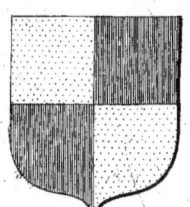

CHARLES-ANTOINE DE GONTAULT-BIRON, appellé *le Marquis de Gontault*, puis Duc, Lieutenant Général des Armées du Roi, Gouverneur de Landau.

III.

JEAN-MARIE DESMARETS, appellé *le Comte de Maillebois*, Maître de la Garde-Robe du Roi, Lieutenant Général des Armées de Sa Majesté, & de la Province de Languedoc, Inspecteur Général d'Infanterie, & Gouverneur des Ville & Citadelle de Douay.

IV.

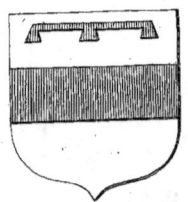

ARMAND, MARQUIS DE BETHUNE ET DE CHABRIS, Maréchal des Camps & Armées du Roi, Meftre de Camp Général de la Cavalerie Légere de France, depuis Colonel Général de la même Cavalerie.

V.

V.

JOSEPH - HENRI D'ESPARBÈS DE LUSSAN-BOUCHARD, Marquis d'Aubeterre, Baron de S. Quentin, Seigneur de S. Martin de la Coudre, Ligneul, &c. Maréchal des Camps & Armées du Roi, Ambaſſadeur Extraordinaire de Sa Majeſté à la Cour de Madrid, & ci-devant Miniſtre Plénipotentiaire à la Cour de Vienne.

VI.

CHARLES DE BROGLIE, appellé *le Comte de Broglie*, Premier Colonel attaché aux Grenadiers de France, Maréchal des Camps & Armées du Roi, Ambaſſadeur Extraordinaire de Sa Majeſté près du Roi & de la République de Pologne.

CINQUANTIEME PROMOTION

Faite dans la Chapelle Royale du Château de Versailles le 29 Mai 1757.

CHEVALIER.

I.

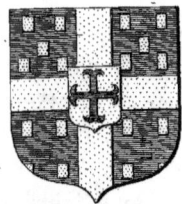

ETIENNE-FRANÇOIS DE CHOISEUL, appellé *le Comte de Stainville*, puis Duc de Choiseul, Pair de France, Maréchal des Camps & Armées du Roi, Ambassadeur Extraordinaire de Sa Majesté à Rome, ensuite auprès de leurs Majestés Impériales, Gouverneur de Mirecourt, Ministre & Secrétaire d'État ayant le Département des Affaires Étrangeres. Nommé Chevalier dès le 1 Janvier 1756, admis le 2 Février suivant, avec Permission d'en porter les marques, & reçu ledit jour 29 Mai 1757.

CINQUANTE-UNIEME PROMOTION

Faite dans la Chapelle Royale du Château de Versailles le 14 Mai 1758.

PRELAT.

I.

FRANÇOIS-JOACHIM DE PIERRE DE BERNIS, Chanoine, Comte de Lyon, Abbé Commandataire de S. Médard de Soiſſons, & de Trois-Fontaines, Prieur de la Charité-ſur-Loire, ci-devant Ambaſſadeur du Roi à Veniſe, Miniſtre & Sécretaire d'État des Affaires Étrangeres, puis Cardinal.

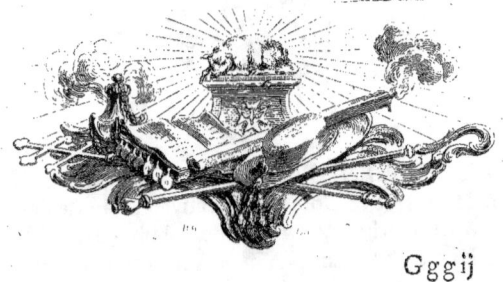

CINQUANTE-DEUXIEME PROMOTION
Faite dans la Chapelle du Château de Versailles le 1 Janvier 1759.

CARDINAL.
I.

PAUL D'ALBERT DE LUYNES, Cardinal, Archevêque de Sens, Primat des Gaules & de Germanie, Premier Aumônier de Madame la Dauphine, Abbé Commandataire des Abbayes de Cerify, du Mont-Saint-Martin & de Corbie.

CINQUANTE-TROISIEME PROMOTION
Faite dans la Chapelle du Château de Versailles le 2 Février 1759.

CARDINAL.
I.

ETIENNE-RENÉ POTIER DE GESVRES, Cardinal, Evêque & Comte de Beauvais, Pair de France, Vidame de Gerberoy, Abbé de l'Abbaye Royale de Notre-Dame d'Ourcamp & de S. Vincent de Laon.

DE L'ORDRE DU S. ESPRIT.

CHEVALIERS.

I.

MARIE-CHARLES-LOUIS D'ALBERT, Duc de Luynes & de Chevreuse, Pair de France, Prince de Neufchâtel, de Valengin en Suisse & d'Orange, Marquis de Saissac, &c. Comte de Tours, Dunois-Noyers, &c. Vicomte de Tours & de Châteaudun, Baron de Dampierre, Houdan, &c. Lieutenant Général des Armées du Roi, Colonel Général des Dragons, Gouverneur & Lieutenant Général pour le Roi de la Ville, Prévôté & Vicomté de Paris.

II.

LOUIS-GEORGES-ERASME DE CONTADES, appellé *le Marquis de Contades*, Maréchal de France, Général de l'Armée du Roi sur le Bas-Rhin, Gouverneur de Beaufort en Vallée en Anjou, & du Fort-Louis du Rhin.

III.

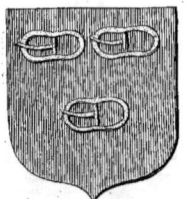

LOUIS - ROBERT MALLET DE GRAVILLE, appellé *le Comte de Graville*, Comte de Chamilly, Seigneur de S. Berin, Baron de Nantoux, de Beaumefnil, &c. Lieutenant Général des Armées du Roi, Infpecteur Général de la Cavalerie & des Dragons, ci-devant Commandant en Chef dans la Province de Rouffillon, Conflans & Cerdagne.

IV.

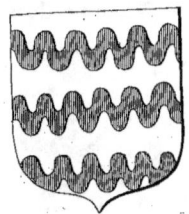

FRANÇOIS-CHARLES DE ROCHECHOUART, appellé *Comte de Rochechouart*, Marquis de Faudoas, Baron d'Aureville, Vicomte de Soulan, &c. Baron des Etats de Languedoc, Lieutenant Général des Armées du Roi, Gouverneur & Lieutenant Général pour Sa Majefté de l'Orléannois, Gouverneur particulier de la Ville & Château d'Amboife, Miniftre Plénipotentiaire de France à Parme.

V.

CLAUDE-LOUIS-FRANÇOIS REGNIER, Comte de Guerchy, Marquis de Nangis, Châtelain de Bretteville, Seigneur de Bazanne, Fresnay, &c. Lieutenant Général des Armées du Roi, Colonel-Lieutenant du Régiment d'Infanterie de Sa Majesté, Gouverneur des Ville & Château d'Huningue.

VI.

EMMANUEL DE CROY, né Prince du S. Empire & de Solre-le-Château, Baron de Condé, de Beaufort & de Maldeghem, &c. Maréchal des Camps & Armées du Roi, Commandant pour Sa Majesté en Artois, Picardie, Calaisis & Boulonois.

VII.

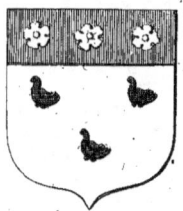

HYACINTHE CAJETAN DE LANNION, appellé *Comte de Lannion*, Baron de Malétroit, Pair de Bretagne, Préſident né des États de ladite Province, Marquis d'Eſpinay & de Crevecœur, Comte de Mannevillete, Vicomte de Rennes, &c. Maréchal des Camps & Armées du Roi, Gouverneur & Lieutenant Général pour Sa Majeſté de l'Iſle Minorque, Gouverneur des Villes de Vannes & d'Auray, Commandant le Ban & l'Arriere-Ban dans l'Evêché de Vannes.

COMMANDEUR

COMMANDEUR
ET
CHEVALIERS

Qui ont été nommés & admis pendant le présent Regne jusques & compris la présente Année 1759, & qui n'ont pas encore été reçus, mais à qui SA MAJESTÉ a permis de porter les marques & de jouir des Honneurs de l'Ordre en attendant leur Réception.

Année 1724.
CARDINAL.
I.

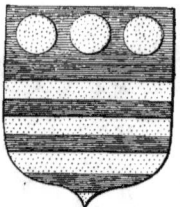

PHILIPPE-ANTOINE GUALTERIO, Cardinal Prêtre, Evêque de Todi, Abbé de S. Victor lès-Paris, & de S. Remy de Reims. Mort à Rome le 20 Avril 1728.

CHEVALIERS.
I.

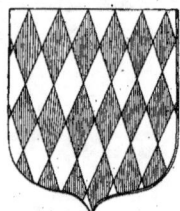

ANTOINE GRIMALDI, Prince de Monaco, Duc de Valentinois, Pair de France. Mort à Monaco le 20 Février 1731.

II.

CHARLES - AUGUSTE GOYON DE MATIGNON, Maréchal de France, Gouverneur du Pays d'Aunis & de la Rochelle. Mort en 1729. *Attendu son grand âge le Roi nomma à sa place le Marquis de Matignon son Fils, qui fut reçu le 1 Janvier 1725.*

III.

LE COMTE D'ALTAMIRA.

IV.

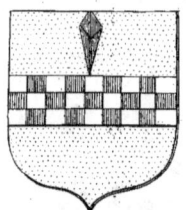

FRANÇOIS-MARIE SPINOLA, Duc de S. Pierre, Grand d'Espagne, Prince de Molfete, Marquis de Noé, Comte de Sotillo, Baron de Borgona, Gentilhomme de la Chambre de Sa Majesté Catholique, Capitaine Général de ses Armées, Gouverneur & Capitaine Général du Royaume de Valence. Mort à Madrid le 15 Mai 1727.

Année 1725.

V.

STANISLAS LECZINSKI, Roi de Pologne, Grand Duc de Lithuanie, Duc de Lorraine & de Bar.

Année 1731.

VI.

CONRARD ALEXANDRE, Comte de Rottembourg, Seigneur de Moiffevaux, de Rougemont, &c. Brigadier des Armées du Roi, Ambaffadeur Extraordinaire de Sa Majefté auprès du Roi d'Efpagne, & ci-devant Ambaffadeur Extraordinaire & Plénipotentiaire au Congrès de Cambray & auprès du Roi de Pruffe.

Année 1745.

VII.

FRANÇOIS-MARIE D'EST, Duc de Modene.

Année 1746.
VIII.

CHRISTOPHE PORTOCARRERO, cinquiéme Comte de Montijo, Grand d'Espagne, Maréchal de Castille, Gentilhomme de la Chambre de Sa Majesté Catholique, Président du Conseil Royal & Suprême des Indes, Chevalier de la Toison d'Or, Ambassadeur Extraordinaire & Plénipotentiaire du Roi d'Espagne en Angleterre, à la Diette pour l'Election de l'Empereur Charles VII, & auprès du Roi.

IX.

ANNIBAL DEODAT, Marquis Scotti, de Castelbosco & de Campremodo, Comte de S. Georges & de Mizeno, &c. Grand d'Espagne, Chevalier de la Toison d'Or, Majordome Major de la Reine d'Espagne, Gouverneur & Majordome de l'Infant Don Louis.

DE L'ORDRE DU S. ESPRIT. 431
Année 1748.

X

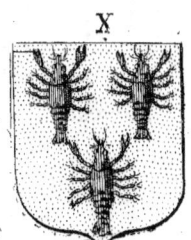

ANNE-LOUIS DE THIARD, Marquis de Biſſy, Lieutenant Général des Armées du Roi, Meſtre de Camp Général de la Cavalerie, nommé Chevalier des Ordres du Roi dans un Chapitre Extraordinaire tenu par Sa Majeſté à Choiſy le 4 Mai 1748. *La Lettre du Roi n'eut pas lieu, étant mort le 3 de ſes bleſſures au Siége de Maſtreckt : il a été expedié le 17 Mai 1750 un Brevet en faveur de ſa Famille qui lui permet de joindre les Honneurs de l'Ordre à ſes Armoiries.*

Année 1749.

XI.

MARC-ANTOINE FRONT-DE BEAUPOIL-DE S. AULAIRE, Marquis de Lanmary, Baron de Milly, Seigneur d'Angerville, la Riviere, Rouvres, &c.

Lieutenant Général des Armées du Roi, Ambaſſadeur Extraordinaire de Sa Majeſté à la Cour de Suede, nommé le 1 Janvier 1749. *Etant mort à Stockolm avant le raport de ſes Preuves, il a été expédié le 25 Mai ſuivant un Brevet qui permet à ſes Héritiers de joindre les Honneurs de l'Ordre à ſes Armoiries.*

XII.

FERDINAND DE SILVA ALVARÈS DE TO-LEDE-BEAUMONT-HURTADO, DE MENDOSA-HARO, &c. Duc d'Hueſcar, Comte de Galve de Lerin, Connêtable & Grand Chancelier du Roi de Novarre, Marquis d'Huliche, &c. Grand d'Eſpagne, Premier Gentilhomme de la Chambre de Sa Majeſté Catholique, Lieutenant Général de ſes Armées, Capitaine de la Premiere Compagnie de ſes Gardes du Corps, Chevalier de la Toiſon d'Or & de Calatrava, ci-devant Ambaſſadeur Extraordinaire & Plénipotentiaire de ſadite Majeſté auprès du Roi.

XIII.

DE L'ORDRE DU S. ESPRIT. 433

XIII.

STANISLAS PRUSSE JABLONOUSKI, Prince Année 1750.
de l'Empire, Palatin & Général de Rava, Duc
d'Oſtrog, &c. Colonel des Armées de la Couronne,
Gouverneur des Forts des Frontieres de Pologne.

XIV.

LOUIS-EUGENE, Prince de Virtemberg & de Teck, Année 1756.
Comte de Montbelliard & de Heideneim, Seigneur
de Juſtinguen, Lieutenant Général des Armées de Sa
Majeſté, Meſtre de Camp d'un Regiment de Cavalerie.

XV.

PIERRE - PAUL D'OSSUN, Marquis d'Oſſun, Année 1757.
Baron de S. Luc, Seigneur de Heſches, Bartres,

* I ii

434 CATALOGUE DES CHEVALIERS

Montesquieu, &c. Brigadier des Armées du Roi, Capitaine Lieutenant de la Compagnie d'Hommes d'Armes des Ordonnances, sous le Titre de Chevaux-Légers de la Reine, Ambassadeur Extraordinaire auprès du Roi des Deux Siciles, aujourd'hui Roi d'Espagne, auprès de qui il continue d'être en la même qualité.

XVI.

Année 1759. VICTOR-FRANÇOIS DE BROGLIE, Duc de Broglie, Lieutenant Général des Armées du Roi, Inspecteur Général de l'Infanterie, Gouverneur de Bethune, créé Maréchal de France le 16 Décembre 1759.

XVII.

Année 1760. CÉSAR-GABRIEL DE CHOISEUL, appellé Comte de Choiseul, Seigneur de Chaffy, Giry, Toiffy, &c. Lieutenant Général des Armées du Roi & de la Province de Dauphiné, & Ambassadeur de Sa Majesté près l'Empereur & l'Impératrice des Romains, nommé Chevalier des Ordres du Roi le 1 Janvier 1760 & admis le 2 Février suivant.

OFFICIERS
DE L'ORDRE
DU SAINT ESPRIT.

LORS DE L'INSTITUTION DE L'ORDRE du S. Esprit, on choisit pour Officiers ceux qui l'étoient déja dans l'Ordre de S. Michel; & depuis les Officiers de ces deux Ordres ont été toujours les mêmes.

CHANCELIERS
ET
GARDES DES SCEAUX,
COMMANDEURS DES ORDRES DU ROI.

I.

PHILIPPES HURAUT, Comte de Cheverny, Garde des Sceaux de France, Chancelier de l'Ordre de S. Michel, fut le premier pourvû de la Charge de Chancelier-Garde des Sceaux & Sur-Intendant des Deniers des Ordres du Roi en 1578, il fut fait Chancelier de France en 1583, & mourut le 30 Juillet 1599.

II.

CHARLES DE BOURBON, Archevêque de Rouen, Abbé de Marmouſtier, *Fils naturel d'Antoine Roi de Navarre*, fut fait Chancelier des Ordres du Roi, à la mort du Chancelier de Cheverny en 1599; il s'en démit en 1606 à cauſe de ſon indiſpoſition, fut nommé l'un des quatre Prélats Commandeurs de l'Ordre du S. Eſprit, & mourut en 1610.

III.

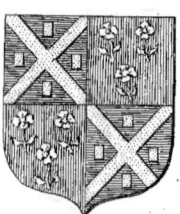

GUILLAUME DE L'AUBESPINE, Baron de Châteauneuf-ſur-Cher, Seigneur de Beauvais & de Roſſoy, Conſeiller d'État, Chancelier de Louiſe de Lorraine, Reine de France, fut fait Chancelier des Ordres en 1606, & mourut en 1629.

IV.

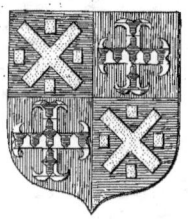

CHARLES DE L'AUBESPINE, Abbé de Preaux, Conseiller d'État, fut pourvû de la Charge de Chancelier des Ordres sur la démission de *Guillaume* de l'Aubespine son Pere en 1611, & attendu qu'il devoit partir pour aller en Ambassade auprès des Archiducs, le Pere devoit en faire les fonctions, & jouir des Gages & Honneurs pendant cinq ans, & la Charge lui demeurer, si son Fils venoit à déceder pendant ce temps; il fut depuis Garde des Sceaux de France, & c'est pendant son exil en 1633, que l'on défunit la Charge de Garde des Sceaux des Ordres, de celle de Chancelier; la réunion des deux Charges fut faite en 1645, & en ayant donné sa démission, il fut nommé pour remplir l'une des Places de Prélat-Commandeur, & mourut en 1653.

V.

CLAUDE DE BULLION, Seigneur de Bonnelles, d'Esclimont, &c. Marquis de Galardon, Conseiller d'État, Sur-Intendant des Finances, Président à Mortier au Parlement de Paris, fut fait Garde des Sceaux & Sur-Intendant des Ordres du Roi, pour être réuni en sa faveur à la Charge de Chancelier, en cas qu'elle vint à vacquer; il en donna sa démission en 1636, & mourut le 22 Décembre 1640.

VI.

NICOLAS LE JAY, Baron de Tilly, de la Maison-Rouge & de S. Fargeau, Seigneur de Villiers-lès-Salles, Saint-Y, Bretigny-sur-Mont, Paray, &c. Premier Président au Parlement de Paris, fut fait Garde des Sceaux & Sur-Intendant des Deniers des Ordres du Roi le 27 Février 1636, & mourut le 30 Décembre 1640.

VII.

PIERRE SEGUIER, Chancelier de France, fut pourvû de la Charge de Garde des Sceaux des Ordres, vacante par la mort du Premier Préfident le Jay le 16 Janvier 1641. La Charge fut fupprimée en 1645; & le Marquis de Châteauneuf Garde des Sceaux de France rétabli, & le Roi donna des Lettres au Chancelier Seguier, pour en conferver les Honneurs. Il mourut le 28 Janvier 1672.

VIII.

LOUIS BARBIER DE LA RIVIERE, Seigneur de Seinemont, dit *Petit-Bourg*, Evêque & Duc de Langres, Pair de France, Miniftre d'État, Premier Aumônier de Madame, Duchesse d'Orléans, puis

Grand-Aumônier de la Reine, fut pourvû de la Charge de Chancelier des Ordres du Roi, fur la démiffion de Charles de l'Aubefpine-Châteauneuf en 1645 ; il confentit en 1650 à la défunion de la Charge de Garde des Sceaux des Ordres, en faveur d'Abel Servien qui fuit ; il mourut à Paris le 30 Janvier 1670.

IX.

ABEL SERVIEN, Marquis de Sablé, Comte de la Roche-des-Aubiers, Seigneur de Bois-Dauphin & de Meudon, Miniftre d'État, Sur-Intendant des Finances, fut pourvû de la Charge de Garde des Sceaux & Sur-Intendant des Deniers des Ordres du Roi le 3 Mai 1650 ; il fut pourvû auffi de celle de Chancelier defdits Ordres, fur la démiffion de l'Abbé de la Riviere les 6 & 7 Août 1654, & mourut à Meudon le 19 Février 1659.

X.

DE L'ORDRE DU S. ESPRIT. 441

X.

BAZILE FOUQUET, Conseiller d'État, Abbé de Barbeaux & de Rigny, Chancelier des Ordres, sur la démission d'Abel Servien en 1656, consentit à la désunion de la Charge de Garde des Sceaux & Sur-Intendant des Deniers desdits Ordres, par Traité du 23 Décembre 1656, en faveur de Henri de Guenegaud qui suit. Il donna depuis sa démission de la Charge de Chancelier, en faveur de l'Evêque d'Agde son Frere, & mourut le 30 Janvier 1680.

XI.

HENRI DE GUENEGAUD, Seigneur du Plessis, Marquis de Plancy, Comte de Montbrison, Sécretaire d'État, fut pourvû de la Charge de Garde des Sceaux & Sur-Intendant des Deniers des Ordres du Roi, désunie de celle de Chancelier, le 24 Décembre 1656. Il mourut le 16 Mars 1676.

Kkk

XII.

LOUIS FOUQUET, Evêque & Comte d'Agde; Abbé de Vezelay, de Ham & de Soraize, fut fait Chancelier des Ordres du Roi, sur la Résignation de Bazile Fouquet son Frere du 24 Janvier 1659; ses Provisions sont du 15 Juin suivant, il n'en jouit que jusqu'en 1661, & mourut à Agde au mois de Février 1702.

XIII.

HARDOUIN DE PEREFIXE DE BEAUMONT, Précepteur du Roi, Evêque de Rodez, fut fait Chancelier des Ordres le 27 Septembre 1661. La Charge de Garde des Sceaux & Sur-Intendant des Deniers y fut réunie le 29 Décembre suivant. Il fut nommé Archevêque de Paris le 1 Juillet 1662, & mourut le 1 Janvier 1671.

XIV.

FRANÇOIS-MICHEL LE TELLIER, Marquis de Louvois & de Courtenvaux, Miniftre & Sécrétaire d'Etat, Sur-Intendant des Bâtimens, Arts & Manufactures, Général des Poftes & Relais de France, Grand-Vicaire des Ordres de Notre-Dame du Mont-Carmel & de S. Lazare, fut fait Chancelier des Ordres du Roi le 3 Janvier 1671, & mourut le 16 Juillet 1691.

XV.

LOUIS BOUCHERAT, Seigneur de Compans, Chancelier de France, fut pourvû de la Charge de Garde des Sceaux des Ordres du Roi, qui fut défunie en fa faveur de celle de Chancelier, le 25 Juillet 1691; il en donna fa démiffion peu de jours après, & elle fut réunie le 16 Août fuivant à celle de Chancelier, dont le Marquis de Barbezieux fut pouvû; nonobftant fa démiffion, le Roi lui conferva les Honneurs & Priviléges de l'Ordre, & le nomma Chevalier pour être reçu à la premiere Cérémonie, il mourut le 2 Septembre 1699.

XVI.

LOUIS-FRANÇOIS-MARIE LE TELLIER, Marquis de Barbezieux, Sécrétaire d'État, fut pourvû de la Charge de Chancelier des Ordres le 19 Août 1691; il la poffeda jufqu'à fa mort arrivée à Verfailles le 5 Janvier 1701.

XVII.

JEAN-BAPTISTE COLBERT, Marquis de Torcy & de Sablé, eut la furvivance de la Charge de Sécrétaire & Miniſtre d'État du vivant de ſon Pere, après avoir été dans toutes les Cours de l'Europe, chargé des Affaires du Roi, fut fait Grand-Tréſorier des Ordres, puis pourvû de la Charge de Chancelier deſdits Ordres le 16 Janvier 1701, s'en démit en 1716, & mourut en Septembre 1746.

XVIII.

HENRI-CHARLES-ARNAUD DE POMPONNE, Abbé Commandataire de S. Medard de Soiſſons, Conſeiller d'État Ordinaire, ci-devant Ambaſſadeur Extraordinaire à Veniſe, fut pourvû de la Charge de Chancelier, Garde des Sceaux & Sur-Intendant des Deniers des Ordres du Roi, le 15 Septembre 1716, en prêta Serment entre les mains de Sa Majeſté le 28 Novembre ſuivant, & mourut à Paris le 26 Juin 1756.

XIX.

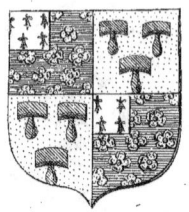

LOUIS PHELIPEAUX, Comte de S. Florentin, Marquis de la Vrilliere, de Châteauneuf-sur-Loire, Baron d'Ervy-le-Chaftel, &c. Conseiller du Roi en tous ses Conseils, Miniftre & Sécrétaire d'Etat, & des Commandemens & Finances de Sa Majeſté, Chancelier de la Reine, ci-devant Commandeur & Sécretaire des Ordres du Roi, fut nommé Commandeur & Chancelier des mêmes Ordres le 27 Juin 1756.

PREVOSTS, MAITRES DES CÉRÉMONIES, & Commandeurs des Ordres du Roi.

I.

GUILLAUME POT, Chevalier, Seigneur de Rhodes & de Chemaut, Prevôt & Maître des Cérémonies de l'Ordre de Saint Michel, Premier

Ecuyer Tranchant & Porte Cornette-Blanche du Roi, fut auſſi fait Prevôt & Maître des Cérémonies de l'Ordre du Saint Eſprit, lors de l'Inſtitution, & créé Grand Maître des Cérémonies de France le premier Janvier 1585. Il mourut en l'année 1603.

II.

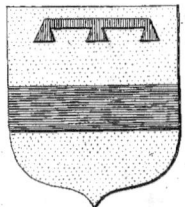

GUILLAUME POT, Chevalier, Seigneur de Rhodes & de Chémaut, Grand Maître des Cérémonies de France, Premier Ecuyer Tranchant & Porte Cornette-Blanche du Roi, fut reçu en ſurvivance de ſon Pere à la Charge de Prevôt & Maître des Cérémonies des Ordres du Roi en 1597, & mourut en 1616.

III.

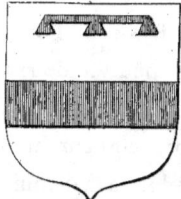

FRANÇOIS POT, Chevalier, Seigneur du Magnet, de Rhodes & de Chémaut, Grand Maître des Cérémonies de France, Premier Ecuyer Tranchant & Porte

Cornette-Blanche du Roi, fut pourvû en 1612 de la Charge de Prevôt & Maître des Cérémonies des Ordres ; mais il ne l'exerça qu'après la mort de fon Frere aîné en 1616, & la garda jufqu'en 1619, que le Roi le nomma Chevalier du S. Efprit. Il fut tué au Siége de Montpellier en 1622 fans avoir été reçu.

IV.

HENRI-AUGUSTE DE LOMÉNIE, Chevalier, Seigneur de la Ville-aux-Clercs, Comte de Brienne & de Montberon, Baron de Pougy & de Bouffac, Secrétaire d'Etat, fut pourvû de la Charge de Prevôt & Maître des Cérémonies des Ordres du Roi, fur la démiffion de François Pot, Seigneur du Magnet & de Rhodes, le 22 Mars 1619 : il donna fa démiffion en 1621 en faveur de fon Coufin, fut nommé Chevalier du Saint Efprit ; & mourut le 5 Novembre 1666 fans avoir été reçû.

V.

V.

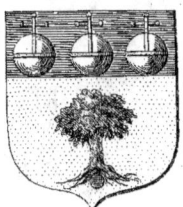

CHARLES DE LOMÉNIE, Seigneur de la Faye, Vicomte de Planche, Baron du Parc, Sécrétaire du Cabinet du Roi, fut pourvû de la Charge de Prévôt & Maître des Cérémonies des Ordres, sur la démission de son Cousin, le 17 Juillet 1621, & mourut en ....

VI.

MICHEL DE BEAUCLER, Chevalier, Baron d'Acheres en Beauffe & de Rougemont, Marquis d'Eftiau & de Mirebeau, Conseiller d'État, fut pourvû de la Charge de Prévôt & Maître des Cérémonies des Ordres du Roi, sur la démission de Charles de Loménie, par Lettres du 20 Mai 1627, & mourut en ....

VII.

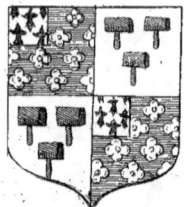

LOUIS PHELIPEAUX, Chevalier, Seigneur de la Vrilliere, Marquis de Châteauneuf & de Tanlay-sur-Loire, Comte de S. Florentin, Secrétaire d'État, fut pourvû de la Charge de Prévôt & Maître des Cérémonies des Ordres du Roi, par Lettres du 1 Avril 1643, par Brevet & Lettres Patentes du dernier Février 1653, le Roi lui conserva les Honneurs & Priviléges de l'Ordre, nonobstant sa résignation de cette Charge, & le nomma Chevalier, pour être reçu à la Premiere Cérémonie. Il mourut à Bourbon le 5 Mai 1681.

VIII.

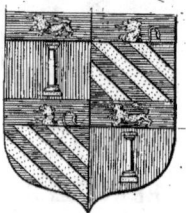

HUGUES DE LYONNE, Chevalier, Marquis de Berny, Ministre & Sécrétaire d'État, fut pourvû de la Charge de Prévôt & Maître des Cérémonies des Ordres du Roi, par Lettres du mois de Février 1653, & mourut à Paris le 1 Septembre 1671.

IX.

EUGENE ROGIER, Comte de Villeneuve & de la Chapelle, Marquis de Kerveno & de Cucé, Baron de Baud, fut pourvû de la Charge de Prévôt & Maître des Cérémonies des Ordres du Roi en 1657, & mourut le....

X.

MACÉ BERTRAND, Seigneur de la Baziniere, de Clichy-la-Garenne, Baron de Vouvant, Mervant, Mouilleron & du Grand-Presſigny, Tréſorier de l'Épargne, pourvû de la Charge de Prévôt & Maître des Cérémonies des Ordres du Roi, par Lettres du 22 Avril 1661, mourut à Paris le 3 Novembre 1688.

XI.

JEAN-JACQUES DE MESMES, Chevalier, Comte d'Avaux, Vicomte de Neufchatel, Seigneur de Cramayel, Préſident à Mortier au Parlement de Paris, Prévôt & Maître des Cérémonies des Ordres du Roi, par Lettres du 20 Septembre 1671, mourut le 9 Janvier 1688

XII.

ANTOINE DE MESMES, Chevalier, Seigneur d'Irval & de Roiſſy, *depuis qualifié Comte d'Avaux*, Ambaſſadeur à Veniſe, en Suéde & en Hollande, Gouverneur de Fiſmes, Conſeiller d'État, Prévôt & Maître des Cérémonies des Ordres du Roi, ſur la démiſſion du Préſident de Meſmes ſon Frere, le 17 Février 1684, le Roi lui conſerva les Honneurs & Priviléges de l'Ordre, & le nomma Chevalier pour être reçu à la premiere Cérémonie. Il mourut à Paris le 11 Février 1709.

XIII.

JEAN-ANTOINE DE MESMES, Chevalier, Comte d'Avaux, Marquis de S. Etienne, Vicomte de Neufchâtel, Seigneur de Cramayel, &c. Préfident au Parlement de Paris, Confeiller du Roi en tous fes Confeils d'Etat & Privé, l'un des quarante de l'Académie Françoife, Prévôt & Maître des Cérémonies des Ordres du Roi, fur la démiffion du Comte d'Avaux fon Oncle, par Lettres du 22 Septembre 1703; par Brevet & Lettres Patentes du 19 Décembre 1709, le Roi le nomma Chevalier pour être reçu à la premiere Cérémonie. Il mourut le 23 Août 1723.

XIV.

JEROSME PHELIPEAUX, Chevalier, Comte de Pontchartrain, Seigneur de Meleran, Sécrétaire d'État, fut pourvû de la Charge de Prévôt & Maître des Cérémonies des Ordres du Roi par Lettres du 28 Octobre 1709, & mourut à Paris le 8 Février 1747.

XV.

NICOLAS LE CAMUS, Conseiller du Roi en tous ses Conseils, Premier Président de la Cour des Aydes, en survivance de Nicolas le Camus son Ayeul, après la mort duquel arrivée le 12 Mars 1715, il entra en exercice de cette Charge par Lettres de dispense d'âge du 20 Mars de la même année. Le Roi l'Honnora quelques jours après de la Charge de Prévôt & Maître des Cérémonies de ses Ordres, sur la démission du Comte de Pontchartrain; il s'en démit en 1721, en faveur de François-Victor le Tonnellier, Marquis de Breteüil, & Sa Majesté lui en conserva les Honneurs. Il mourut à Paris le 3 Mars 1756.

XVI.

FELIX LE PELLETIER, Seigneur de la Houssaye, Conseiller d'État Ordinaire, & au Conseil de Regence pour les Finances, Chancelier, Garde des Sceaux, Chef du Conseil & Sur-Intendant des Maisons &

Finances de M. le Duc d'Orléans, Controlleur Général des Finances de France le 12 Décembre 1720, reçu Prévôt & Maître des Cérémonies des Ordres du Roi le 25 Mars 1721, mourut le 20 Septembre 1723.

XVII.

FRANÇOIS-VICTOR LE TONNELLIER-BRE-TEUIL, Marquis de Fontenay-Tresigny, Sire de Villebert, Baron de Boitron, Seigneur des Chapelles-Breteüil, Dumesnil-Chassemartin, de Palaiseau ; de Vilnevotte, &c. Sécrétaire d'État au Département de la Guerre, Chancelier de la Reine, fut reçu Commandeur-Prévôt & Maître des Cérémonies des Ordres du Roi, le 13 Juin 1721, & mourut le 7 Janvier 1743.

XVIII.

JEAN-JACQUES AMELOT, Marquis de Combronde, &c. Ministre & Sécrétaire d'État des Affaires Étrangeres, Sur-Intendant Général des Postes & Relais de France, fut pourvû de la Charge de Commandeur-Prévôt & Maître des Cérémonies desdits Ordres, vacante par la mort du Marquis de Breteüil, le 12 Février 1743, en préta Serment, & fut reçu le 17 suivant. Mort le 7 Mai 1749.

XIX.

MICHEL DE DREUX, Marquis de Brezé, Baron de Berry, Grand Maître des Cérémonies de France, Lieutenant Général des Armées du Roi, Inspecteur Général de l'Infanterie, Gouverneur de Loudun & du Loudunois, des Isles Sainte-Marguerite, le S. Honorat-de-Levins, Commandant en Chef dans les Provinces de Flandres & de Haynault, fut pourvû de la Charge de Prévôt, Maître des Cérémonies & Commandeur des Ordres du Roi, vacante par la mort de Jean-Jacques Amelot, & mourut le 17 Février 1754.

XX.

DE L'ORDRE DU S. ESPRIT. 457

XX.

FRANÇOIS - DOMINIQUE DE BARBERIE, Chevalier, *appellé le Marquis de Saint-Conteſt*, Miniſtre & Sécrétaire d'État des Affaires Etrangeres, fut pourvû de la Charge de Prévôt & Maître des Cérémonies, Commandeur des Ordres du Roi, vacante par la mort du Marquis de Brezé, il prêta Serment, & fut reçu le 4 Avril 1754, & mourut le 24 Juillet fuivant.

XXI.

ARMAND-JEROSME BIGNON, Chevalier, Seigneur de l'Iſlebelle, Fours, Semilly, &c. Conſeiller du Roi en ſes Conſeils, Maître des Requêtes Ordinaire de fon Hôtel, Bibliothécaire & Intendant du Cabinet des Médailles de Sa Majefté, l'un des Quarante de l'Académie Françoife & Honoraire de celle des Belles-Lettres, pourvû de la Charge de Commandeur-Prévôt & Maître des Cérémonies des Ordres du Roi, vacante par la mort du Marquis de Saint-Conteft, le 24 Juillet 1754, en prêta Serment & fut reçu le 8 Septembre fuivant.

GRANDS-TRÉSORIERS COMMANDEURS des Ordres du Roi.

I.

NICOLAS DE NEUFVILLE, Chevalier, Marquis de Villeroy, Seigneur d'Alincourt & de Magny, Baron de Bury, Premier Sécrétaire d'État, Tréforier de l'Ordre de Saint Michel, fut fait Grand-Tréforier de l'Ordre du Saint Efprit le 31 Décembre 1578, il exerça cette Charge jufqu'en 1588, & mourut à Roüen le 12 Novembre 1617.

II.

MARTIN RUZÉ, Chevalier, Seigneur de Beaulieu, de Longjumeau, de Chilly & de la Preſſave, Sécrétaire d'État, Sur-Intendant des Mines & Minieres de France, fut fait Grand-Tréſorier des Ordres du Roi le 10 Avril 1589, & mourut le 6 Novembre 1613.

III.

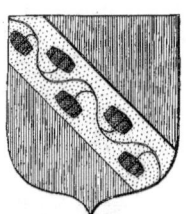

PIERRE BRULART, Chevalier, Marquis de Sillery, Vicomte de Puiſieux, Grand-Tréſorier des Ordres du Roi, en ſurvivance de Martin Ruzé, par Lettres du 8 Décembre 1607; par Brevet du 21 Février 1621, le Roi lui conſerva les Honneurs & Priviléges de ſa Charge nonobſtant ſa réſignation, il mourut le 22 Avril 1640.

IV.

THOMAS MORANT, Baron Dumefnil-Garnier, Tréforier de l'Épargne, fut fait Grand-Tréforier des Ordres du Roi, fur la démiffion de Pierre Brulart, par Lettres données à Paris le 21 Février 1621. Mort en....

V.

CLAUDE BOUTHILLIER, Chevalier, Seigneur de Pons-fur-Seine & de Foffigny, Sécrétaire d'État, Sur-Intendant des Finances, Grand-Tréforier des Ordres du Roi, fur la démiffion de Thomas Morant, par Lettres du 27 Mars 1633, mourut en 1651.

VI.

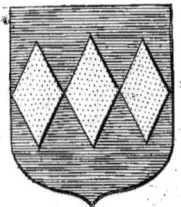

LÉON BOUTHILLIER, Chevalier, Comte de Chavigny & de Bufançois, Sécrétaire & Miniftre d'État, Grand-Tréforier des Ordres en furvivance de fon Pere, par Brevet & Lettres Patentes du 15 Juillet 1643, fut confervé dans les Honneurs & Priviléges de fa Charge, & nommé Chevalier de l'Ordre du S. Efprit, pour être reçu à la premiere Cérémonie. Il mourut à Paris le 11 Octobre 1652.

VII.

MICHEL LE TELLIER, Chevalier, Seigneur de Chaville, Sécrétaire & Miniftre d'État, Grand-Tréforier des Ordres du Roi, par le décès du Comte de Chavigny, fut depuis Chancelier de France, & mourut le 30 Octobre 1685.

VIII.

JEROSME DE NOUVEAU, Chevalier, Baron de Linieres, Seigneur de Fromont, Sur-Intendant Général des Postes & Relais de France, Grand-Trésorier des Ordres du Roi, sur la démission de Michel le Tellier en 1654; mourut le 24 Août 1665.

IX.

JEAN-BAPTISTE COLBERT, Chevalier, Marquis de Seignelay, Seigneur de Sceaux, de Châteauneuf-sur-Cher, de Linieres, &c. Sécrétaire & Ministre d'État, Controlleur Général des Finances, Sur-Intendant des Bâtimens, Arts & Manufactures de France, pourvû de la Charge de Grand-Trésorier des Ordres du Roi, par Lettres du 26 Août 1665, mourut le 6 Septembre 1683.

X.

JEAN-BAPTISTE COLBERT, Chevalier, Marquis de Seignelay & de Châteauneuf, Baron de Linieres, &c. Sécrétaire & Miniſtre d'État, fut pourvû de la Charge de Grand-Tréſorier des Ordres du Roi, en ſurvivance de ſon Pere, par Lettres du 3 Février 1675, & mourut le 3 Novembre 1690.

XI.

CHARLES COLBERT, Chevalier, Marquis de Croiſſy, Sécrétaire & Miniſtre d'État, pourvû de la Charge de Grand-Tréſorier des Ordres du Roi, le 26 Novembre 1690. Mort à Verſailles le 28 Juillet 1696.

XII.

JEAN-BAPTISTE COLBERT, Chevalier, Marquis de Torcy & de Sablé, Sécrétaire & Miniftre d'État, fut nommé à la Charge de Grand-Tréforier des Ordres du Roi, après la mort du Marquis de Croiſſy fon Pere, & pourvû par Lettres du 8 Décembre 1697 : il a été fait Chancelier defdits Ordres en 1701. Mort le 2 Septembre 1746.

XIII.

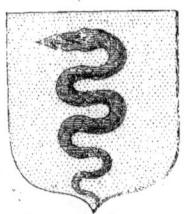

GILBERT COLBERT, Chevalier, Seigneur de S. Pouanges & de Chabannois, Sécrétaire des Commandemens de la Reine & du Cabinet du Roi, pourvû de la Charge de Grand-Tréforier des Ordres, fur la démiſſion du Marquis de Torcy, par Lettres du 16 Janvier 1701, mourut le 22 Octobre 1706.

XIV.

XIV.

MICHEL CHAMILLARD, Chevalier, Marquis de Cany, Seigneur de Courcelles, Conseiller au Parlement en 1676, Maître des Requêtes en 1686, Intendant à Roüen en 1689, Intendant des Finances en 1690, Controlleur Général des Finances en 1699, Ministre d'État en 1700, Sécrétaire d'État de la Guerre en 1701, Grand-Trésorier des Ordres du Roi du 22 Octobre 1706, se démit de cette Charge en 1713. Mort à Paris le 14 Avril 1721.

XV.

NICOLAS DES MARESTS, Marquis de Maillebois, de Blevy & du Rouvray, Baron de Châteauneuf en Thimerais, Comte de Bourbonne, Seigneur de Couvron, de Neuville, &c. après avoir été Conseiller au Parlement, Maître des Requêtes, Intendant & Directeur Général des Finances, fut fait Controlleur Général en 1706, Ministre d'État dans la même année, & Grand-Trésorier des Ordres du Roi, par Lettres du mois de Novembre 1713, dont il se démit quelques jours après, & mourut le 4 Mai 1721.

XVI.

LOUIS CHAUVELIN, Seigneur de Grifenoire, Conseiller au Parlement en 1706, Maître des Requêtes en 1707, Avocat Général au Parlement de Paris en 1709, fut fait Grand-Tréforier des Ordres du Roi le 4 Décembre 1713, & mourut à Paris le 2 Août 1715.

XVII.

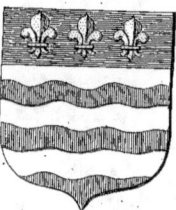

GASTON-JEAN-BAPTISTE TERRAT, Marquis de Chantofme & de Travers, Baron de Chaumont, Chancelier Garde des Sceaux de M. le Duc d'Orléans, fut fait Grand-Tréforier des Ordres du Roi le 30 Septembre 1715, & mourut le 19 Mars 1719.

XVIII.

ANTOINE CROZAT, Marquis du Chastel, Seigneur de Moüy, de Vandeüil, &c. Receveur Général du Clergé, Trésorier des États de Languedoc, fut reçu Grand-Trésorier des Ordres du Roi le 28 Septembre 1715. Il exerça cette Charge jusqu'au mois de Février 1724; & est mort le 7 Juin 1738.

XIX.

JOSEPH-JEAN-BAPTISTE FLEURIAU, Seigneur d'Armenonville, Garde des Sceaux de France, prêta Serment pour la Charge de Grand-Trésorier des Ordres du Roi le 19 Mars 1724, & mourut le 27 Novembre 1728.

XX.

CHARLES-GASPARD DODUN, Marquis d'Herbault, ci-devant Controlleur Général des Finances, fut pourvû de la Charge de Grand-Tréforier des Ordres du Roi le 24 Mars 1724, en prêta Serment le 26 du même mois, & mourut le 25 Juin 1736.

XXI.

HENRI-FRANÇOIS D'AGUESSEAU, Seigneur de Frefne, Chancelier de France depuis 1717, fut pourvû de la Charge de Grand-Tréforier des Ordres du Roi le 29 Juillet 1736, dont il fe démit le lendemain, il en conferva les Honneurs & les Priviléges par Brevet de Sa Majefté, & fut nommé pour être reçu Chevalier à la premiere Cérémonie. Il mourut le 9 Février 1751.

DE L'ORDRE DU S. ESPRIT.

XXII.

JEAN-FREDERIC PHELIPEAUX DE PONT-CHARTRAIN, Comte de Maurepas, Sécrétaire d'État de la Marine & de la Maison du Roi, s'étant démis de la Charge de Sécrétaire des Ordres de Sa Majesté, fut pourvû de celle de Grand-Trésorier des mêmes Ordres le 1 Août 1736, dont il a donné sa démission le 10 Février 1743, il en conserve les Honneurs & Priviléges, & est nommé pour être reçu Chevalier à la premiere Cérémonie, avec Permission d'en porter les marques.

XXIII.

PHILBERT ORRY, Seigneur de Vignory, &c. Conseiller d'État Ordinaire, & au Conseil Royal, Controlleur Général des Finances, Ministre d'État, Directeur Général des Bâtimens du Roi, fut pourvû de la Charge de Grand-Trésorier des Ordres du Roi, sur la démission du Comte de Maurepas le 10 Février 1743, en prêta Serment & fut reçu le 17 du même mois, & mourut le 9 Novembre 1747.

XXIV.

JEAN-BAPTISTE DE MACHAULT, Confeiller Ordinaire au Confeil Royal, Controlleur Général des Finances, & depuis Garde des Sceaux de France, fut pourvû de la Charge de Grand-Tréforier des Ordres du Roi, vacante par la mort de Philbert Orry le 23 Novembre 1747, & en prêta le Serment le   Décembre fuivant; il s'en eft démis le 10 Août 1754 ; le Roi lui en a confervé les Honneurs, & l'a nommé pour être reçu Chevalier à la premiere Cérémonie.

XXV.

LOUIS-ANTOINE ROUILLÉ, Comte de Jouy, Seigneur de Fontaine-Guerin, Miniftre & Sécrétaire d'État de la Marine, puis des Affaires Étrangeres, a été

DE L'ORDRE DU S. ESPRIT. 471

pourvû de la Charge de Grand-Tréforier des Ordres du Roi, fur la démiffion de Jean-Baptifte Machault, Garde des Sceaux de France le 30 Juillet 1754, & en a prêté Serment le   Août fuivant.

XXVI.

ANTOINE-RENÉ DE VOYER, Marquis de Paulmy & d'Argenfon, Vicomte de Mouzai, Baron de Crecey, &c. Miniftre d'État, Grand-Croix, Chancelier des Ordres de Saint Louis, de Notre-Dame du Mont-Carmel & de Saint Lazare, Grand Bailly de Touraine, Ambaffadeur Extraordinaire auprès du Roi & de la République de Pologne, ci-devant Ambaffadeur en Suiffe & Sécrétaire d'État ayant le Département de la Guerre, a été pourvû de la Charge de Grand-Tréforier des Ordres du Roi le 5 Avril 1758, fur la démiffion de Louis-Antoine Roüillé; il s'en eft démis le 17 Septembre fuivant, le Roi lui en a confervé les Honneurs & Priviléges, & l'a nommé pour être reçu Chevalier à la premiere Cérémonie, avec permiffion d'en porter les marques.

XXVII.

JEAN DE BOULLONGNE, Conseiller Honoraire au Parlement de Metz, ci-devant Intendant des Ordres du Roi par provision du 21 Mars 1737, Conseiller d'État, Intendant des Finances par provision du 21 Mai 1744, nommé à la place de Controlleur Général des Finances le 25 Août 1757, dont il a donné sa démission le 4 Mars 1759, fut pourvû de la Charge de Grand-Trésorier des Ordres du Roi, sur la démission du Marquis de Paulmy le 17 Septembre 1758, & en prêta Serment le 23 du même mois.

SÉCRÉTAIRES COMMANDEURS
des Ordres du Roi.

I.

CLAUDE DE L'AUBESPINE, Seigneur de Verderonne, Sécrétaire des Finances du Roi & de la Reine Mere, Greffier de l'Ordre de S. Michel, fut destiné

DE L'ORDRE DU S. ESPRIT. 473

deſtiné Sécrétaire Commandeur de celui du S. Eſprit dès l'Inſtitution; mais s'étant trouvé abſent hors du Royaume pour les Affaires du Roi, il ne fut pourvû que le 31 Décembre 1579. Mort en....

II.

ANTOINE POTIER, Chevalier, Seigneur de Sceaux, Sécrétaire d'État, fut pourvû de la Charge de Sécrétaire des Ordres du Roi, par la réſignation de Claude de l'Aubeſpine en 1608, & mourut le 13 Septembre 1621.

III.

CHARLES DURET, Seigneur de Chevry, Conſeiller d'État, Intendant & Controlleur Général des Finances, Préſident en la Chambre des Comptes de Paris, fut pourvû de la Charge de Sécrétaire des Ordres du Roi le 6 Mars 1621, & mourut en 1637.

Ooo

IV.

CLAUDE DE MESMES, Comte d'Avaux, Conseiller d'État, Ambassadeur dans toutes les Cours d'Italie & du Nord, fut pourvû de la Charge de Secrétaire des Ordres du Roi par Lettres du 5 Avril 1637, après le décès de Charles Duret, Seigneur de Chevry, & sur la démission de Charles Duret son Fils, à qui la survivance avoit été promise. Il fut depuis Plénipotentiaire pour la Paix Générale à Munster, Sur-Intendant des Finances, Ministre d'État, & mourut le 19 Novembre 1650.

V.

NOEL DE BULLION, Chevalier, Seigneur de Bonnelles, Marquis de Gallardon, Président à Mortier au Parlement de Paris en survivance de son Pere, dont il donna sa démission pour être reçu Conseiller d'Honneur, fut pourvû de la Charge de Secrétaire des Ordres du Roi le 24 Juin 1643, & mourut le 3 Août 1670.

VI.

NICOLAS POTIER, Chevalier, Seigneur de Novion, Préfident à Mortier au Parlement de Paris, fut pourvû de la Charge de Sécrétaire des Ordres du Roi, fur la démiffion de Noel de Bullion en 1656, & ne garda cette Charge que jufqu'en 1657; il fut depuis Premier Préfident au Parlement de Paris, & mourut le 1 Septembre 1693.

VII.

NICOLAS JEANNIN DE CASTILLE, Marquis de Montjeu, Tréforier de l'Épargne, fut pourvû de la Charge de Sécrétaire des Ordres du Roi, fur la démiffion de Nicolas Potier de Novion en 1657, & mourut en....

VIII.

BALTHAZARD PHELIPEAUX, Marquis de Châteauneuf & de Tanlay, Comte de S. Florentin, Seigneur de la Vrilliere, Sécrétaire d'État, fut pourvû de la Charge de Sécrétaire des Ordres du Roi par Commission le 3 Mars 1671, & en Titre le 27 Avril 1689, il mourut en sa Terre de Châteauneuf-sur-Loire le 27 Avril 1700.

IX.

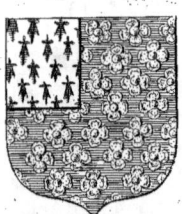

LOUIS PHELIPEAUX, Chevalier, Comte de Pontchartrain, Chancelier de France, Sécrétaire des Ordres du Roi par Lettres du 9 Mai 1700, donna sa démission peu de jours après avoir été nommé; Sa Majesté lui en conserva les Honneurs, & le nomma Chevalier de ses Ordres; il mourut le 22 Décembre 1727.

X.

LOUIS PHELIPEAUX, Chevalier, Seigneur de la Vrilliere, Marquis de Châteauneuf, Sécrétaire d'État, fut pourvû de la Charge de Sécrétaire des Ordres du Roi le 18 Mai 1701, par Brevet & Lettres Patentes du 3 Décembre 1713, le Roi le nomma Chevalier pour être reçu à la premiere Cérémonie. Il mourut à Fontainebleau le 7 Septembre 1725.

XI.

DANIEL-FRANÇOIS VOISIN, Seigneur de la Noraye & du Mefnil-Bourré, Chancelier & Garde de Sceaux de France, fut pourvû de la Charge de Sécrétaire des Ordres du Roi le 3 Décembre 1713, & mourut le 2 Février 1717.

XII.

CHRESTIEN DE LA MOIGNON, Marquis de Basville, Préfident à Mortier au Parlement de Paris, fut nommé Sécrétaire des Ordres du Roi fur la démiſſion du Chancelier Voiſin ſon Oncle le 12 Décembre 1713, & mourut le 28 Octobre 1729.

XIII.

FRANÇOIS-MICHEL DE VERTHAMON, Marquis de Breau, Conſeiller du Roi en tous ſes Conſeils & en ſon Conſeil d'État, Premier Préſident au Grand Conſeil, fut nommé Sécrétaire des Ordres du Roi le 4 Février 1716, & mourut le 2 Janvier 1738.

XIV.

CLAUDE LE BAS DE MONTARGIS, Marquis de Boucher-Valgrand, Seigneur de Vanvres, ci-devant Tréforier de l'Extraordinaire des Guerres, puis Garde du Tréfor Royal, prêta Serment pour la Charge de Sécrétaire des Ordres du Roi le 11 Février 1716, eut un Brevet de Conseiller d'État, & mourut en....

XV.

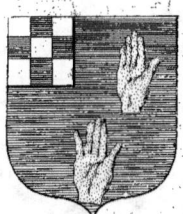

ANDRÉ POTIER, Seigneur de Novion, Marquis de Grignon, Premier Préfident au Parlement de Paris, fut fait Sécrétaire des Ordres du Roi le 19 Mars 1724, & mourut en fon Château de Grignon le 22 Septembre 1731.

XVI.

JEAN-FREDERIC PHELYPEAUX DE PONT-CHARTRAIN, Comte de Maurepas, a prêté Serment de la Charge de Sécrétaire d'Etat & des Commandemens de Sa Majeſté, ſur la démiſſion de ſon Pere le 13 Novembre 1715, ne devant alors l'exercer qu'à 25 ans, dont il a eu diſpenſe le 17 Mars 1718. En 1723 le Département de la Marine, qui avoit été ſéparé de ſa Charge, lors de l'établiſſement des Conſeils, y fut réuni: il prêta Serment pour la Charge de Sécrétaire des Ordres du Roi le 26 Mars 1724.

XVII.

GERMAIN-LOUIS CHAUVELIN, Garde des Sceaux de France, Miniſtre & Sécrétaire d'État des Affaires Étrangeres, depuis 1727, fut pourvû de la Charge

de

DE L'ORDRE DU S. ESPRIT. 481

de Sécrétaire des Ordres du Roi le 31 Juillet 1736, & en prêta Serment le 2 Août suivant; il s'en démit le lendemain, & le Roi lui en conserva les Honneurs, & l'a nommé pour être reçu Chevalier à la premiere Cérémonie.

XVIII.

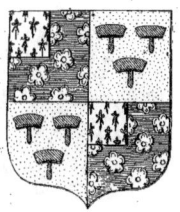

LOUIS PHELYPEAUX, Comte de S. Florentin, Marquis de la Vrilliere, de Châteauneuf-sur-Loire, Baron d'Ervy-le-Chastel, &c. Conseiller du Roi en tous ses Conseils, Ministre & Sécrétaire d'État, & des Commandemens & Finances de Sa Majesté, Chancelier de la Reine, fut pourvû de la Charge de

* P p p

Secrétaire des Ordres du Roi le 3 Août 1736, & en prêta Serment le lendemain; il a été fait Chancelier & Sur-Intendant des Finances des mêmes Ordres le 27 Juin 1756.

XIX.

ABEL-FRANÇOIS POISSON, Marquis de Marigny, Conseiller du Roi en ses Conseils, Directeur & Ordonnateur Général de ses Bâtimens, Jardins, Arts, Académies & Manufactures Royales, a été pourvû de la Charge de Secrétaire des Ordres du Roi le 27 Juin 1756, sur la démission du Comte de S. Florentin.

INTENDANS DES ORDRES DU ROI.

I.

BENOIST MILON, Seigneur de Videville, Intendant des Finances, fait Intendant des Ordres du Roi par Brevet du 27 Décembre 1580.

II.

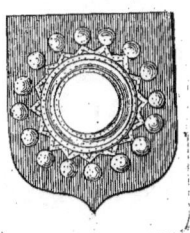

ROBERT MITON, Seigneur de Chenailles, Conseiller d'État, Intendant & Controlleur Général des Finances, Intendant des Ordres du S. Esprit par Brevet du 30 Décembre 1584.

III.

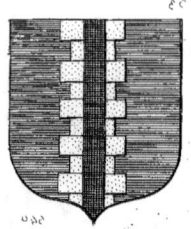

MICHEL SUBLET, Seigneur d'Heudicourt, Conseiller d'État, Controlleur Général des Finances, Intendant de l'Ordre du S. Esprit en 1593. Mort en 1599.

IV.

VINCENT BOUHIER, Seigneur de Beaumarchais, de Charon, de la Chaise-Giraud & de la Chapelle-Hermier, Tréforier de l'Épargne, Intendant de l'Ordre du S. Esprit en 1599, jusqu'en 1632.

V.

CLAUDE BOUTHILIER, Sécrétaire d'Etat, Sur-Intendant des Finances, Grand-Tréforier & Intendant des Ordres du Roi le 15 Juillet 1632. Mort en 1651.

VI.

LÉON BOUTHILIER, Comte de Chavigny, Sécrétaire & Miniftre d'Etat, Grand-Tréforier & Intendant des Ordres du Roi, en furvivance de fon Pere. Mort au mois d'Octobre 1652.

VII.

NOEL DE BULLION, Seigneur de Bonnelles, Marquis de Gallardon, Conseiller d'Honneur au Parlement de Paris, Greffier des Ordres du Roi, pourvû de la Charge d'Intendant des mêmes Ordres après le décès du Comte de Chavigny, par Lettres du 10 Février 1653.

VIII.

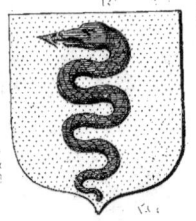

GILBERT COLBERT, Seigneur de S. Pouanges, Sécrétaire des Commandemens de la Reine & du Cabinet du Roi, Intendant des Ordres de Sa Majesté après la mort de Noel de Bullion, par Lettres du mois d'Août 1671, depuis Grand-Trésorier desdits Ordres.

IX.

FRANÇOIS MORIZET, Seigneur de la Cour, Tréforier Général des Invalides, pourvû de la Charge d'Intendant des Ordres du Roi, fur la démiffion de Gilbert Colbert, Seigneur de S. Pouanges, par Lettres du 10 Juin 1703.

X.

CHARLES DES CHIENS, Seigneur de la Neuville, Maître des Requêtes Ordinaire & depuis Honoraire de l'Hôtel du Roi, Préfident à Mortier au Parlement de Pau, Intendant en Bearn, puis en Rouffillon, & enfuite en Franche Comté; pouvû de la Charge d'Intendant des Ordres du Roi, fur la démiffion de François Morizet de la Cour fon Oncle, par Lettres du 30 Octobre 1709. Mort le 7 Mars 1737.

XI.

JEAN DE BOULLONGNE, Conseiller Honoraire au Parlement de Metz, fut pourvû de la Charge d'Intendant des Ordres du Roi le 21 Mars 1737.

XII.

AUGUSTE-LOUIS BERTIN, Conseiller du Roi en ses Conseils, Trésorier Général des Revenus Casuels & Deniers Extraordinaires de Sa Majesté, a été pourvû de la Charge d'Intendant des Deniers des Ordres du Roi, sur la démission de Jean de Boullongne le 5 Janvier 1758.

GÉNÉALOGISTES DES ORDRES DU ROI.

I.

BERNARD DE GIRARD, Seigneur du Haillan, Hiftoriographe de France, Sécrétaire des Finances, fut le premier pourvû de la Charge de Généalogifte de l'Ordre du Saint Efprit par Lettres du 9 Janvier 1595. Mort à Paris le 23 Novembre 1610.

II.

PIERRE FORGET, Seigneur de la Picardiere & de Beauvais, Sécrétaire de la Chambre du Roi & de fes Finances, Maître d'Hôtel de Sa Majefté, pourvû de la Charge de Généalogifte de l'Ordre du Saint Efprit, fur la démiffion du Sieur du Haillan, par Lettres du 11 Juillet 1607. Mort en 1638.

III.

GABRIEL COTTIGNON, Seigneur de Chauvry, Secrétaire du Roi & des Commandemens de la Reine Marie de Medicis, Regente, pourvû de la Charge de Généalogiste de l'Ordre du Saint Esprit, sur la démission de Pierre Forget, par Lettres du 4 Octobre 1610, ne prêta Serment que le 10 Janvier 1613.

IV.

NICOLAS COTTIGNON, Seigneur de Chauvry & du Breüil, d'abord Conseiller au Parlement, puis Premier Président de la Cour des Monnoyes à Paris, pourvû de la Charge de Généalogiste des Ordres du Roi, en survivance de *Gabriel* Cottignon son Pere, & en a été revêtu jusqu'à sa mort arrivée le 20 Mars 1692.

V.

JOSEPH-ANTOINE COTTIGNON, Seigneur de Chauvry & du Breüil, pourvû de la Charge de Généalogiste des Ordres du Roi, en survivance de *Nicolas* Cottignon son Pere, par Lettres du 15 Septembre 1677.

VI.

PIERRE CLAIRAMBAULT, Généalogiste des Ordres du Roi, pourvû sur la démission de Joseph-Antoine Cottignon de Chauvry, le 26 Août 1698. Mort le 14 Janvier 1740.

VII.

Nicolas-Pascal Clairambault, Seigneur de Doulon, Généalogiste des Ordres du Roi, en survivance de *Pierre* Clairambault son Oncle, le 31 Mars 1716.

VIII.

Jean-Nicolas de Beaujon, Avocat Général de la Cour des Aydes de Bordeaux, pourvû de la Charge de Généalogiste des Ordres du Roi, sur la démission de Nicolas Pascal Clairambault, le 17 Avril 1758.

DE L'ORDRE DU S. ESPRIT. 493

HERAULTS ROIS D'ARMES
des Ordres du Roi.

I.

MATHURIN MORIN, Sieur de la Planchette en Brie, Sécrétaire du Roi, Herault Roi d'Armes de l'Ordre de S. Michel, fut fait aussi Herault Roi d'Armes de l'Ordre du S. Esprit, lors de son Institution en 1578.

II.

JEAN DU GUÉ, Valet de Chambre du Roi, Herault Roi d'Armes des Ordres de Sa Majesté, en fut pourvû sur la démission du Sieur de la Planchette, le 26 Février 1586.

III.

FRANÇOIS DU GUÉ, pourvû de la Charge de Herault Roi d'Armes des Ordres du Roi, fur la réfignation de Jean du Gué fon Oncle, en 1611.

IV.

MATHURIN MARTINEAU, Sieur du Pont, Herault Roi d'Armes des Ordres du Roi, en fut pourvû le 13 Juillet 1613.

V.

BERNARD MARTINEAU, Sieur du Pont, eut la survivance de *Mathurin* son Pere en 1633, il jouissoit de la Charge en 1636.

VI.

ANTOINE-BERNARD MARTINEAU, Sieur du Pont, Herault Roi d'Armes des Ordres du Roi, sur la démission de *Bernard* son Pere, le 25 Juin 1682.

VII.

L OUIS DE BEAUSSE, Herault Roi d'Armes des Ordres du Roi, pourvû par le décès d'Antoine Martineau, le 3 Mai 1693. Mort en 1716.

VIII.

J EAN HALLÉ, Payeur des Gages du Parlement, Herault Roi d'Armes des Ordres du Roi, par Lettres du 16 Janvier 1716.

IX.

DE L'ORDRE DU S. ESPRIT.

IX.

ETIENNE-CHRISTOPHE GUEFFIER, Herault Roi d'Armes des Ordres du Roi, par provisions du 1 Juin 1732.

X.

ANTOINE CHENDRET, Sieur du Bouchoir, Herault Roi d'Armes des Ordres du Roi, pourvû le 20 Août 1734.

XI.

CHARLES-MICHEL BEAUDET DE MORLET, Ecuyer, Huiſſier de la Chambre & Controlleur des Pepinieres du Roi, en ſurvivance de Charles-Nicolas Beaudet de Morlet, Sécrétaire du Roi, Seigneur de Vaucreſſon, ſon Pere, a été pourvû de la Charge de Herault des Ordres de Sa Majeſté, en ſurvivance d'Antoine Chendret, Sieur du Bouchoir ſon Oncle, & en a prêté Serment le 20 Août 1758.

HUISSIERS DES ORDRES DU ROI.

I.

PHILIPPES DE NAMBU, Huiffier de la Chambre du Roi & de l'Ordre de S. Michel, fut fait Huiffier de l'Ordre du S. Efprit, lors de fon Inftitution en 1578.

II.

MATHURIN LAMBERT, pourvû de la Charge d'Huiffier des Ordres du Roi, fur la démiffion de Philippes de Nambu, par Lettres du 22 Mai 1608. Mort en 1614.

III.

PIERRE DE HANIQUE, dit *Boisjamin*, Baron de Cheny & du Pré, Ecuyer Ordinaire de l'Écurie du Roi, Huiffier de fes Ordres, en furvivance de Mathurin Lambert fon Beau-Pere en 1611.

IV.

PAUL AUBIN, Sieur de Bourgneuf, Huiffier des Ordres du Roi, à la place de Pierre Hanique, en 1625.

V.

ROGER DE BUADE, Sieur de Cuffy, Huiffier des Ordres du Roi, fur la nomination de la Veuve de Paul Aubin, Sieur de Bourgneuf, en 1649.

VI.

JEAN AUBIN, Fils de *Paul*, Huiffier des Ordres du Roi fur la démiffion de Roger de Buade, & la nomination de *Louife* de Mefmin fa Mere en 1655.

VII.

VINCENT LE BRET DE FLACOURT, Conseiller au Parlement, Huissier des Ordres du Roi par la démission de Jean Aubin le 25 Juillet 1656.

VIII.

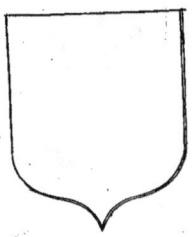

JEAN DES PREZ, Huissier des Ordres du Roi sur la démission de Vincent le Bret, par Lettres du 24 Avril 1658.

DE L'ORDRE DU S. ESPRIT. 503

IX.

JEAN VALENTIN D'ÉGUILLON, Sieur de Benevent, Huissier des Ordres du Roi sur la démission de Jean des Prez, par Lettres du 28 Janvier 1684.

X.

ADRIEN MOREL, Sieur de Valbrun, Huissier des Ordres du Roi sur la démission de Jean Valentin d'Éguillon, par Lettres du 26 Mai 1706.

XI.

ALEXANDRE CHEVARD, Chevalier de l'Ordre Royal & Militaire de Saint Louis, Huissier des Ordres du Roi, sur la démission d'Adrien Morel, par Lettres du 5 Juin 1714.

XII.

JEAN-CHARLES LUGNET DE PERSEVILLE, Commissaire à la Conduite & Police des seize Compagnies d'Ordonnance de la Gendarmerie, ci-devant Mousquetaire du Roi dans la Premiere Compagnie, Chevalier de l'Ordre Royal & Militaire de Saint Louis, pourvû de la Charge d'Huissier des Ordres du Roi le 8 Août 1740, après le décès d'Alexandre Chevard.

OFFICIERS

DE L'ORDRE DU S. ESPRIT. 505

OFFICIERS DU MARC D'OR,
Avec les Edits & leur Création.

ÉDIT DU ROI LOUIS XIII,
Portant création des Receveurs Généraux du Marc d'Or, & du cinquiéme des Dons attribués à l'Ordre du Saint Esprit.

Du Mois d'Août 1628.

LOUIS, PAR LA GRACE DE DIEU, ROI DE FRANCE ET DE NAVARRE : A tous présens & à venir, SALUT. Le feu Roi Henri III, d'heureuse mémoire, ayant, en l'année 1578, inftitué les Chevaliers de l'Ordre & Milice du Saint Efprit, il auroit particulierement établi certain nombre d'Officiers dudit Ordre, & entr'autres un Grand Tréforier, duquel la Charge confifte en la garde des Chartes, Regiftres & Enfeignemens, touchant la fondation dudit Ordre ; des ornemens d'Eglife appartenant audit Ordre, Manteaux & Mantelets des Commandeurs fervant aux cérémonies, lefquels il eft tenu repréfenter auxdits Commandeurs aux Chapitres & Affemblées qui fe tiennent, & après iceux, retirer & garder jufqu'à l'autre Chapitre, & en la diftribution des penfions defdits Commandeurs, Chevaliers & Officiers dudit Ordre : & p é-jugeant dès-lors que pour les grandes dépenfes qu'il convenoit faire, ledit Ordre ne fe pouvoit maintenir, s'il ne lui étoit pourvû d'un fonds certain & affuré, & non fujet à divertiffement ; il ordonna être pris & levé fur tous les Offices dont les Lettres de provifions s'expédieroient en la Grande Chancellerie,

Sff

un certain droit, appellé le Marc d'Or, en la perception duquel droit, & maniement defdits deniers en provenans, ledit Grand Tréforier, pour la dignité & éminence de fa Charge, ne s'étant voulu immifcer, ledit droit a été reçu jufqu'à maintenant par des Commis, lefquels ont été par Nous nommés, fans avoir été aftraints à donner caution, & auxquels Nous avons octroyé des récompenfes pour ladite Commiffion qui eft, avec les gages dudit Grand Tréforier, une double charge fur Nous pour même chofe, fans en avoir eu aucun fecours. Et d'autant que la recette dudit droit monte à préfent à de grandes fommes de deniers, tant à caufe du grand nombre d'Offices créés depuis l'inftitution dudit Ordre, que de ceux que la néceffité de nos affaires Nous oblige de créer, lefquels méritent bien d'être reçus & maniés par de Nos Officiers, plûtôt que par de fimples Commis : D'ailleurs les fommes immenfes qu'il Nous convient recouvrer, pour fatisfaire aux exceffives dépenfes que le Siége de Notre Ville de la Rochelle Nous apporte chacun jour, Nous obligeant à rechercher divers moyens pour y fubvenir. A CES CAUSES, de l'avis de notre Confeil, où étoient plufieurs Princes, Ducs, Pairs & Officiers de notre Couronne, & autres Grands & Notables Perfonnages, & de notre grace fpeciale, pleine puiffance & autorité Royale; Nous avons, par ce préfent Édit perpétuel & irrévocable, créé & érigé, créons & érigeons en titre d'Office formé, trois nos Confeillers & Receveurs Généraux dudit droit de Marc d'Or, pour y être dès à préfent par Nous pourvûs, & ci-après lorfque vacation échéera, de perfonnes capables, & faire par eux dorefnavant en notre Cour & fuite, à commencer du premier jour d'Octobre prochain, la recette par leurs fimples quittances, de tous les deniers dudit droit de Marc d'Or, en vertu des Rolles expédiés & à expédier pour raifon dudit droit, lefquels deniers ils payeront & délivreront en fin de chacune année, ès mains dudit Grand Tréforier de nos

DE L'ORDRE DU S. ESPRIT.

Ordres, par ſes quittances, leſquelles ſerviront auxdits Receveurs Généraux de décharges valables à la reddition de leurs comptes, ainſi qu'il eſt accoutumé, à la réſerve toutefois des gages & taxations deſdits Receveurs Généraux, épices, frais & façons de comptes ci-après déclarés : à chacun deſquels Offices Nous avons attribué & attribuons quatre mille livres de gages par an. Et pour donner moyen aux pourvus d'iceux de ſupporter en l'année de leur exercice, les dépenſes qu'il convient faire à notredite Cour & ſuite, tant pour leur entretennement, & de leurs Commis, que pour le port & voiture des deniers de ladite Charge, Nous avons auſſi attribué & attribuons en titre d'hérédité auxdits Officiers en l'année de leur exercice, ſix deniers pour livre de taxations, à prendre ſur tous les deniers dont ils feront recette, de laquelle taxation ils jouiront & leurs ſucceſſeurs auxdits Offices ; enſemble leurs veuves & héritiers en hérédité, ainſi & en la même forme & maniere que les Receveurs Généraux de nos Finances & du Tallion, jouiſſent de leurs taxations héréditaires. Moyennant laquelle attribution de taxations en hérédité, les pourvus deſdits Offices de Receveurs Généraux dudit droit de Marc d'Or demeureront diſpenſés & déchargés de bailler caution. Leſquels gages & taxations feront pris & reçus par chacun an, ſur les premiers deniers de la recette qu'ils feront dudit droit de Marc d'Or ; enſemble les épices, frais & façons de leurs comptes & doubles d'iceux, & le ſurplus des deniers de ladite recette ſera, comme dit eſt, payé au Grand Tréſorier, ſans aucun divertiſſement, auquel Tréſorier Nous ne voulons ni entendons être fait aucune diminution des gages à lui attribués, tant ſous ſon nom que ſous les noms de ſes Commis, nonobſtant ladite création ; ni auſſi qu'au moyen de la jouiſſance deſdits gages, les pourvûs deſdits Offices ſouffrent aucun retranchement de gages, taxations & droits à eux attribués par ces Préſentes. Et afin qu'il ſoit informé au vrai du maniement & geſtion deſdits Receveurs Généraux préſentement créés, Nous voulons qu'outre le double du compte deſdits Receveurs, il en ſoit fait un autre à nos dépens pour ledit Grand Tréſorier, afin de nous faire voir & connoître & aux Commandeurs de noſdits Ordres, lorſque nous tiendrons le Chapitre Général, ce qui ſera provenu des deniers dudit droit de Marc d'Or. Voulons en outre que les pourvus deſdits Offices préſentement créés, & leurs ſucceſſeurs jouiſſent des mêmes honneurs, autorités, prééminences, priviléges, franchiſes & immunités, dont jouiſſent nos Herault & Huiſſier dudit Ordre, & des droits dont jouit le Commis qui fait à préſent ladite recette, la Charge & Commiſſion duquel nous avons révoqué & révoquons, lui faiſons défenſe de s'entremettre au fait d'icelle, après le dernier jour dudit mois de Septembre expiré, à peine de faux. Voulons & ordonnons que par ledit Commis il ſoit délivré & mis ès mains dudit pourvû deſdits Offices, qui aura à exercer le quartier d'Octobre prochain, les copies de tous les États & Rolles généraux & particuliers qu'il a par devers lui, ſur leſquels il fait la recette d'icelui droit, & ce à la premiere demande qui lui en ſera faite par ledit pourvû, aux peines, en cas de refus ou délai, qu'il appartiendra & ſont accoutumées. Et d'autant que par divers Réglemens faits par nos prédéceſſeurs Rois, & par Nous, Nous avons deſtiné *le cinquiéme denier de tous dons excédans la ſomme de trois mille livres*, aux dépenſes de notredit Ordre & Milice du Saint Eſprit, auxquels néanmoins, par l'importunité de ceux qui les ont obtenus, Nous dérogeons par nos lettres de Don, Nous voulons qu'à l'avenir leſdits Réglemens ſoient exactement obſervés; &, à cette fin, que ceux qui obtiendront de nous des dons excédans la ſomme de trois mille livres, ne puiſſent être diſpenſés dudit cinquiéme denier; encore que par nos Lettres la décharge y fût employée; ce que dès maintenant, comme pour lors, Nous avons révoqué & révoquons. Si donnons en mandement à nos Amés & Féaux Conseillers les Gens tenant notre Cour de Parlement, Chambre des Comptes & Cour des Aydes, chacun en droit soi, que notre présent Edit ils fassent lire, publier & enregistrer, & le contenu en icelui inviolablement garder & observer, jouir & user pleinement & paisiblement les pourvus desdits Offices, nonobstant oppositions ou appellations quelconques; Edits, Ordonnances, Reglemens, Statuts & Lettres à ce contraires, auxquels & aux dérogatoires des dérogatoires y contenus, Nous avons dérogé & dérogeons par ces Présentes : Car tel est notre plaisir, & afin que ce soit chose ferme & stable à toujours, nous avons signé ces Présentes de notre propre main, & à icelles fait apposer notre Scel, sauf, entr'autres choses, notre droit & l'autrui en toutes. Donné au Camp devant la Rochelle, au mois d'Août, l'an de grace mil six cent vingt-huit, & de notre Regne le dix-neuviéme. *Signé* LOUIS, & plus bas par le Roi : *Signé* DE LOMÉNIE, & à côté, *Visa*, & scellé du grand Sceau en cire verte sur lacs de soye rouge & verte.

Et encore est écrit : *Registré, oui le Procureur Général du Roi, pour être exécuté selon sa forme & teneur. A Paris en Parlement le 9 Janvier* 1638. Signé DU TILLET.

Lû, publié & enregistré en la Chambre des Comptes; oüi, & ce consentant le Procureur Général du Roi, aux Charges contenues en l'Arrêt. Fait le 13 Octobre 1628. Signé GOBELIN.

Registré en la Cour des Aydes; oui le Procureur Général du Roi, pour être exécuté selon sa forme & teneur, suivant l'Arrêt de ce jourd'hui. Donné à Paris le 29 jour de Janvier 1638.
Signé BOUCHER.

RECEVEURS GÉNÉRAUX DU MARC D'OR.

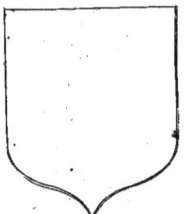

ETIENNE DES CHAMPS, fut pourvû de l'Office de Receveur Général du Marc·d'Or, par Lettres du 22 Octobre 1628.

PIERRE BOULIN, fut pourvû de l'Office de Conseiller du Roi, Receveur Général Alternatif du Marc d'Or des Ordres de Sa Majesté, créé par Édit du mois d'Août 1628, par Lettres données au Camp devant la Rochelle le 22 Octobre de la même année; il fut depuis pourvû de l'Office de Receveur Général Ancien du Marc d'Or, par Lettres données à Lyon le 12 Mai

DE L'ORDRE DU S. ESPRIT. 511

1630, de celui de Triennal par autres Lettres données à Paris le 25 Août 1637, & de celui de Quatriennal créé par Édit du mois d'Août 1645, par Lettres données à Paris le 28 Avril 1653, Regiſtrées en la Chambre des Comptes le 22 Décembre 1654. Il exerça par Commiſſion ſcellée du Grand Sceau de l'Ordre du S. Eſprit le 24 Décembre 1652, la Charge de Grand-Tréſorier de cet Ordre, vacante par la mort de Léon Bouthillier, Comte de Chavigny, & mourut le 20 Novembre 1670. Le Roi lui avoit accordé par Brevet ſigné de ſa main le 2 Janvier 1656, de pouvoir toujours porter la Croix de l'Ordre pendue à ſon Col avec un ruban, & la jouiſſance des Honneurs & Priviléges attribués à ſes Charges, en cas qu'il vint à les réſigner.

LOUIS DE LA COURT, pourvû de l'Office de Receveur Général Triennal du Marc d'Or, par Lettres du 27 Octobre 1628.

EDIT DU ROI.

Portant doublement du Marc d'Or, cédé à perpétuité à l'Ordre du Saint Esprit, avec faculté d'établir des Tréforiers, Controlleurs & autres Officiers, & suppreffion des Receveurs créés par Edit de 1628, & depuis; & qu'il fera payé, fur la Recette Générale de Paris, vingt mille livres par an, pour l'interêt de quatre cent mille livres dûs à l'Ordre.

Du Mois de Décembre 1656.

LOUIS, PAR LA GRACE DE DIEU, ROI DE FRANCE ET DE NAVARRE: A tous préfens & à venir, SALUT. Depuis que l'Ordre Militaire du Saint Efprit a été inftitué, les Rois nos prédéceffeurs ont eu un foin particulier de le maintenir dans fa fplendeur, par plufieurs Reglemens qu'ils ont faits, & particulierement par la deftination qui a été faite depuis plufieurs années du droit de Marc d'Or, pour faire le fonds de fix-vingt mille écus accordés & promis audit Ordre par le feu Roi Henri III, lorfqu'il en fit l'Inftitution. Mais comme les deniers qui font provenus dudit droit, n'ont pu jufqu'à préfent fournir cette fomme annuellement, & qu'à faute d'ordonner un fonds certain pour fa manutention, il feroit à craindre qu'il ne vînt à décheoir de fa premiere dignité: Nous avons été priés par le Chapitre Général dudit Ordre, de faire un nouveau Reglement pour le payement & augmentation dudit droit de Marc d'Or, afin de n'être plus obligé de prendre ailleurs le fonds néceffaire pour fa fubfiftance; ce que nous leur avons bien volontiers accordé;

tant

DE L'ORDRE DU S. ESPRIT.

tant pour l'affection finguliere que nous avons pour l'accroiffement dudit Ordre dont nous fommes le Chef & le Souverain, que parce que nous reconnoiffons qu'il y a raifon d'augmenter ledit droit ; le prix des Offices ayant monté au triple & au quadruple de ce qu'ils valoient anciennement, qui eft un des principaux motifs qui porterent le feu Roi notre très-honoré Seigneur & Pere, que Dieu abfolve, à augmenter ledit droit en l'année 1633 ; & d'autant que ce droit de Marc d'Or eft une efpece d'hommage & de reconnoiffance que les Officiers de notre Royaume nous rendent lorfqu'ils font pourvûs de leurs Offices, & qu'il eft par conféquent raifonnable qu'aucun n'en foit excepté, puifqu'ils font tous également obligés à ce devoir envers Nous : Nous avons été pareillement fuppliés de pourvoir à ce que tout prétexte foit levé & ôté à tous Officiers de quelque qualité qu'ils foient, de fe difpenfer (comme quelques-uns ont fait par le paffé) de payer ledit droit ; les uns en fe contentant de fimples contrats, quittances de Finances, ou matricules, fans prendre nos Lettres de Provifion ; les autres par des traités, furprifes & autres voies indues, au préjudice de notre Service, perte & diminution de nos Finances. Ce qu'ayant murement confidéré, & défirant non-feulement pourvoir audit Ordre d'un fonds fuffifant & affuré pour fa fubfiftance, mais encore lui en laiffer la pleine & entiere difpofition pour l'avenir ; enforte qu'il ne puiffe être jamais diverti, ni fujet à autre deftination. A CES CAUSES ; Sçavoir faifons, qu'ayant mis cette affaire en délibération en notre Confeil, où étoit la Reine notre très-honorée Dame & Mere, notre très-cher & très-amé Frere unique le Duc d'Anjou, plufieurs Princes, Ducs, Pairs & Officiers de notre Couronne, & autres Grands & Notables Perfonnages de notre Confeil, de l'avis d'icelui, & de notre certaine fcience, pleine puiffance, & autorité Royale, nous avons, par le préfent Edit, perpétuel & irrévocable, dit, déclaré, statué & ordonné; disons, déclarons, statuons & ordonnons, voulons & nous plaît, qu'à l'avenir le droit de Marc d'Or soit payé pour toutes sortes d'Offices Casuels, Domaniaux, Héréditaires, de Justice, de Finance, de Police, de Chancellerie, & tous autres généralement quelconques, à l'exception de ceux de notre grande Chancellerie seulement; soit que lesdits Offices soient possédés en vertu de simples Contrats, Quittances de Finances, Matricules, Commissions ou autrement, en quelque sorte & maniere que ce puisse être; qu'ils soient dépendans de nos Domaines engagés, donnés & délaissés en douaire, appanage ou autrement; qu'ils en ayent été ci-devant exemptés en vertu de Lettres générales ou particulieres, que nous avons révoqué & révoquons, pour quelques causes & raisons qu'elles puissent avoir été obtenues, de tous lesquels Offices, même des Commissions qui seront par Nous données, ledit droit de Marc d'Or sera payé suivant le nouveau Rolle que nous avons fait arrêter en notre Conseil, ci-attaché sous le contre-scel de notre Chancellerie, à commencer au premier jour de Janvier de l'année prochaine 1657: & icelui droit généralement sans en rien réserver, Nous avons, par cesdites Présentes, de notre même puissance & autorité, accordé, donné, cédé & transporté, accordons, donnons, cédons & transportons pour toujours & à perpétuité à notredit Ordre & Milice du Saint Esprit, pour lui tenir lieu de fonds, à lui accordé & promis dès le tems de sa fondation; pour dudit droit de Marc d'Or, selon qu'il a été réglé par ledit nouveau Rolle, jouir, user & disposer, ainsi qu'il sera avisé par les Commandeurs & Chapitre dudit Ordre, sans que Nous, ni les Rois nos Successeurs, puissions y donner aucun empêchement, en tout ni en partie, directement, ni indirectement, pour quelque cause que ce soit, avec toute faculté d'établir, pour la perception

DE L'ORDRE DU S. ESPRIT.

dudit droit, tels Tréforiers, Controlleurs & autres Officiers qu'ils verront bon être, lefquels ne pourront prendre plus grand droit, que celui qui eft porté par ledit Rolle, à peine de concuffion. Et afin que ledit Ordre ait la pleine & entiere difpofition dudit droit de Marc d'Or, nous avons, par cefdites Préfentes, fupprimé & fupprimons les Offices de Receveurs dudit droit, ancien, alternatif & triennal, créé par l'Edit de 1628; enfemble l'Office quatriennal, depuis établi. Faifons très-expreffes défenfes aux pourvûs defdits Offices de Receveurs de s'entremettre à l'avenir, à commencer audit jour premier Janvier 1657, à la recette dudit droit, à peine de faux; & de tous dépens, dommages & intérêts, & d'être procédé contr'eux, ainfi qu'il appartiendra. Voulant que toutes les quittances du Marc d'Or foient controllées par les Controlleurs qui feront établis par ledit Ordre, à peine de nullité; fans qu'il foit befoin d'autre controlle, & fans que lefdits Controlleurs puiffent prendre plus grand droit pour chacune quittance, que celui qui avoit accoutumé d'être payé; entendons néanmoins que les Particuliers pourvûs defdits quatre Offices de Receveurs du Marc d'Or foient actuellement rembourfés en un feul payement de la Finance, entrée dans nos coffres pour lefdits quatre Offices, & qu'audit rembourfement il foit pourvû par ledit Ordre, fur les premiers & les plus clairs deniers qui proviendront, tant dudit Droit de Marc d'Or, que de la Finance des Offices que ledit Ordre pourra établir pour la perception d'icelui. Et afin d'empêcher qu'à l'avenir il ne puiffe être fait aucune fraude au payement dudit Droit de Marc d'Or, & qu'aucun ne s'en puiffe exempter; Nous défendons très-expreffément aux Gardes des Rolles des Offices de France, de préfenter aucunes Provifions d'Offices ou Commiffions, de quelque nature qu'elles foient, à notre très-cher & féal Chancelier Garde des Sceaux de France, que les quittances du Marc d'Or expédiées en bonne forme, & controllées par lefdits Officiers prépofés par l'Ordre, n'y foient attachées; & en cas que ci-après il foit fait quelques créations d'Offices, le Marc d'Or d'iceux fera fixé & reglé fuivant la taxe de femblables Offices, qui fera contenue audit Rolle; & fi ce font des Offices non employés en icelui, le Droit de Marc d'Or en fera reglé en notre Confeil pour la première fois, & la taxe ajoutée audit Rolle, fans que nous puiffions nous en attribuer le droit, qui appartiendra audit Ordre, ainfi que de tous autres Offices généralement quelconques. Et d'autant que les grandes affaires qui nous font furvenues, Nous ont empêché de remplacer les deux cent mille livres d'une part, que ledit Ordre auroit fourni au feu Roi notredit Seigneur & Pere, dans une occafion preffante, & pareille fomme de deux cent mille livres d'autre, dont il nous a fecouru dans notre befoin; Nous voulons & ordonnons, qu'en attendant que nous puiffions acquitter lefdites fommes, il foit fait & laiffé un fonds par chacun an dans les états des Finances de la Généralité de Paris, à commencer audit jour premier Janvier 1657, de la fomme de vingt mille livres, pour les intérêts au denier vingt defdites fommes; lefquels vingt mille livres feront payées par nos Receveurs Généraux & mis ès mains du Grand Tréforier de nos Ordres fur fes fimples quittances, & feront lefdits payemens continués jufqu'à l'entier & parfait remplacement defdites deux fommes. Si DONNONS EN MANDEMENT à nos Amés & Féaux Confeillers, les Gens de nos Comptes à Paris, que le préfent Edit ils faffent lire, publier & regiftrer, & le contenu en icelui garder & obferver felon fa forme & teneur, fans permettre qu'il y foit contrevenu pour quelque caufe & occafion que ce puiffe être, nonobftant tous Edits, Ordonnances, Arrêts & autres chofes à ce contraires, auxquels pour ce re-

DE L'ORDRE DU S. ESPRIT.

gard nous avons dérogé & dérogeons par ces Préfentes : CAR tel eft notre plaifir. Et afin que ce foit chofe ferme & ftable à toujours, Nous y avons fait mettre notre Scel, fauf en autres chofes notre droit, & l'autrui en toutes. DONNÉ à Paris au mois de Décembre l'an de grace mil six cent cinquante-six, & de notre Regne le quatorziéme. *Signé*, LOUIS, & fur le replis, par le Roi; *Signé*, DE GUENEGAUD, & à côté, *Vifa*, SÉGUIER, pour fervir aux Lettres Patentes en forme d'Édit, portant Doublement pour le Marc d'Or.

Et au-deffous eft écrit : *Lû, publié & regiftré en la Chambre des Comptes; oui, & ce confentant le Procureur Général du Roi, par le commandement de Sa Majefté, porté par Monfieur le Duc d'Anjou, Frere unique du Roi, affifté des Sieurs Maréchal du Pleffis - Praflin, d'Ormeffon & de Lauzon, Confeillers en fon Confeil d'État, le fixiéme jour d'Avril* 1658. Signé, RICHER.

Le Rolle mentionné dans cet Édit contient 630 *Articles, & fut arrêté au Confeil d'État du Roi, tenu pour fes Finances à Paris, Sa Majefté y étant, le* 23 *Décembre* 1656. Signé, LOUIS, *& contre-figné*, DE GUENEGAUD : *Regiftré à la Chambre des Comptes le* 6 *Avril* 1658. Signé, RICHER.

Sur un *Duplicata* du même Édit adreffé au Chancelier de France, il eft écrit. *Lû & publié, le Sceau tenant de l'Ordonnance de Monfeigneur Séguier, Chevalier, Comte de Gien, Chancelier de France, & regiftré enfemble le Rolle dudit Marc d'Or y attaché, ès Regiftres de l'Audiencé de France, par moi Confeiller du Roi en fes Confeils, & Grand Audiencier de France, préfent. A Paris le* 30 *Décembre* 1656. Signé, DE COMBES.

AUTRE EDIT.

Portant aliénation de la moitié du Marc d'Or à faculté de rachapt par l'Ordre, création de deux Tréforiers & de deux Controlleurs Généraux, avec les Priviléges attribués au Herault, & défenfe de compter ailleurs qu'au Grand Tréforier des Ordres.

Du Mois de Décembre 1656.

LOUIS, PAR LA GRACE DE DIEU, ROI DE FRANCE ET DE NAVARRE, Chef & Souverain Grand Maître de l'Ordre de Saint Michel & Milice du Saint Efprit : A tous préfens & à venir, SALUT. Ayant, par notre Édit du préfens mois de Décembre, ordonné le Doublement du droit de Marc d'Or, & par ledit Édit fait don, ceffion & tranfport pour toujours & à perpétuité audit Ordre & Milice du Saint Efprit, tant de l'ancien droit de Marc d'Or qui avoit été employé depuis quelques années à l'entretennement d'icelui, que du doublement ordonné par ledit Édit pour en jouir par ledit Ordre; enfemble de tous les fruits & revenus qui en peuvent provenir, conformément au nouveau Rolle arrêté en notre Confeil d'État, fans en rien excepter ni referver, & fans que Nous, ni nos fucceffeurs Rois y puiffions jamais prétendre aucune chofe : Nous avons réfolu au dernier Chapitre tenu en notre préfence dans notre Château du Louvre le onziéme de ce mois, par l'avis unanime des Cardinaux, Prélats, Commandeurs & Officiers dudit Ordre qui y ont affifté, d'ordonner & faire l'aliénation de la moitié dudit droit augmenté, comme dit eft, dont nous avons eu agréable de faire don audit Ordre, afin qu'il puisse avoir la gloire dans les nécessités présentes d'une longue & fâcheuse guerre, où nous nous trouvons engagés, de nous secourir des deniers qui proviendront de ladite aliénation, & nous donner, par cette assistance, un nouveau témoignage de l'affection & fidélité que tous ceux qui composent ledit Ordre ont pour le bien de notre service, pour la prospérité de nos affaires, & pour défendre contre nos ennemis la dignité de notre Couronne, pour laquelle ils nous ont fait connoître qu'ils seront toujours prêts à l'avenir, comme ils ont été par le passé, d'employer leur sang & leur propre vie : &, d'autant que par le même Édit, Nous leur avons abandonné l'entiere disposition dudit droit de Marc d'Or, avec pouvoir d'établir tels Officiers & en tel nombre qu'ils jugeroient à propos, pour en faire la recette & controlle, Nous aurions pareillement résolu, par leur avis, de créer & établir deux Trésoriers & deux Controlleurs Généraux dudit droit, regler leurs fonctions, gages, taxations, & autres droits, afin que ladite recette puisse être commencée au premier jour de Janvier de l'année prochaine. A CES CAUSES, sçavoir faisons, que de l'avis du Chapitre où étoient notre très-cher & très-amé Frere unique le Duc d'Anjou, Commandeur de nos Ordres, & les Cardinaux, Prélats, Commandeurs & Officiers d'iceux, & en vertu de la puissance Souveraine qui nous appartient par les Statuts & constitutions desdits Ordres ; Nous avons dit, statué & ordonné ; disons, statuons & ordonnons, qu'il sera fait aliénation à faculté de rachapt perpétuel, & aux conditions les plus avantageuses qu'il se pourra, de la moitié dudit droit de Marc d'Or, doublé par notredit Édit du présent mois, & par Nous transporté & délaissé audit Ordre, tant pour Nous que pour nos successeurs Rois ; pour jouir par les acquéreurs de ladite moitié, par les mains des Trésoriers Généraux du Marc d'Or, qui seront créés par le présent Édit, préalablement pris & déduits sur le total du revenu dudit droit, les gages & taxations desdits Tréforiers Généraux, & des Controlleurs Généraux dudit droit, qui feront aussi préfentement créés, pour être les deniers qui proviendront, tant de ladite aliénation, que de la vente desdits Offices de Tréforiers & Controlleurs Généraux, payés & mis ès mains du Grand Tréforier de l'Ordre, & par lui remis & délivrés au Tréforier de l'Épargne, pour être employés aux dépenfes de la guerre, fur iceux néanmoins préalablement pris ce qu'il conviendra pour le remboursement des Offices de Receveurs du Marc d'Or, qui ont été suprimés par ledit Édit à cette condition. Et pour procéder à ladite aliénation, en regler & arrêter le prix, paffer les contrats, & tous autres actes qui feront néceffaires, en conféquence d'icelle, Nous avons dans ledit Chapitre nommé, commis & député, & en tant que befoin feroit, Nous nommons, commettons & députons par ces Préfentes, notre très-cher & féal le Sieur Servien, Commandeur & Chancelier de nos Ordres, & Surintendant des deniers d'iceux ; & notre cher & bien amé coufin le Duc de Tresmes & le Sieur de Senneterre, Commandeurs de nofdits Ordres, pour, conjointement avec ledit Sieur Servien, procéder à ladite aliénation, circonftances & dépendances d'icelle, en paffer tous contrats néceffaires à telles perfonnes & pour telles fommes qu'ils aviferont, confirmant & ratifiant dès à préfent tout ce qui fera par eux paffé, fait & réfolu en vertu des préfentes ; à condition toutefois que ledit Ordre aura toujours la faculté de racheter ladite moitié aliénée en rendant le prix de l'aliénation, & qu'après ledit rachapt, elle demeurera réunie avec l'autre au profit dudit Ordre, fans en pouvoir jamais être démembrée, ni employée ailleurs qu'à l'entretennement dudit Ordre. Et du même avis, puiffance & autorité que deffus, nous avons par le prefent Édit perpétuel & irrévocable, créé & établi, créons & établiffons deux Tréforier Géné-

raux,

raux, & deux Controlleurs Généraux héréditaires du Marc d'Or, chacun defquels fera ancien, alternatif, triennal & quatriennal, & ferviront alternativement ; un Tréforier & un Controlleur par chacune année, pour jouir defdits Offices par ceux qui en feront pourvus héréditairement ; enfemble des mêmes honneurs, autorités, franchifes & immunités, dont jouit le Hérault Roi d'Armes dudit Ordre. Feront lefdits Tréforiers Généraux la recette de tous les deniers dudit droit de Marc d'Or fur leurs fimples quittances, chacun en l'année de fon exercice, fuivant le nouveau Reglement arrêté en notre Confeil d'État, le vingt-troifiéme du préfent mois, fans qu'ils puiffent prendre ni exiger plus grand droit que celui qui eft porté par ledit Reglement ; ce que nous leur défendons très-expreffément, à peine de concuffion ; lefquels deniers ils payeront ; fçavoir, moitié d'iceux entre les mains du Grand Tréforier de l'Ordre, chacun à la fin de l'année de fon exercice, & quinze jours après l'échéance d'icelle, dans lequel tems ils feront auffi tenu de compter de leur maniement audit Grand Tréforier, fans qu'ils puiffent être obligés d'en compter ailleurs ; & l'autre moitié de fix mois en fix mois, à ceux auxquels en aura été fait l'aliénation ; déduction faite defdits gages & taxations, & ce, jufqu'au rachapt & remboursement d'icelle ; lequel étant fait par ledit Ordre, tous les deniers de la recette feront mis ès mains dudit Grand Tréforier, & au cas que lefdits Tréforiers Généraux faffent refus ou difficulté de payer dans les tems ci-devant déclarés, le Grand Tréforier pourra décerner fes contraintes contre eux & les faire exécuter. Et afin qu'ils ayent moyen de foutenir les dépenfes qu'il leur conviendra faire en ladite année d'exercice, tant pour leur entretennement & celui de leurs Commis, que pour le port & voiture des deniers de ladite Charge, Nous leur avons attribué & attribuons, à titre d'hérédité, fix deniers pour livre de taxations, à prendre chacun en l'année d'exercice feulement fur tous les deniers de ladite recette, defquelles taxations ils jouiront & leurs fucceffeurs auxdits Offices, leurs veuves & héritiers héréditairemnte, comme auffi jouiront chacun defdits Tréforiers de feize mille livres de gages par an, tant en exercice que hors icelui, que nous leur avons pareillement attribués & attribuons par ces Préfentes, & pourront retenir par leurs mains lefdits gages & taxations en ladite année d'exercice; & les autres années ils recevront leurs gages par les mains de celui qui fera en charge fur leurs fimples quittances. Et quant auxdits Controlleurs Généraux, ils tiendront regiftre & controlle exact de ladite Recette, controlleront toutes les quittances qui feront expédiées par lefdits Tréforiers Généraux ; & fi, par inadvertance ou autrement, il en étoit expédié aucune de moindres fommes que celles qui feront dues fuivant ledit nouveau Reglement, Nous leur défendons de les controller, qu'auparavant elles n'ayent été réformées, & afin de les obliger à travailler plus foigneufement à l'exercice de leurs Charges, Nous avons attribué & attribuons au même titre d'hérédité fix mille livres de gages par an à chacun d'eux, tant en exercice que hors d'icelui, & trois deniers pour livre de taxations fur tous les deniers de ladite recette, en leur année d'exercice feulement, pour jouir de leurfdits gages & taxations, tant par eux que par leurs fucceffeurs auxdits Offices, leurs veuves & héritiers héréditairement, à les avoir & prendre par les mains defdits Tréforiers Généraux, de quartier en quartier auffi fur leurs fimples quittances, outre & par-deffus le droit de vingt-quatre fols, qui a accoutumé d'être payé pour le controlle de chacune quittance de Marc d'Or ; voulant que vacation avenant defdits Offices de Tréforiers & Controlleurs Généraux, par mort, réfignation ou autrement, celui qui s'y voudra faire recevoir, prenne nouvelles Lettres de provifion, qui lui feront expédiées & fcellées

DE L'ORDRE DU S. ESPRIT.

fans, pour ce, payer aucune finance ; & qu'il prête le ferment en tel cas requis, entre les mains du Chancelier dudit Ordre, duquel il recevra la Croix & émail, ainfi qu'il a accoutumé d'être pratiqué pour le Herault Roi d'Armes dudit Ordre, fans que les pourvûs defdits Offices puiffent être dépoffédés, finon en cas de forfaiture feulement, ni leur nombre augmenté pour quelque caufe ou occafion que ce foit ou puiffe être. SI DONNONS EN MANDEMENT à notre très-cher & féal Commandeur Chancelier & Surintendant des deniers defdits Ordres, de tenir la main à ce que notre préfent Édit, que nous voulons avoir force de Loi & Statut inviolable, foit exécuté de point en point ; lefdits Tréforiers & Controlleurs Généraux payés de leurs gages & taxations, & maintenus dans leurs fonctions, droits, honneurs & priviléges. CAR tel eft notre plaifir. Et afin que ce foit chofe ferme & ftable à toujours, Nous avons fait mettre le Scel de nofdits Ordres à cefdites Préfentes. DONNÉ à Paris au mois de Décembre l'an de grace mil fix cent cinquante-fix, & de notre Regne le quatorziéme. *Signé*, LOUIS, & fur le replis, par le Roi, Chef & Souverain Grand Maître de l'Ordre de Saint Michel & Milice du Saint Efprit. *Signé*, DE BULLION, & fcellé du Grand Sceau defdits Ordres en cire blanche.

Et plus bas eft écrit : *Lû, publié & regiftré en la Chambre des Comptes ; oui, & ce confentant le Procureur Général du Roi, par le commandement de Sa Majefté, porté par Monfieur le Duc d'Anjou, Frere unique du Roi, affifté des Sieurs Maréchal du Pleffis-Praflin, d'Ormeffon & de Lauzon, Confeillers en fon Confeil d'État, le fixiéme jour d'Avril* 1658. Signé, RICHER.

TRÉSORIERS GÉNÉRAUX DU MARC D'OR.

Ils sont pourvûs par le Roi comme Chef & Souverain Grand-Maître de l'Ordre du S. Esprit, ainsi que les autres Officiers des Ordres de Sa Majesté.

I.

JEAN DE FAVEROLLES, Intendant de la Maison de la Reine Anne d'Autriche, Secrétaire du Roi, fut le premier pourvû par Lettres du 26 Décembre 1656, de l'un des deux Offices de Trésoriers Généraux, Ancien, Alternatif, Triennal & Quatriennal du Marc d'Or, créés par Edit des mêmes mois & an. Mort le 15 Novembre 1672.

II.

NICOLAS CHAUVEL, Seigneur de la Martiniere, fut pourvû de l'autre Charge de Trésorier Général du Marc d'Or, par Lettres du même jour 26 Décembre 1656, & s'en démit en 1659.

DE L'ORDRE DU S. ESPRIT.

III.

JEAN LE BRUN, fut pourvû de l'un des deux Offices de Tréforier Général du Marc d'Or, par Lettres du mois de Février 1658; il fut depuis Conseiller au Parlement de Paris, Maître des Requêtes, Préſident au Grand Conſeil, & mourut le 5 Juin 1676.

Par délibération de l'Ordre en forme de Statut du 25 Octobre 1658, il fut reſolu & arrêté que les Proviſions des Offices de Tréſoriers & Controlleurs Généraux du Marc d'Or, ſeroient réformées & expédiées à l'avenir ſous les titres d'Ancien & Triennal & Alternatif & Quatriennal, au lieu que chacune des Proviſions étoient expédiées ſous le titre d'Ancien, Alternatif, Triennal & Quatriennal, ce qui ſembloit impliquer contradiction.

IV.

EMERY PATU, fut pourvû ſur la démiſſion de *Jean le Brun* ſon neveu, de l'Office de Tréſorier Général, Ancien & Triennal, par Lettres du 26 Octobre 1658, ſcellées du Grand Sceau de l'Ordre en cire blanche.

V.

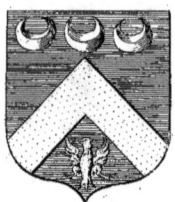

MICHEL DAMOND, Tréforier Général, Alternatif & Quatriennal du Marc d'Or, par Lettres de Provifions du mois de Décembre 1659, fcellées comme les précédentes, fur la démiffion de Nicolas Chauvel, Sieur de la Martiniere.

Le même Michel Damond fut encore pourvû de l'Office de Tréforier Général, Ancien & Triennal, après la mort d'Emery Patu, par Lettres du 16 Août 1672.

VI.

JEAN CHUPPIN, Tréforier Général, Ancien & Triennal, au lieu de Michel Damond, par Lettres du mois de Juillet 1690. Mort le 15 Août 1694.

VII.

NICOLAS CHUPPIN, Tréforier Alternatif & Quatriennal du Marc d'Or, au lieu de Michel Damond, par Lettres du mois de Juillet 1690, Sécrétaire du Roi en 1699. Mort le 20 Novembre 1713.

Le même Nicolas Chuppin, Tréforier Ancien & Triennal du Marc d'Or, au lieu de Jean Chuppin fon Frere, par Lettres du mois de Septembre 1691.

VIII.

LOUIS-FRANÇOIS MOUFLE, Seigneur de Champigny & de Valence, Tréforier Alternatif & Quatriennal du Marc d'Or, au lieu de *Nicolas* Chuppin fon Beau-Pere, par Lettres du mois de Février 1693. Mort le 7 Décembre 1725.

IX.

NICOLAS-AUGUSTIN CHUPPIN, Tréforier Général, Ancien & Triennal du Marc d'Or, par Lettres du mois de Janvier 1701. Les Offices du Marc d'Or ayant été fupprimés par Édit du mois de Janvier 1720; le Roi lui accorda un Brevet & des Lettres d'Honneur & de Véterance pour porter la Croix de l'Ordre fa vie durant, & pour jouir des Privileges & Exemptions des Tréforiers du Marc d'Or en Titre, en confidération des fervices rendus à l'Ordre par fon Pere & par lui pendant trente-quatre ans; il a été rétabli dans cette même Charge par Edit du mois de Janvier 1734, regiftré la même année. Mort le 28 Juin 1756.

X.

ETIENNE-CHRISTOPHE GUEFFIER, Ecuyer, Tréforier Général, Alternatif & Quatriennal du Marc d'Or, par Lettres du 12 Avril 1734, s'en démit le 19 Décembre 1741.

XI.

XI.

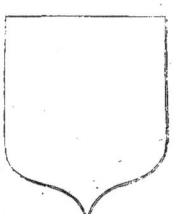

CHARLES-HARDOUIN DE BEAUMOIS, fut pourvû de la Charge de Tréforier Général, Alternatif & Quatriennal du Marc d'Or, par Lettres du 23 Décembre 1741, fur la démiffion d'Etienne-Chriftophe Gueffier.

XII.

NICOLAS CHUPPIN, Écuyer, Confeiller Sécrétaire du Roi, Maifon & Couronne de France & de fes Finances, Garde des Rôles des Offices de France, fut pourvû de la Charge de Tréforier Général, Ancien & Triennal du Marc d'Or le 9 Avril 1743, fur la démiffion de Nicolas-Auguftin Chuppin fon Oncle, qui en conferva la furvivance; il en prêta Serment le 24 du même mois, & eft en poffeffion de ladite Charge, du 28 Juin 1756, jour du décès de fon Oncle.

CONTROLLEURS GÉNÉRAUX DU MARC D'OR,

Créés par le Statut du 26 Décembre 1656.

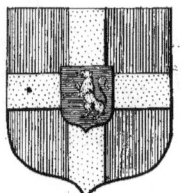

FRANÇOIS BOUSSELIN, fut pourvû de l'un des deux Offices de Controlleur Général Ancien, Alternatif, Triennal & Quatriennal, au mois de Décembre 1656.

RAOUL CROISET, fut pourvû de l'autre Office le 26 des mêmes mois & an.

DE L'ORDRE DU S. ESPRIT.

Depuis la réformation en vertu de la délibération du Chapitre de l'Ordre du 25 Octobre 1658.

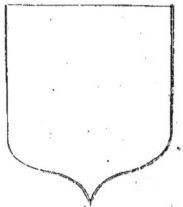

ETIENNE LE VASSOR, fut pourvû de l'Office de Controlleur Alternatif & Quatriennal au mois de Janvier 1660, sur la résignation de Raoul Croiset.

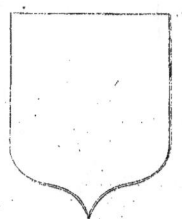

ETIENNE DU MONSTIER, pourvû de l'Office de Controlleur Général Quatriennal, sur la démission d'Etienne le Vassor, par Lettres du mois de Février 1663.

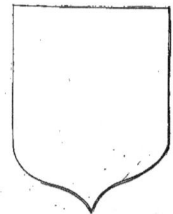

JACQUES CROISET, fut pourvû de l'Office de Controlleur Général Quatriennal du Marc d'Or, au lieu d'Etienne du Monftier, par Lettres du mois de Juillet 1663.

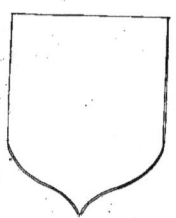

LOUIS CHAPPELAIN DE BILLY, fut pourvû de l'Office de Controlleur Général Alternatif, fur la réfignation d'Etienne le Vaffor, par Lettres du mois de Mai 1665.

JEAN GOUJON, pourvû à la place de Louis Chappelain de Billy, par Lettres du mois d'Août 1677.

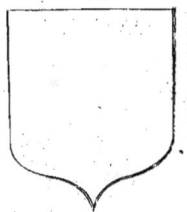

LOUIS REGNARD-DE-CLERBOURG, Controlleur Général, Alternatif & Quatriennal à la place de Jean Goujon, par Lettres du mois Mai 1682.

Nicolas Chuppin, pourvû après la mort de Louis Renard-de-Clerbourg. Il fut depuis Tréforier Général, par Lettres du mois de Juillet 1686.

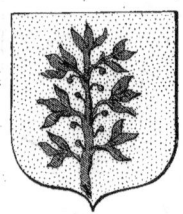

Guillaume LE JUGE, Sieur de Bouzonville, Controlleur Général, Alternatif & Quatriennal, fur la démiffion de Nicolas Chuppin, par Lettres du 6 Juillet 1690.

DE L'ORDRE DU S. ESPRIT. 535.

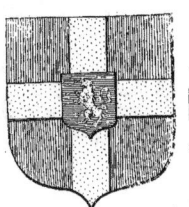

EUSTACHE BOUSSELIN, Controlleur Général, Ancien & Triennal, par le décès de François Bouffelin son Pere, par Lettres du mois de Décembre 1692. Mort au mois de Juillet 1711.

FRANÇOIS BANCE, Sécrétaire du Roi, Controlleur Général du Marc d'Or, après la mort d'Eustache Bouffelin, le 30 Juin 1712. Mort le 13 Janvier 1713.

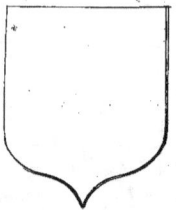

Jean GUYON, Payeur des Rentes de l'Hôtel de Ville de Paris, fait Controlleur du Marc d'Or, par la mort de François Bance le 14 Février 1713. Mort le 20 Avril 1742.

Gilles VERNIER, Sécrétaire du Roi, fut pourvû de l'Office de Controlleur Général, Ancien & Triennal du Marc d'Or, (rétabli par l'Edit du mois de Janvier 1734,) par Lettres du 7 Avril de la même année. Mort le 6 Mai 1754.

PIERRE

PIERRE CARRELET, Controlleur Général, Alternatif & Quatriennal du Marc d'Or, (Office rétabli par le même Édit que celui ci-dessus,) par Lettres du 7 Avril 1734.

LOUIS VERNIER DE JOYENCOURT, fut pourvû de la Charge de Controlleur Général, Ancien & Triennal du Marc d'Or, en survivance de Gilles Vernier son Pere le 17 Août 1752, & a été en possession de ladite Charge par sa mort arrivée le 6 Mai 1754. Mort le 27 Décembre 1759.

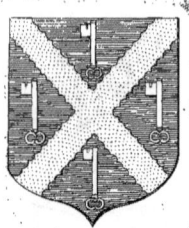

Jules-David Cromot, Premier Commis des Finances & Payeur des rentes de l'Hôtel de Ville de Paris, fut pourvû de l'Office de Controlleur Général, Alternatif & Quatriennal le 27 Février 1754, sur la démission de Pierre Carrelet, & fut reçu le 1 Mars suivant.

Nicolas-Charles Millet de Montarby, Ecuyer, fut pourvû le 8 Février 1760, de l'Office de Controlleur Général, Ancien & Triennal du Marc d'Or, vacante par le décès de Louis Vernier de Joyencourt, & fut reçu le 18 du présent mois.

1758.

HISTORIOGRAPHE
DES ORDRES DU ROI.

I.

GERMAIN-FRANÇOIS POULLAIN DE SAINT-FOIX, ci-devant Officier de Cavalerie dans le Colonel-Général & Maître des Eaux & Forêts de Rennes : Historiographe des Ordres du Roi, par Brevet du 18 Septembre 1758.

TABLE ALPHABÉTIQUE

DU
CATALOGUE DES CHEVALIERS,
COMMANDEURS ET OFFICIERS
DE L'ORDRE
DU SAINT ESPRIT.

A.

AGOUT ET DE MONTAUBAN, (François-Louis d') Comte de Sault. 54
AGUESSEAU, (Henri-François d') Seigneur de Fresne. 468
AILLY, (Louis-Auguste d'Albert d') Duc de Chaulnes. 324, 402
AYEN, (Louis de Noailles Duc d') 397
ALBERGOTI, (François-Zenobe-Philippe) Lieutenant Général des Armées du Roi. 295
ALBERT, (Léon d') Seigneur de Brantes. 140
ALBRET, (Henri d') Premier du Nom, Comte de Marennes. 80, 150, 207
ALEGRE, (Claude-Yves Marquis d') 301, 345
ALENÇON, (François de France Duc d') 66
ALOGNY, (Louis d') Marquis de Rochefort. 146
ALTAMIRA, (le Comte d') 427
AMBOISE, (Louis d') Comte d'Aubijoux. 41
AMBRES, (Daniel-François Comte de Gelas de Voisins d') appellé le *Comte de Lautrec*. 381

TABLE

AMELOT, (Jean-Jacques) Marquis de Combronde. 455
AMIOT, (Jacques) Evêque d'Auxerre. 7
ANGENNES, (Nicolas d') Seigneur de Rambouillet. 27, 31, 53, 70, 135
ANGLURE, (Anne d') Marquis de Givry. 108
ANJOU, (Philippe de France Duc d') 188, 276
FERDINAND, Fils. 351
APCHIER, (Claude Annet d') *appellé le Comte d'Apcher.* 399
ARCO, (Alonso-Manrique de Solis & de Vivero, Duc de l') 353
ARMAGNAC, Louis de Lorraine Comte d') 237, 316
ARMENTIERES, (Louis de Conflans Marquis d') 408
ARPAJON, (Louis, Vicomte, puis Duc d') 169
ARRAGON, (Jacques-François Milano-Franco) II Prince d'Ardore. 391
ASTURIES, (Louis I du Nom, Prince des) depuis Roi d'Espagne. 309
AUBESPINE, (Gabriel de l') Evêque d'Orléans, 119, 183, 436, 437, 472
AUBETERRE, (Jean-Pierre, ou François, Marquis d') 302
AUBIGNÉ, (Charles d') *nommé le Comte d'Aubigné.* 261
AUBIN, (Paul) Sieur de Bourgneuf. 500, 501

AUBUSSON DE LA FEUILLADE, (Georges d') Evêque de Metz. 190, 248
AUDIBERT, (Jean d') Comte de Luffan. 271
AUMALE, (Charles de Lorraine Duc d'.) 9
AUMONT, (Jean d') Comte de Chateauroux. 15, 97, 173 Ducs. 247, 297, 303, 384
AUTHUN, (Antoine d') Seigneur de la Baume. 180
AUXI, (François de Monceaux d') Seigneur de Villiers-Houden. 179, 369

B.

BABOU (Georges) Comte de Sagonne. 89
BALSAC, (François de) Seigneur d'Entragues. 19, 43, 84, 182, 183
BANCE, (François) Sécrétaire du Roi. 535
BARBERIE (François-Dominique de) Chevalier, *appellé le Marquis de St. Contest.* 457
BARBERIN, (Antoine) Cardinal. 186
BARBEZIERES, (Méry de) Seigneur de la Roche-Chemeraut. 55
BARRAULT, (N.... de) 302
BASCHI, (François des Comtes de) 414
BASSOMPIERRE (Christophe Baron de) Seigneur d'Harouel. 69, 132

ALPHABETIQUE.

BAUDEAN, (Henri de) Comte de Parabere. 176
BAUFREMONT, *dit de Vienne*, (Antoine de) Marquis d'Arc. 59, 134
BAUMANOIR, (Jean de) III du Nom, Marquis de Lavardin. 79, 192, 257
BAUME, (François de la) Comte de Suze. 29, 182, 215, 291
BAYLENS, (Bertrand de) Baron de Poyanne. 102, 167, 219
BAZAN-BENAVIDEZ, (Alvare-Antoine de) Marquis de Santa-Cruz. 361
BAZIN, (Jacques) Seigneur de Bezons, Maréchal de France. 325
BEAUCLER, (Michel de) Chevalier, Baron d'Acheres en Beauſſe. 449
BEAUDET DE MORLET, (Charles-Michel) Ecuyer. 498
BEAUJON, (Jean-Nicolas de) Avocat Général de la Cour des Aydes de Bordeaux. 492
BEAUMOIS, (Charles-Hardouin de) 529
BEAUMONT DU REPAIRE, (Chriſtophe de) Archevêque de Paris. 392
BEAUNE, (Renaud de) Archevêque de Bourges. 73
BEAUPOIL DE SAINT AULAIRE, (Marc-Antoine Front de) Marquis de Lanmary. 431

BEAUSSE, (Louis de) 496
BEAUVAU DE RIVAU, (René-François de) Archevêque de Narbonne. 315
Comte de Beauvau. 335
Beauvau-Craon. 415
BEAUVILLIER, (François de) Comte, puis Duc de S. Aignan. 204, 244, 321
BEAUVOIR DE GRIMOARD, (Scipion de) Comte du Roure. 218
BEC, (Philippes du) Archevêque & Duc de Reims. 76
Marquis de Vardes. 130, 208, 305
BELLAY, (René du) Prince d'Yvetot. 70, 127
BELLEFOURIERE, (Charles-Maximilien de) Marquis de Soyecourt. 208
BELLENGREVILLE, (Joachim de) Seigneur de Neuville-Gambetz. 127
BELLEVILLE, (Charles de) Comte de Coſnac. 68
BENAVIDES D'ARRAGON LA CUEVA BIEDMA D'AVILA CORELLA (Manuel Domingue de) Comte de Saint-Iſtevan. 352
BEON DU MASSES, (Bernard de) Lieutenant Général au Gouvernement de Xaintonge. 112
BÉRAUDIERE, (Emmanuel-Philbert de la) Seigneur de l'Iſle-Roüet. 184, 304

Marquis, 304
BÉRENGER, (Pierre de) Comte de Charmes. 389
BÉRINGHEN, (Henri de) Seigneur d'Armainvilliers & de Grez. 211, 253, 355
BERNIS, (François-Joachim de Pierre de) Cardinal. 419
BERRI, (Charles de France Duc de) 280
BERTIN, (Auguste-Louis) Conseiller du Roi en ses Conseils. 488
BERTON, (Louis de) Seigneur de Crillon, *dit le Brave*. 52
BÉTHOULAT DE COSSAGNE, (André de) Comte de la Vauguyon. 266
BETHUNE, (Philippe de) Baron, puis Comte de Selles, 129, 215
D'Orval, 170
de Charost, 205, 251, 322, 348
de Chabris, 229, 416
de Sully, 240, 318
BÉZIADE, (Claude-Théophile de) Marquis d'Avarey. 366
BIGNON, (Armand-Jérôme) Chevalier, Seigneur de l'Isle-Belle. 457
BILLY, (Louis Chappelain de) 532
BIRAGUE, (René de) Cardinal. 4
Conseiller d'État. 25

BIRON, (Charles-Armand-Dominique de Gontaut, Duc de) 363, 381, 415
BONNE, (François de) Duc de Lesdiguieres. 151, 170, 181
BLÉ, (Jacques du) Marquis d'Uxelles. 183, 268, 302
BLOSSET, (Jean) Seigneur & Baron de Torcy. 17
BOIS, (Louis du) Seigneur des Arpentis. 58
BONZI, (Pierre) Cardinal du titre de Saint Onufre. 235
BOSSOST, (Roger de) Baron d'Espenan. 299
BOUCHARD, (David) Vicomte d'Aubeterre. 61, 180, 332, 417
BOUCHERAT, (Louis) Chancelier de France. 443
BOUCHET, (Jean du) Marquis de Sourches. 212
BOUFLERS, (Louis-François, Duc de) 255, 380
BOUHIER, (Vincent) Seigneur de Beaumarchais. 484
BOUILLÉ, (René de) Comte de Créance. 57
BOULIN, (Pierre) 510
BOULLONGNE, (Jean de) Controlleur Général des Finances. 472, 488
BOURBON, (Charles de) Cardinal. 3
Prince Dauphin d'Auvergne. 21

III

III du Nom Cardinal. 108
Archevêque de Rouen. 436
Duc de 232
Charollois, 312
Clermont, 316
Condé, 116, 193, 293, 403
Conty, 21, 194, 233, 294, 359, 402
Monpensier, 66, 77
Soissons, 48, 121
Verneuil, 194
Du Maine, 233
Dombes, 343
Eu, Ibid
Touloufe. 273
Penthievre. 375
BOURCIER DE BARRY DE SAINT AULNES, (Henri) 303
BOURDEILLE, (Henri de) Vicomte de Bourdeille. 132
BOURGOGNE, (Louis de France Duc de) puis Dauphin. 276
BOUSSELIN, (François) 530, 535
BOUTHILLIER, (Claude) Chevalier, Seigneur de Pons-sur-Seine. 460, 461, 484, 485
BOUTON, (Noël) Marquis de Chamilly. 289
BRAILLY, (François de) Seigneur de Mainvilliers. 69
BRANCAS, (Georges de) Duc de Villars. 184, 318

Comte de Cérefte. 325, 406
BRET DE FLACOURT, (Vincent le) Conseiller au Parlement. 502
BRICHANTEAU, (Antoine de) Marquis de Nangis. 78, 140, 349
BRIDIEU, (Louis de) Lieutenant de Roi à Guife. 304
BRIONNE, (Louis de Lorraine, Comte d'Armagnac & de) 237, 403
BRIQUEVILLE, (François de) Comte de la Luzerne. 368
BROGLIO, (Charles-Amédée) Comte de Revel. 286, 304, 356, 417, 434
BROUILLY, (Antoine de) Marquis de Piennes. 216
BRUSLARD, (Roger) Marquis de Sillery & de Puyfieulx. 287, 395, 459
BRUN, (Jean le) 525
BUADE, (Antoine de) Seigneur de Frontenac. 143
BUADE, (Royer de) Sieur de Cussy. 501
BUDOS, (Antoine-Hercule de) Marquis de Portes. 148
BUEIL, (Honorat de) Seigneur de Fontaines. 37, 94, 98
BULLION, (Anne-Jacques de) Marquis de Fervaques, Seigneur de Bonnelles. 328, 438, 474, 486

Zzz

TABLE

BULKELEY, (François de) appellé le Comte de Bulkeley. 394

C.

CAILLEBOT, (Louis de) Marquis de la Salle. 253, 302
CALVO, (François de) Lieutenant Général des Armées du Roi. 260
CAMBIS, (Louis Dominique de) Marquis de Cambis-Velleron. 368
CAMBOUT, (Charles du) Baron de Pont-Château.171 de Coiflin, Cardinal, 236 Duc, 246, 283
CAMILLE, (Louis de Lorraine) appellé le Prince Camille. 410
CAMUS, (Nicolas le) Conseiller du Roi en tous ses Conseils. 454
CANILLAC, (François-Claude de Beaufort-Montboissier de) Auditeur de Rote à Rome. 410
CANTELMI, (Rostain) Duc de Popoli. 310
CARBOGNANO (N.... Prince de) 299
CARDAILLAC ET DE LÉVIS, (Louis de) Comte de Biculés. 217
CARRELET, (Pierre) 537
CASSAGNET, (Jean-Baptiste de) Marquis de Tilladet. 252
Fimarcon, 303, 334
CASTELLANE, (Louis de) dit *Adhémard de Monteil*, Comte de Grignan. 47
CASTELNAU, (Michel de) Seigneur de Mauvissiere. 69
Marquis, 301
CASTILLE, (Jacques de) Baron de Castelnau. 182
CAUMONT, (Gabriel Nompar de) Comte de Lausun. 56, 137, 302
CAUVISSON, (N.... Marquis de) 305
CAZILLAC, (François de) Baron de Cessac. 42
CÉSARINI, (Julien) Duc de Cittanova. 203
CHABANNE, (François de) Marquis de Curton. 44
CHABOT, (François) Marquis de Mirebeau. 49, 66, 93
CHAMILLARD, (Michel) Chevalier, Marquis de Cany. 465
CHAMPAGNE, (Louis de) Comte de la Suze. 57
Marquis de Villaines. 103
CHASTELET, (Jean du) Seigneur de Thon. 60
CHASTEIGNER, (Louis) Seigneur d'Abain. 39
CHASTILLON, (Alexis-Henri de) dit *le Marquis de Châtillon*. 268, 355

ALPHABETIQUE.

CHATRE, (Claude de la) Seigneur & Baron de la Maisonfort. 51, 97
CHATEAUVIEUX, (Joachim de) Seigneur de Verjon 43
CHAULNES, (Honoré d'Albert, Duc de) 139, 197, 324, 402
CHAUVEL, (Nicolas) Seigneur de la Martiniere. 523
CHAUVELIN, (Louis) Seigneur de Grisenoire. 466, 480
CHAZERON, (Gilbert, Seigneur de) 88
CHENDRET, (Antoine) Sieur du Bouchoir. 497
CHEVARD, (Alexandre) Chevalier de l'Ordre Royal & Militaire de S. Louis. 504
CHOISEUL, (Charles de) Marquis de Praslin. 87, 302 Ducs. 199, 247, 418, 434 Marquis de Francieres, 259
de Meuze, 386
CHOURSES, (Jean de) Seigneur de Malicorne. 16
CHUPPIN, (Jean) 526, 527, 528, 529, 534
CLAIRAMBAULT, (Pierre) Généalogiste des Ordres du Roi. 491, 492
CLAIRAVAULT, (N.... Baron de) 304
CLERBOURG, (Louis Regnard de) 533
CLEREMBAUD, (Philippe de) Comte de Palluau, Maréchal de France. 209
CLERMONT ET DE TONNERRE, (Charles-Henri, Comte de) 161, 206 Evêque & Comte de Noyon. 277
Gallerande, 340
Marquis de Vauvillars, 339
COCHEFILET, (André de) Comte de Vauvineux. 141
COEFFIER, (Antoine) dit Ruzé, Marquis d'Effiat. 152, 262
COETLOGON, (Alain-Emmanuel, Marquis de) Maréchal & Vice-Amiral de France. 337
COETQUEN, (Jean, Marquis de) 110
COLBERT, (Édouard-François) Comte de Maulévrier. 256
Torcy, 440, 445, 464
Seignelay, 462, 463,
Marquis de Croissy, 463
Seigneur de S. Pouanges, 464, 486
COLIGNY, (Charles de) Marquis d'Andelot. 129
COLONNA, (Louis Riggio Saladino Branciforti) Prince de Campo-Florido. 387
COLONNE, (Philippe) Prince de Sonine. 228
COMBAULT, (Robert de) Seigneur d'Arcies. 45

Zzz ij

COMINGES, (François de) Seigneur de Guitaut. 206, Comte de 210
CONFLANS, (Eustache de) Vicomte d'Ouchy. 99
CONTADES, (Louis-Georges-Érasme de) appellé le Marquis de Contades. 421
CONTI-SFORCE, (Alexandre) Duc de Segni. 107, 228
COSNAC, (Daniel de) Évêque & Comte de Valence. 283
COSSÉ, (Artus de) Seigneur de Gonnor. 10
Duc de Brissac, 85, 160 379
Comte de Châteaugiron, 221
COURCILLON, (Philippe de) Marquis de Dangeau. 254
COURT, (Louis de la) 511
COTTIGNON, (Gabriel) Seigneur de Chauvry. 490, 491
CRÉQUY, (Charles Sire de) Prince de Poix. 128
Duc, 200
CREVANT, (Louis de) Vicomte de Brigueil. 136
Duc d'Humieres, 249
CRILLON, (Jean-Louis Berton de) Archevêque & Primat de Narbonne. 376
CROISET, (Raoul) 530, 532
CROIX, (René-Gaspard de la) Marquis de Castries. 223, 340
Archevêque d'Alby, 359
CROY, (Philippe-Emmanuel-Ferdinand-François de) Comte de Solre. 265
Prince du Saint Empire, 423
CROMOT, (Jules-David) Premier Commis des Finances. 538
CROZAT, (Antoine) Marquis du Châtel. 467
CRUSSOL, (Jacques Comte de) Duc d'Uzès. 8, 125, 196, 239, 317
Marquis de, 408
CUEVA ET BENAVIDES, (Don Isidore-Juan Joseph-Domingo de la) IV Marquis de Bedmar. 292
CUGNAC, (François de) Seigneur de Dampierre. 82

D.

DAILLON DU LUDE, (René de) Abbé de Chasteliers. 6
Comte. 29
Evêque d'Alby. 191
Duc. 204
DAMAS, (Charles) Comte de Thianges. 175, 179.
DAMOND, (Michel) 526
DARGENSON, (Antoine René de Voyer Marquis de Paulmy) 471

DAUPHIN, (Louis) Fils unique du Roi, né en Novembre 1661. 231
    Louis Dauphin, Fils unique de Louis le Bien-Aimé. 376
DAUVET, (Gaspard) Conseiller d'État. 142
    Grand Fauconnier de France. 305
DAVY, (Jacques) Cardinal du Perron. 106
DECHAUX, (Bertrand) Evêque de Bayonne. 118
DES CHAMPS, (Etienne) 510
DESCHIENS, (Charles) Seigneur de la Neuville. 487
DESMARETS, (Jean-Baptiste-François) Marquis de Maillebois. 338, 465
    Comte. 416
DES PRÉS, (Jean) 502
DINTEVILLE, (Joachim de) Seigneur de Dinteville. 42
DIZIMIEU, (Cezar de) Conseiller d'État. 181
DODUN, (Charles-Gaspard) Marquis d'Herbault. 468
DREUX, (Michel de) Marquis de Brezé. 456
DU GUÉ, (Jean) Valet de Chambre du Roi. 493, 494
DUMAINE, (Léonor-Marie) Comte du Bourg. 295
DURET, (Charles) Seigneur de Chevry. 473

DURFORT, (Hector Renaud de) Comte de Launac en Agenois. 69
    Seigneur de Born. 98, 180, 181
    Duc de Duras & de Lorges. 250, 356
    Duc de Randan. 384

E.

EBRARD, (Jean d') Baron de S. Sulpice. 23
EGUILLON, (Jean-Valentin d') Sieur de Benevent. 503
ELBEUF, (Charles de Lorraine I du Nom Duc d') 28, 124
ENTIO, Marquis de Bentivoglio. 184
ESCARS, (Charles d') Evêque de Langres. 6
    Comte de la Vauguyon 11, 12, 180
ESCOUBLEAU, (François d') Seigneur de Sourdis. 60
    Evêque de Maillezais. 76
    Archevêque de Bordeaux. 156
    Marquis 169
    Comte. 265
ESPAGNE, (Charles Infant d') aujourd'hui Roi d'Espagne. 351
    Philippe Duc de Parme. 361
ESPARBÉS, (Jean-Pierre ou François) Marquis d'Aubeterre. 302

ESPINAY, (François d') Seigneur de Saint Luc. 79, 120, 133, 214.
EST, (Louis Cardinal d') 65 Duc de Modene. 429
ESTAIN, (François Comte d') 305, 331
ESTAMPES, (Jacques d') Seigneur de Valençay. 149, 200
Marquis de Mauny. 270
ESTRADES, (Godefroy Comte d') Maréchal de France. 223
ESTRÉES, (Antoine d') Marquis de Cœuvres. 18, 161
Cardinal. 234
Ducs. 242, 288
Comte. 251
Abbé d'Évron. 287
Montmirail. 390
ESTOURMEL, (Michel d') Seigneur de Guyencourt. 109, 300
ETANG, (Christophe de l') Evêque de Carcassonne. 119
EURE DUPUIS-S. MARTIN, (Rostaing Antoine d') Seigneur d'Aiguebonne. 300

F.

FABERT, (Abraham) Maréchal de France. 306
FARE, (Philippe-Charles de la) Marquis de la Fare. 357
FAVEROLLES, (Jean de) Intendant de la Maison de la Reine Anne d'Autriche. 523

FAUDOAS, Jean-François) de) dit d'*Averton.* 102
FAY, (Jean-Hector de) Marquis de la Tour Maubourg. 394
FAYE, (François-Marie de Villers la) Comte de Vaulgrenant. 398
FÉNELON, (Gabriel-Jacques de Salignac de la Mothe) Marquis de, 371
FERRIERE, (Charles-Antoine de) Marquis de Sauvebeuf. 302
FIESQUE, (Scipion de) Comte de Lavagne. 14
FILHET, (Gilbert) Seigneur de la Curée. 128
FITZJAMES, (Jacques) Duc de Berwick. 323, 411
FLEURIAU, (Joseph-Jean-Baptiste) Seigneur d'Armenonville. 467
FOIX-CANDALE, (François de) Captal de Buch. 64
Duc de Randan, 245
FONT, (Antoine de la) Marquis de Savine. 367
FORGET, (Pierre) Seigneur de la Picardiere. 489
FOUQUET DE BELLE-ISLE, (Charles-Louis-Auguste) Comte de Gisors. 360
Conseiller d'État. 441
Evêque & Comte d'Agde, 442
FOURBIN, (Toussaint de) Cardinal de Janson. 272

ALPHABETIQUE.

FRANQUETOT, (François de) Comte de Coigny. 333, 382
FROULAY, (Charles, Comte de) 212
Comte de Teſſé, 269, 349
FURSTEMBERG, (Guillaume-Egon de) Cardinal, Evêque de Strasbourg. 274

G.

GADAGNE, (Guillaume de) Seigneur de Botheon. 94
GALLARD DE BÉARN, (Jean de) Comte de Braſſac. 166
GAND DE MÉRODE DE MONTMORENCI, (Louis de) Prince d'Iſenghien. 336
GASSION, (Jean, Chevalier Marquis de) 378
GELAIS, (Louis de Saint) dit, *de Léſignem*, Baron de la Motte Sainte Héraye. 22
GÉLAS DE VOISINS, (Hector de) Marquis de Leberon & d'Ambres. 175, 381
GESVRES, (Léon Potier de) Cardinal, ci-devant Archevêque de Bourges. 313
Cardinal Évêque Comte de Beauvais. 420
Duc, 347
GIGAULT, (Bernardin) Marquis de Bellefons. 249
GIRARD, (Bernard de) Seigneur du Haillan. 489
GOESBRIAND, (Louis Vincent, Marquis de) 296
GONDY, (Pierre de) Evêque de Paris. 5
Premier Archevêque de Paris, 155
Duc de Retz, 16, 125, 198
Cardinal, 118
Baron de Codun, 112
Comte de Joigni, 135
GONTAULT, (Armand de) Seigneur & Baron de Biron. 28, 74, 303
Baron de Salagnac, 112
Duc, 363, 381
Marquis, 415
GONZAGUES, (Ludovic de) Duc de Nevers. 7
GOUFFIER, (François) Seigneur de Crévecœur. 10
Duc de Rouannois. 181
GOUJON, (Jean) 532
GOTH, (Louis) Marquis de Rouillac. 299
GOURDON DE GENOUILLAC, (Jean-Paul de) Comte de Vaillac. 222
GOYON, (Jacques) Seigneur de Matignon. 23, 259, 327
Comte de Thorigny & de Gacé, 213, 327
Chevalier Marquis, 341
Maréchal de France. 427
GRAMMONT, (Antoine de) Souverain de Bidache. 137

Duc, 198, 243, 345
Comte de 347
GRANGE, (François de la)
Seigneur de Montigny. 84
Marquis d'Arquien, puis
Cardinal. 275
GRAVILLE, (Louis-Robert
Mallet de) *appellé le Comte
de Graville.* 422
GRIMALDI, (Honoré) II du
Nom, Prince de Monaco.
178, 426
Duc de Valentinois. 242
GRIMONVILLE, (Nicolas
de) Seigneur de Larchant.
40, 100
GRUEL, (Claude) Seigneur
de la Frette. 89
GUALTÉRIO, (Philippe-
Antoine) Cardinal Évêque
de Tody. 426
GUEFFIER, (Étienne-Chris-
tophe) 497, 528
GUÉNÉGAUD, (Henri de)
Seigneur du Plessis. 441
GUICHE, (Philbert, Seigneur
de la) 20
Comte de la Palisse,
130, 264
GUISCARD, (Louis de)
Comte de Neuvy-sur-Loire,
277
GUISE, (Louis de Lorraine,
Cardinal de) 4
Duc, 22, 121, 122
GUYON, (Jean) Payeur des
Rentes de l'Hôtel de Ville.
536
GUZMAN SPINOLA

DAVALOS PALAVICIN
SANTILLAN ET ME-
ZIN, (Jacques-Manuel-Mi-
chel-Joseph-Jean-Nicolas
de) Second Marquis de la
Mina, 370

H.

HALLÉ, (Jean) Payeur
des gages du Parlement. 496
HALLWIN, (Charles de) 11
HANIQUE, (Pierre de) dit
Boisjamin, Baron de Cheny.
500
HARCOURT, (Henri de Lor-
raine, Comte de) 157
Marquis de Beuvron,
179, 255
Duc, 288, 348, 393,
411
Comte de Croissi, 305
HARDY, (Philippe-Auguste
le) Marquis de la Trousse.
263
HARLAY, (Robert de) Ba-
ron de Montglat. 110
Seigneur de Sancy, 111
Comte de Beaumont,
179
de Breval-Chanvalon,
190, 304
HARVILLE, (Claude de)
Seigneur de Paloiseau. 99
HAUTEFORT, (Jacques-
François Marquis de) 213,
301, 330, 405
HAUTEMER, (Guillaume
de) Seigneur de Fervaques.
82

HAUTERIVE,

ALPHABETIQUE.

HAUTERIVE, (N... d') 304
HENRI III, Premier Chef & Inftituteur de l'Ordre. 1
HENRI, IV du Nom, fecond Chef de l'Ordre. 75
HERVAUT, (George Ifauré Marquis d'). 303
HOPITAL, (Jacques de l') Comte, puis Marquis de Choify. 104
 Marquis de Vitry, 95
 Duc, 144
 Comte de Rofnay 145
 Marquis de Châteauneuf-fur-Cher, 407
HOSTUN, (Camille d') Duc de Tallard. 284, 324
HUMIERES ET DE MONCHI, (Jacques de) Marquis d'Ancre. 15, 81
HURAUT, (Philippe) Comte de Cheverny. 435

L

JABLONOUSKI, (Jofeph Alexandre des Ducs de Pruffe) 413, 433
JAY, (Nicolas le) Baron de Tilly. 438
JEANNIN DE CASTILLE, (Nicolas) Marquis de Montjeu. 475
JOINVILLE, (Claude de Lorraine, qualifié *Prince de*) Duc de Chevreufe. 122
JOVENAZZO, (Antoine-Michel-Jofeph, &c. troifiéme Duc de) 353

JOYEUSE, (Anne Duc de) Amiral de France. 32
 Cardinal, 70
 Comte du Bouchage, 40
 Comte de Grand-Pré, 182, 220
 Maréchal de France, 66, 260
ISLE, (Claude de l') Seigneur de Marivaux. 86, 111
JUGE, (Guillaume le) 534
JUGIE DU PUY-DUVAL, (François de la) Seigneur & Baron de Rieux. 53
JUVENEL DES URSINS, (Chriftophe) Marquis de Traifnel. 13, 105

L.

LAMBERT, (Jean de) 303
LAMET, (Antoine-François de) dit *de Buffy-Lamet*. 305
LAMOIGNON, (Chreftien de) Marquis de Bafville. 478
LANCELOT, Seigneur de Vaffé. 142
LANGLADE, (Nicolas-Jofeph-Balthazard de) Vicomte de Chayla. 88
LANNION, (Hyacinthe-Cajétan de) *appellé Comte de Lannion.* 424
LANNOY, (Charles, Comte de) Seigneur de la Boiffiere. 164
LA PORTE, (Charles de)

Marquis, puis Duc de la Meilleraye. 172, 243
LARRY, (Jean de Saint) Seigneur & Baron de Termes. 46, 80, 147
LAVAL, (Urbain de) Seigneur de Bois-Dauphin. 92
Marquis de Treves. 304
LA VALLÉE-FOSSEZ, (Gabriel de) Marquis d'Everly. 167
LA VALLIERE, (Louis-Cézar de la Baume le Blanc, Duc de) 399
LA VRILLIERE, (Louis-Phélipeaux, Chevalier Seigneur de.) 450, 476, 477
Comte de St. Florentin, 446, 481
LAUZIERES-THÉMINES-CARDAILLAC, (Pons de) Marquis de Thémines. 95
LEAUMONT, (Jean de) Seigneur de Puygaillard. 26
LE BAS DE MONTARGIS, (Claude) Marquis de Boucher-Valgrand. 479
LÉNONCOURT, (Philippe de) Évêque d'Auxerre. 5
Seigneur de Lénoncourt. 27
LE PRESTRE, (Sebastien) Seigneur de Vauban. 290
LE ROY, (François) Seigneur de Chavigni. 13
LÉVIS, (Antoine de) Comte de Quélus. 30

Comte de Charlus, 184
Comte de Ventadour, 67
Duc, 101, 158, 354
Seigneur de Mirepoix, 109, 373
LIVRON, (Charles de) Marquis de Bourbonne. 168
LIXIN, (Jacques-Henri de Lorraine, Prince de) 346
LOMÉNIE, (Henri-Auguste de) Chevalier Seigneur de la Ville aux Clercs. 448
Seigneur de la Faye. 449
LORRAINE, (Charles de) Premier du Nom, Duc d'Elbœuf. 28, 122
Cardinal de Vaudemont. 37
Abbé de Saint Benoît-sur-Loire, 238
LOSSES, (Jean de) Gouverneur de la Ville & Citadelle de Verdun. 67
LOUBENS, (Jacques de) Seigneur de Loubens. 52
LOUIS XIII, troisiéme Chef de l'Ordre. 115
LOUIS XIV, quatriéme Chef de l'Ordre. 187
LOUIS XV, cinquiéme Chef de l'Ordre. 311
LOWENDAL, (Woldemar, Comte de) 389
LUGNET DE PERSEVILLE, (Jean-Charles) Chevalier de l'Ordre Royal & Militaire de Saint Louis. 504

ALPHABETIQUE.

LUYNES, (Charles d'Albert, Duc de) 126, 196, 240, 393, 421
   Cardinal, 420
LUXEMBOURG, (François de) Duc de Piney. 25, 248, 319, 379
   Comte de Brienne. 92
LYONNE, (Comte de) Chevalier Marquis de Berny. 450

M.

MACÉ-BERTRAND, Seigneur de la Baziniere. 451
MACHAULT, (Jean-Baptiste de) Conseiller Ordinaire au Conseil Royal. 470
MADAILLAN DE L'ESPARRE, (Armand de) Marquis de Lassay. 331
MAGDELEINE, (François de la) Marquis de Ragni. 86, 138
MAILLÉ, (Artus de) Seigneur de Brezé. 70
   Marquis. 165
MAILLY, (Louis de) Marquis de Néelle. 329
   Comte. 400
MALAIN, (Edme de) Baron de Lux. 96
MANDELOT, (François de) Seigneur de Passy. 35
MARCHIN, (Ferdinand Comte de) 285
MARCILLY, (Humbert de) Seigneur de Cipierre. 87
MARCK, (Charles Robert de la) Comte de Braine. 19
   Marquis de Mauny. 145
   Comte de Schleiden. 336
MARIGNY, (Abel-François Poisson, Marquis de) 482
MARILLAC, (Louis de) Comte de Beaumont le Roger. 184
MARSAN, (Charles de Lorraine Comte de) 238
MARTEL, (Charles) Comte de Clére. 221
   Marquis d'Arcy. 267
MARTINEAU, (Mathurin) Sieur du Pont. 494, 495
MATIGNON, (Odet de) Comte de Thorigny. 83, 105
   Evêque & Comte de Lisieux. 191
MAUGIRON, (Laurent de) Comte de Moulans. 67
MAULEON, (Giraud de) Seigneur de Gourdan. 51
MAUREPAS, (Jean-Frédéric-Phélipeaux de Pontchartrain, Comte de) 469, 476, 480
MAYENNE, (Charles de Lorraine Duc de) 32, 122
MAZARINI-MANCINI, (Philippe-Julien), Duc de Nevers. 203, 404
MECKELBOURG-SWERIN, (Chrestien-Louis Duc de) 225
MEILLARS, (Philippe Ba-

Aaaa ij

ron de) 303
MELUN, (Alexandre-Guillaume de) Prince d'Epinoy. 207
MENDOSA-HARO, (Ferdinand de) Duc de Huefcar. 432
MERCŒUR, (Philippe-Emmanuel de Lorraine Duc de) 8
MESMES, (Jean-Jacques de) Chevalier-Comte d'Avaux. 452, 453, 474
MILLET DE MONTARBY, (Nicolas-Charles) Ecuyer, 538
MILON, (Benoît) Seigneur de Videville. 483
MITON, (Robert) Seigneur de Chenailles. 483
MITTE, (Jacques) Comte de Miolans. 101, 138
Marquis de St. Chaumont. 305
MONTPEZAT, (Henri des Prez Seigneur de) 181
MONCHY, (Jean de) Marquis de Montcaurel. 176
d'Hocquincourt, 266, 303
MONCLAR, (Jofep de Pons & de Guimera Baron de) 257
MONESTAY, (François de) Marquis de Chazeron. 264
MONSTIERS, (François des) Comte de Merinville. 218
MONTAIGU, (Joachim de) Vicomte de Beaune. 332

MONTAUT, (Philippe de) Duc de Navailles. 201
MONTBERON, (François de) *nommé le Comte de Montberon.* 263
MONTBRON, (Louis de) Chevalier Seigneur de Fontaines. 180
MONTBOISSIER, (Jean de) Comte de Canillac. 333
MONTEIL DE GRIGNAN, (François - Adhemar de) Archevêque d'Arles. 189
Comte de Grignan. 258
MONTESQUIOU D'ARTAGNAN (Pierre de) Maréchal de France. 326
Comte d'Artagnan. 330
MONTI, (Antoine Felix Marquis de) 364
MONTLUC, (Jean de (Seigneur de Balagni. 109
Prince de Chabannois, 183
MONTMORENCI, (François Duc de) Pair, Maréchal & Grand - Maître de France. 66, 90 124
Duc de Damville. 91
Prince de Tingry. 354
Baron de Montmorenci. 400
MONTMORIN, (Gafpard de) Seigneur de Saint Herem. 67
Evêque Duc de Langres. 374
MONTSAUNIN, (Charles de) Comte de Montal. 261, 385

ALPHABETIQUE.

MONSTIER, (Etienne du) 531
MORANT, (Thomas) Baron du Mesnil-Garnier. 460
MOREL, (Adrien) Sieur de Valbrun. 503
MORIN, (Mathurin) Sieur de la Planchette en Brie. 493
MORIZET, (François) Tréforier Général des Invalides. 487
MORNAY, Pierre de) Seigneur de Buhi. 85
    Marquis de Montchevreüil. 256
    Marquis de Villarceaux. 269
MORTAGNE, (Charles-Louis de Lorraine Prince de) 317
MOTTE-HOUDANCOURT, (Henri de la) Archevêque d'Auſch. 192, 300, 380
MOTIERDELAFAYETTE, (Claude) Seigneur de Haute-Feuille. 67
MOUY, (Jean de) Seigneur de la Meilleraye. 34, 68, 174
    Seigneur de Pierrecourt. 62
MOUFLE, (Louis-François) Seigneur de Champigny. 527

N.

NAGU, (François de) Marquis de Varennes. 165
NAMBU, (Philippe de) 499
NÉELLE, (René aux Epaules Marquis de) 163
NEMOURS, (Jacques de Savoye Duc de) 66
NETTANCOURT (Jean de) Comte de Vaubecourt. 162
NEUFVILLE DE VILLEROY, (Camille de) Archevêque & Comte de Lyon. 189, 314
    Duc. 199, 244, 320, 363
    Marquis. 458
    Marquis d'Alincourt. 100
NEUVILLE, (Charles des Chiens Seigneur de la) 487
NOAILLES, (Henri Seigneur de) 111
    Duc. 205, 246, 322
    Cardinal, Archevêque de Paris. 279
    Comte d'Ayen. 166
    Duc. 397
NOGARET, (Jean-Louis de) Duc d'Epernon. 33
    Amiral de France. 39
    Cardinal. 154
    Duc. 159, 160
NOUVEAU, (Jerôme de) Chevalier Baron de Linieres. 462
NOVION, (Nicolas Potier, Chevalier Seigneur de) 475, 479

O.

O, (François d') Gouverneur de Paris & de l'Isle de France. 50, 58
O-BRIEN, (Charles) Milord

Comte de Thomond. 391
OLLIVIER, (Louis) Marquis de Leuville. 303
ONGNIES, (Charles d') Comte de Chaulnes. 61, 96
ORAISON, (André d') Marquis d'Oraison. 182
ORLEANS, (Gaston-Jean-Baptiste de France Duc d') 120, 188, 232, 312, 372
Duc de Longueville. 77, 156
Comte de St. Paul. 78
ORNANO, (Alphonse d') Colonel Général des Corses. 91, 133
ORRY, (Philbert) Seigneur de Vignori. 469
OSSUN, (Pierre-Paul d') appellé le Marquis d'Ossun. 433

P.

PARDAILLAN, (Hector de) Seigneur de Montespan. 56, 131
Duc d'Antin. 323
Marquis d'Antin. 301
PAS, (Isaac de) Marquis de Feuquieres. 302
PATU EMERI. 525
PAULE DE CLERMONT, (François de) Marquis de Monglat. 209
PECHPEIROU ET DE COMINGES, (Guillaume de) Comte de Guitaud. 224
PELLETIER, (Felix le) Seigneur de la Houssaye. 454
PEREFIX DE BEAUMONT, (Hardouin de) Evêque de Rhodez. 442
PEYRE, (Jean de) Comte de Troisvilles. 305
PLESSIS, (Charles du) Seigneur de Lyancourt. 44, 177
Seigneur de Richelieu. 55
Cardinal. 153, 154
Duc. 241, 350
Duc d'Aiguillon. 412
POLIGNAC, (Gaspard-Armand Vicomte de) Marquis de Chanlaçon, 168, 216
Cardinal. 358
POMPADOUR, (Philbert Vicomte de) Lieutenant Général pour le Roi en Limosin. 163
Vicomte de Rochechouart. 217
Marquis de Lauriere, 303
POMPONNE, (Henri-Charles-Arnaud de) Abbé de St. Médard de Soissons. 445
PONS, (Antoine Sire de) Comte de Marennes. 14
PONTCHARTRAIN, (Jerôme Phélipeaux, Chevalier Comte de) 453, 476
PONTEVES, (Jean de) Baron de Cottignac. 68
PORTO-CARRERO, (Christophe) cinquiéme Comte de Montijo. 430
POT, (Guillaume) Chevalier

ALPHABETIQUE.

Seigneur de Rhodez. 446, 447
POTIER, (René) Comte, puis Duc de Trêmes, 134, 245, 321
POTIER, (Antoine) Chevalier Seigneur de Sceaux. 473
POULLAIN DE SAINT FOIX, (Germain-François) Historiographe des Ordres du Roi. 539
PRIE, (Louis de) Marquis de Planes, *dit le Marquis de Prie.* 329
PUISEGUR, (Jacques de Chastenet de) Comte de Chessy. 366

Q.

QUATREBARBES, (Hyacinthe) Marquis de la Rongere. 270
QUELEN, (Antoine Paul Jacques de) Prince de Carency. 407

R.

RAMBURES, (Charles Sire de) Conseiller d'État. 143
RASTIGNAC, (Louis-Jacques de Chapt de) Archevêque de Tours. 388
REBÉ, (Claude de) Archevêque de Narbonne. 155
REGNIER, (Louis de) Marquis de Guerchy. 367, 423

RIEUX, (Jean de) Marquis d'Asserac. 68
    Marquis d'Oixant. 103
RIVIERE, (Louis-Barbier de la) Evêque & Duc de Langres. 439
ROCHE-AIMONT, (Charles-Antoine de la) Archevêque, Primat de Narbonne. 409
ROCHECHOUART, (René de) Baron de Mortemart. 26
    Duc de Mortemart. 173, 320
    Comte. 422
    Seigneur de Chandenier, 184
ROCHEFORT, (René de) Baron de Frollois. 38
    Comte de. 126
    Seigneur de Pluvaut. 183
ROCHEFOUCAULT, (Charles de la) Seigneur de Barbezieu. 12
    Comte de Randan. 68
    Cardinal. 117, 374
    Duc. 149, 197, 241, 319
    Baron de Montendre. 180
    Duc de la Rocheguyon. 346
    Duc d'Estissac. 397
ROGIER, (Eugene) Comte de Villeneuve. 451
ROHAN, (Hercules de) Duc de Montbazon. 90
    Cardinal. 298, 383
    Prince Constantin. 409

Marquis de Marigni.
147
ROQUELAURE, (Antoine Seigneur de) Maréchal de France. 81
Duc. 202, 344
ROSMADEC, (Sebaſtien Marquis de) 110
Marquis de Molac. 301
ROSSET, Jean-Hercules de) Duc de Fleury. 362, 406
ROUSSELET, (François-Louis de) Marquis de Châteaurenaut. 290
ROSTAING, (Triſtan de) Baron de Brou. 35
ROTTEMBOURC, (Conrard-Alexandre Comte de) 429
ROUAUT, (Nicolas-Joachim) Marquis de Gamaches. 222
ROUERE, (Antoine de Lanti de la) Prince Romain. 278
ROUILLÉ, (Louis-Antoine) Comte de Jouy. 470
ROUVROY DE S. SIMON, (Claude de) Duc de St. Simon. 171, 344
Marquis. 177
ROUXEL, (Jacques) Comte de Grancey. 202, 294
ROZEN, (Conrard de) Comte de Bolweiller. 291
RUSÉ, (Martin) Chevalier Seigneur de Beaulieu. 459

S.

SAINT BONNET, (Jean de) Seigneur de Thoiras.
184
SAINT CONTEST, (François-Dominique de Barberie Marquis de) 457
SAINT GEORGES, (Olivier de) Marquis de Coüé-Verac. 267, 337
S. LARRY ET DE BELLEGARDE, (Roger de) Marquis de Verſoy. 80
Baron de Termes. 147
SAINT NECTAIRE, (ou *Sennetaire*), (François de) Seigneur de Sennetaire. 45
Duc de la Ferté. 291
Marquis. 162, 385
Comte de Brinon. 335
SAINT - SEVERIN D'ARRAGON, (Alphonſe-Marie - Louis Comte de) 396
SAINT VITAL, (Jacques - Antoine Comte de) 413
SAINTE-MAURE, (Charles de) Duc de Montauſier.
214
Comte de Jonſac. 219
SALIGNAC, (Bertrand de) Seigneur de la Motte-Fénelon. 24
SANGUIN, (Louis) Marquis de Livry. 327
SASSENAGE,

SASSENAGE, (Charles-François Marquis de) second Baron de Dauphiné. 399
SAVARY, (François de) Marquis de Maulevrier. 183
SAULX, (Guillaume de) Seigneur & Vicomte de Tavannes. 54, 338
    Cardinal. 392
    Comte de 386
SAVOYE, (Honorat de) Marquis de Villars. 9
    Baron de Pressigny. 181
SCHOMBERG, (Gaspard de) Comte de Nanteuil. 109, 131
    Duc de Halwin. 159
SCOTTI, (Annibal Deodat) Marquis. 430
SCULEMBERG, (Jean de) Maréchal de France. 210
SEGUIER, (Dominique) Evêque de Meaux. 301
    Chancelier de France. 439
SEGUR, (Henri-François Comte de) 395
SENICOURT, François de) Seigneur de Saisseval. 110
SERVIEN, (Abel) Marquis de Sablé. 440
SICAIRES, (François) Marquis de Bourdeilles. 302
SILLI, (Henri de) Comte de la Rocheguyon. 59
    Comte de Rochepot. 83
    Damoiseau de Commercy. 148
SIMIANE, (Guillaume de) Marquis de Gordes. 154, 211
    Marquis d'Esparron. 339
SOBIESKI, (Jean) Roi de Pologne III du Nom. 230
    Prince. 282
SOUILLAC DE MAUMEIGE, (N... de) 304
SOUVRÉ, (Gilles de) Marquis de Courtenvaux. 50, 144
SOYECOURT, (N.... de) Conseiller du Roi en ses Conseils. 300
SPINOLA, (François-Marie) Duc de St. Pierre. 428
STANISLAS LECZINSKI, Roi de Pologne. 428
STROZZI, (Philippe) Seigneur d'Espernay. 20
STUER, (Jacques) Comte de la Vauguyon. 220
SUBLET, (Michel) Seigneur d'Heudicourt. 484
SUSANNE, (Jean-Jacques de) Comte de Cerny. 36

T.

TALARU, (Louis de) Marquis de Chalmazel. 401
TANNEGUY LE VENEUR, I. du Nom, Comte de Tillieres. 33, 63
TARLO DE TECZIN ET OZEKARZOWICE, (Michel) Comte de Melszryn. 342
    Duc Ossolinski. 364

TABLE

TELLEZ-GIRON VII, (Jo-
seph-Marie) Duc d'Offone. 352
TELLIER, (Charles-Maurice
le) Archevêque Duc de
Rheims. 235
   Marquis de Souvré. 326,
      401
   de Louvois. 443
   de Barbezieux. 444
   Secrétaire & Ministre
   d'État. 461
TENCIN, (Pierre de Gue-
rin de) Cardinal, Arche-
vêque, Comte de Lyon.
377
TERRAT, (Gaston-Jean-
Baptiste) Marquis de Chan-
tosme. 466
THEVALLE, (Jean de)
Comte Créance. 30
THIARS DE BISSY, (Henri
Pons de) Cardinal. 313
   Comte. 262
   Marquis. 431
TIERCELIN, (Adrien) Sei-
gneur de Brosses. 49
TONNELLIER-BRETEUIL,
(François-Victor le) Mar-
quis de Fontenay-Tresi-
gny, Secrétaire d'État. 455
TOUR DE BOUILLON,
(Emmanuel Théodose de
la) Cardinal. 226
   Cardinal, Archevêque
   de Vienne. 360
TOURNEMINE, (René de)
IV du Nom, Baron de la
Hunaudays. 67

TOURNON, (Just-Henri)
Comte de Tournon & de
Roussillon. 174
TRANS, (N... Marquis de)
300
TREMOILLE, (Gilbert de
la) Marquis de Royan. 93
Duc de Thouars. 158, 239

V.

VAINI, (Guido) Prince
de Cantaloupe. 281, 365
VALETTE, (François de)
dit de la Valette, Seigneur
de Cornusson. 41
VALOIS, (Charles de) Duc
d'Angoulême. 123
   Comte d'Alets. 157
VARIGNIEZ, (Jean de)
Seigneur de Blainville. 139
VASSÉ, (Jean de) dit Grognet,
Seigneur de Vassé. 48
VASSOR, (Etienne le) 531
VENDOSME, (Louis) Car-
dinal. 195
   Duc. 123, 236
   Duc de Beaufort. 195
   Rubempré. 67
VENEUR, (Jacques le)
Comte de Tillieres. 63
VENTIMILLE, (Charles-
Gaspard-Guillaume de)
Archevêque de Paris. 314
   Comte du Luc. 328
VERTHAMON, (François-
Michel de) Marquis de
Breau. 478
VERNIER, (Gilles) Secré-

taire du Roi. 536, 537
VIAU, (René) Seigneur de Chanlivaut. 88
VIENNE, (Jean de) Seigneur & Baron de Ruffey. 46
VIEUVILLE, (Robert de la) Baron de Rugle. 104
Duc, 146, 252
VIEUX-PONT, (Alexandre de) Marquis de Coémur 182
VIGNEROT, (François de) Marquis du Pont de Courlay. 172
VIGNOLLES, (Bertrand de) dit de la Hire, Marquis de Vignolles. 136
VILLARS, (Pierre de) nommé le Marquis de Villars. 258
Duc de 289
VILLEQUIER, (René de) dit le Jeune & le Gros, Baron de Clervaux. 17
Baron de Villequier. 18
Vicomte de la Guierche. 62
VIPART, (Jacques-Joseph) Marquis de Silly. 334
VIRTEMBERG (Louis Eugene Prince de) 433
VIVONNE, (Jean de) Marquis de Pisani. 38
Seigneur de Chasteigneraye. 63
Baron. 141
VOISIN, (Daniel-François) Seigneur de la Noraye. 477
VOLVIRE, (Philippe de) Marquis de Ruffec. 34
ULADISLAS, IV du Nom, Roi de Pologne. 300
URSIN, (Jean-Antoine) Duc de Santo-Gemini. 107
URSINI, (Flavio) Duc de Bracciæne. 227

Fin de la Table Alphabétique

Bbbb ij

TABLE
DES PROMOTIONS.

PROMOTIONS faites par le Roi HENRI III.
Inſtituteur & premier Chef.

I.	Du 31 Décembre 1578.	Pages	4
II.	Du 31 Décembre 1579.		21
III.	Du 31 Décembre 1580.		25
IV.	Du 31 Décembre 1581.		28
V.	Du 31 Décembre 1582.		32
VI.	Du 31 Décembre 1583.		37
VII.	Du 31 Décembre 1584.		46
VIII.	Du 31 Décembre 1585.		48
IX.	Du 31 Décembre 1586.		62
X.	Du 31 Décembre 1587.		64

CHEVALIERS ET COMMANDEURS des Ordres du Roi, nommés ſous le Regne de HENRI III. & qui ſont morts ſans avoir été reçus. *Pages* 65, 66, 67, 68, 69, 70.

PROMOTIONS faites par le Roi HENRI IV.
ſecond Chef.

I.	Du 31 Décembre 1591.	Pages	73
II.	Du 7 Décembre 1595.		76
III	Du 5 Janvier 1597.		90

DES PROMOTIONS.

IV.	Du 2 Janvier 1599.	Pages 101
V.	En . . . . . 1606.	106
VI.	Du 12 Mars 1608.	107

CHEVALIERS ET COMMANDEUR des Ordres du Roi, nommés sous le Regne de HENRI IV. & qui sont morts sans avoir été reçus. Pages 108, 109, 110, 111, 112.

PROMOTIONS faites par le Roi LOUIS XIII.
troisiéme Chef.

I.	Du 17 Octobre 1610.	Pages 116
II.	Du . . Septembre 1618.	117
III.	Du 31 Décembre 1619.	118
IV.	Du 26 Juillet 1622.	151
V.	Du 28 Juin 1625.	152
VI.	Du 24 Mars 1632.	153
VII.	Du 14 Mai 1633.	154
VIII.	Du 22 Mai 1642.	178

CHEVALIERS nommés sous le Regne de LOUIS XIII. & qui sont morts sans avoir été reçus. Pages 179, 180, 181, 182, 183, 184.

PROMOTIONS faites par le Roi LOUIS XIV.
quatriéme Chef.

I.	Du . . . . 1653.	Pages 186
II.	Du 8 Juin 1654.	188
III.	Du 31 Décembre 1661.	189
IV.	Du 4 Novembre 1663.	225
V.	Du 12 Décembre 1671.	226
VI.	Du 29 Septembre 1675.	227
VII.	Du 22 Décembre 1675.	229

TABLE

VIII. Du 30 Novembre 1676.	Pages	230
IX. Du 1 Janvier 1682.		231
X. Du 2 Juin 1686.		232
XI. Du 31 Décembre 1688.		234
XII. Du 29 Mai 1689.		272
XIII. Du 2 Février 1693.		273
XIV. Du 2 Février 1694.		274
XV. Du 13 Avril 1694.		275
XVI. Du 22 Mai 1695.		276
XVII. Du 1 Janvier 1696.		277
XVIII. Du 4 Décembre 1696.		278
XIX. Du 1 Janvier 1698.		279
XX. Du 2 Février 1699.		280
XXI. Du 7 Juin 1699.		281
XXII. Du 19 Décembre 1700.		282
XXIII. Du 15 Mars 1701.		283
XXIV. Du 2 Février 1703.		285
XXV. Du 27 Mai 1703.		286
XXVI. Du 1 Janvier 1705.		287
XXVII. Du 2 Février 1705.		288
XXVIII. Du 1 Mars 1705.		292
XXIX. Du 1 Janvier 1709.		293
XXX. Du 1 Janvier 1711.		294
XXXI. Du 2 Décembre 1712.		297
XXXII. Du 7 Juin 1713.		298

CHEVALIERS ET COMMANDEUR nommés sous le Regne de LOUIS XIV. qui sont morts sans avoir été reçus. Pages 299, 300, 301, 302, 303, 304, 305, 306.

DES PROMOTIONS.

PROMOTIONS faites par le Roi LOUIS XV.
cinquiéme Chef.

		Pages	
I.	Du 26 Juillet 1717.	Pages	309
II.	Du 27 Octobre 1722.		312
III.	Du 3 Juin 1724.		313
IV.	Du 1 Janvier 1725.		341
V.	Du 1 Janvier 1726.		342
VI.	Du 2 Février 1728.		343
VII.	Du 16 Mai 1728.		346
VIII.	Du 1 Janvier 1729.		350
IX.	Du 25 Avril 1729.		351
X.	Du 2 Février 1731.		354
XI.	Du 13 Mai 1731.		356
XII.	Du 1 Janvier 1733.		358
XIII.	Du 24 Mai 1733.		359
XIV.	Du 1 Janvier 1735.		360
XV.	Du 22 Mars 1736.		361
XVI.	Du 20 Mai 1736.		362
XVII.	Du 2 Février 1737.		363
XVIII.	Du 15 Septembre 1737.		365
XIX.	Du 17 Mai 1739.		366
XX.	Du 1 Janvier 1740.		370
XXI.	Du 2 Février 1740.		371
XXII.	Du 5 Juin 1740.		372
XXIII.	Du 2 Février 1741.		373
XXIV.	Du 2 Février 1742.		374
XXV.	Du 13 Mai 1742.		376
XXVI.	Du 1 Janvier 1743.		377
XXVII.	Du 2 Juin 1743.		378
XXVIII.	Du 1 Janvier 1744.		379
XXIX.	Du 6 Janvier 1745.		383
XXX.	Du 2 Février 1745.		384

TABLE DES PROMOTIONS.

XXXI.	Du 1 Janvier 1746.	Pages 387
XXXII.	Du 2 Février 1746.	388
XXXIII.	Du 1 Janvier 1747.	391
XXXIV.	Du 1 Janvier 1748.	392
XXXV.	Du 2 Février 1748.	393
XXXVI.	Du 1 Janvier 1749.	396
XXXVII.	Du 2 Février 1749.	397
XXXVIII.	Du 25 Mai 1749.	399
XXXIX.	Du 17 Mai 1750.	402
XL.	Du 2 Février 1751.	ibid
XLI.	Du 2 Février 1752.	403
XLII.	Du 21 Mai 1752.	ibid
XLIII.	Du 1 Janvier 1753.	405
XLIV.	Du 2 Février 1753.	406
XLV.	Du 10 Juin 1753.	409
XLVI.	Du 2 Février 1756.	410
XLVII.	Du 6 Juin 1756.	413
XLVIII.	Du 1 Janvier 1757.	414
XLIX.	Du 2 Février 1757.	415
L.	Du 29 Mai 1757.	418
LI.	Du 14 Mai 1758.	419
LII.	Du 1 Janvier 1759.	420
LIII.	Du 2 Février 1759.	ibid

COMMANDEUR ET CHEVALIERS qui ont été nommés & admis pendant le préfent Regne, jufques & compris la préfente année 1759, & qui n'ont point encore été reçus; mais à qui SA MAJESTÉ a permis de porter les Marques, & de jouir des Honneurs de l'Ordre en attendant leur Reception. *Pages* 426, 427, 428, 429, 430, 431, 432, 433, 434.

FIN.

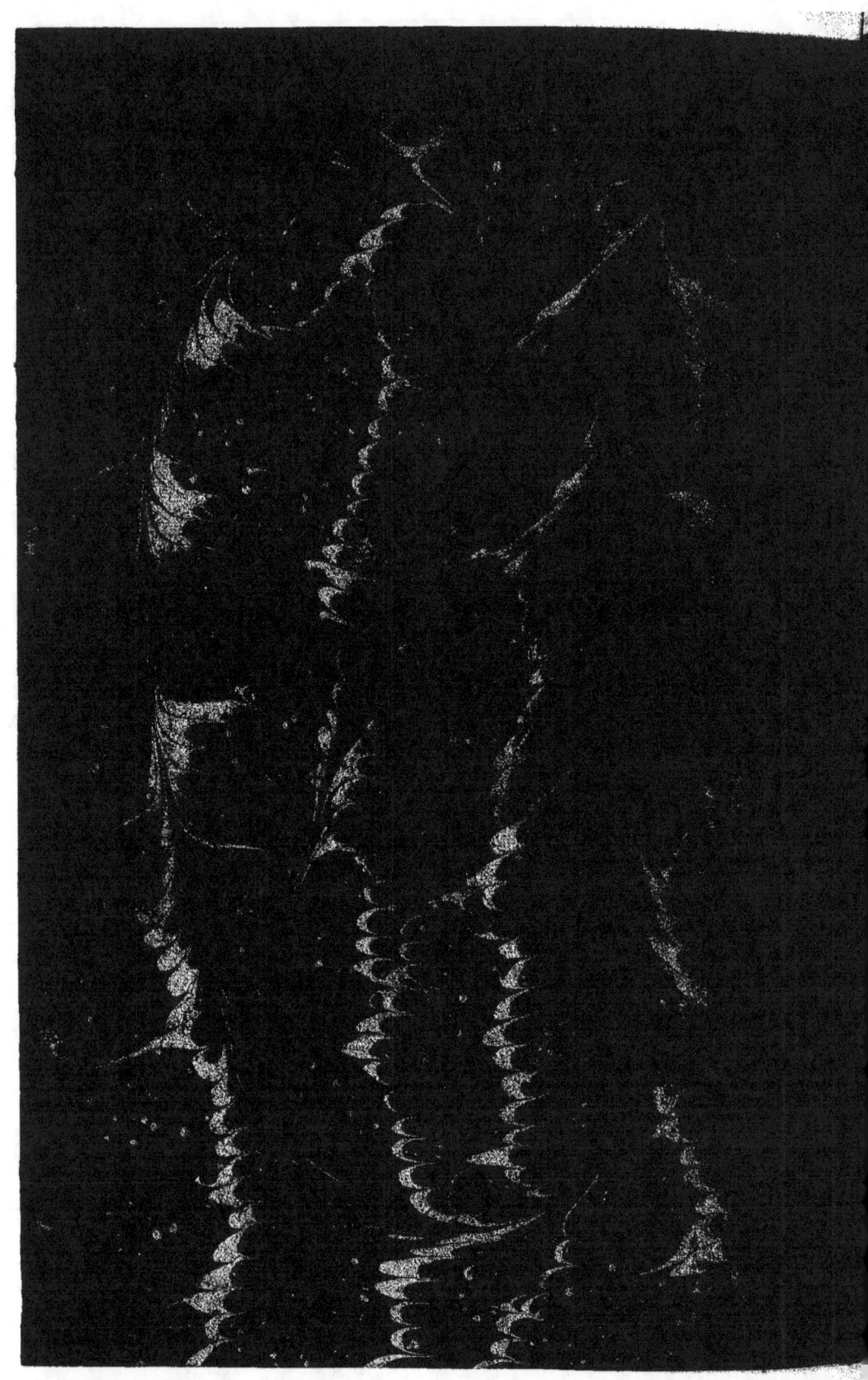

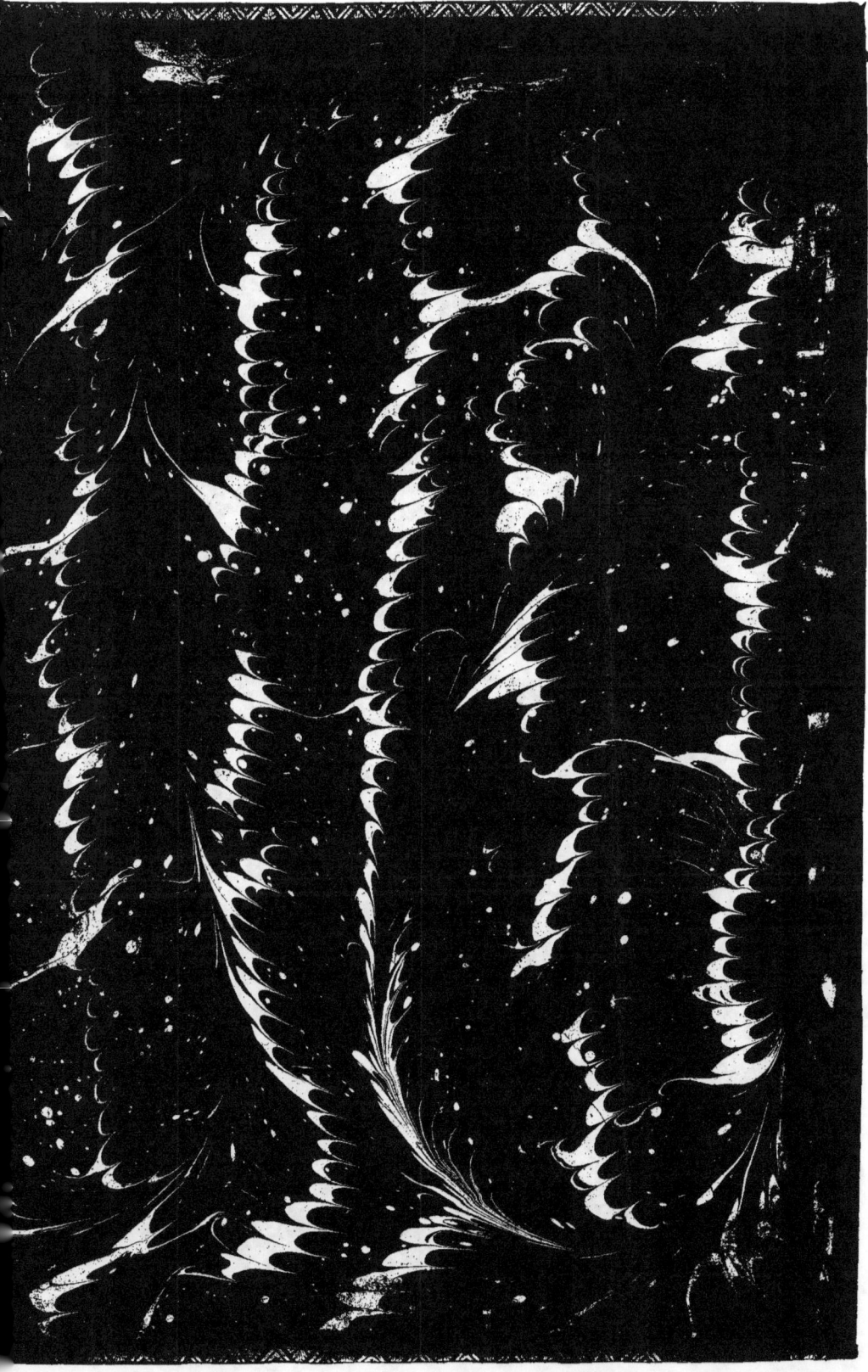

www.ingramcontent.com/pod-product-compliance
Lightning Source LLC
Chambersburg PA
CBHW070358230426
43665CB00012B/1170